社區工作導論——批判性思考

林勝義 著

五南圖書出版公司 印行

序言

先說故事。有一天，我們三個在大學教書的夥伴，應邀到衛生福利部參加一項評審，在等候工作人員核計總分的空檔，反正閒著也是閒著，就聊起社工界的這些人，那些事。談到最近社工界幾個大師級的老師：徐震老師、王培勳老師、蔡漢賢老師，相繼離開我們，令人不勝噓唏。這幾位大師，生前對臺灣社區工作的貢獻，令人懷念。聊著，聊著，突然一位夥伴，話鋒一轉，指著我說：現在市面上社區工作的書太少，太舊了，你可以寫一本。

於是，我就著手撰寫這一本「社區工作導論—批判性思考」，其主要內容：社區工作的概念及簡史、理論與模式、程序與運用及下一步。其中，實施程序是本書的重點，分為：首部曲（成立社區組織、調查概況、評估需求、預估願景）、二部曲（規劃方案、整備程度、執行方案）、三部曲（整理記錄、評量績效、促進永續）。

再者，考慮社區工作有一個特質，是強調地方性（locally）。某一社區的成功經驗，不一定能提供其他社區參考，常須以批判的態度，深入思考，再作定奪。因此，我在書名加上副標題—批判性思考，每章也設計一、二個批判性思考議題，期待透過三個A（triple A）：「提問」（ask questions）、「評估」（assess）、「斷言」（assert），協助讀者自己找出一個滿意的答案，以便運用於社區工作相關領域。

最後，我在書寫過程，雖然戰戰兢兢，唯恐有誤，但是資質魯鈍，必有缺失，敬請讀者多予指教，感恩。尤其，五南圖書出版公司惠允出版，陳副總編念祖先生及其團隊精心編輯，更應表示欽敬，感謝。

林勝義 謹誌

目 次

第一章
從「社區」的看法開始

只要看過「社會工作概論」的書，大概都知道：個案工作、團體工作、社區工作（community work）是社會工作三大方法。其中，個案工作始於1917年李奇孟（Richmond）發表「社會診斷」（Social Diagnosis）一書；團體工作始於1930年柯義爾（Coyle）出版「有組織的團體之社會過程」（Social Process of Organized Groups）一書；而社區工作，則始於1939年蘭尼（Lane）提出「蘭尼報告書」（Rane Report）。

　　雖然，社區工作的起步較晚，但其重要性可能不亞於個案工作或團體工作。舉例來說，2020年開春伊始，在中國武漢地區，突然爆發「新冠肺炎」（COVID-19），而且迅速擴散到全球各個角落，臺灣也不幸被波及。遠見雜誌記者（林讓均，2020/8/27）透過視訊訪問芝加哥大學教授、前印度央行總裁拉詹（Ragharan Rajan），請教他對於疫後重建的看法。他表示：國家（政治）、經濟（市場）、社區是穩定社會的三大支柱，在疫情拉扯之下，國家與經濟兩大支柱已經搖搖欲墜，疫後重生的力量，來自第三支柱——社區，因而必須加快腳步，培力社區頭人、結合各方參與，以重建疫後的新世界。

　　就此而言，培力社區頭人（社區領導者）、結合社區內外各方的資源、重建一個新的世界（社區），正是社區工作的重要議題。姑且不論社區能否成為穩定社會的一個支柱（拉古拉姆・拉詹著，廖月娟譯，2020），我們聽到一個經濟學家肯定社區的重要性，即使不是額手稱慶，也不宜妄自菲薄。

　　事實上，社區（community），是社區工作發生的場域，也是專業社區工作者經常介入的園地。如果，要尋找一個與社區工作關係最密切的名詞，恐怕非「社區」莫屬。因此，我們在探討社區工作的種種議題之前，有必要先從「社區」的看法，展開序幕。本章將扼要說明：對社區的不同看法、社區的構成要素、社區的主種類型、社區的基本功能。

第一節　對社區的不同看法

　　在臺灣，有時候可看到某些社區在舉辦唱歌、跳舞、品嚐美食之類的活動。有人認為這些活動，只是吃喝玩樂，沒有什麼意義。但是，也有人

認為這些活動，增加了居民相互認識的機會，往後可以守望相助、出入相友、疾病相與扶持，很有意義。何以人們對於同一件事，有不同的看法？這可能因為每個人都有他的價值觀念與主觀意識。

　　同樣的情形，對於「社區」的概念是什麼？也是眾說紛紜，莫衷一是。根據一項調查，在1955年，發現有94個不同的社區定義（Hillery, 1955, quote from Gilchrist & Taylor, 2016: 50）；到了1971年，有98個不同社區的定義（Bell & Newby, 1971, quote from Popple, 2015: 12），現在必然更多。因此，我們不可能為「社區」提出一個「權威性」或者「共同認可」的定義。這裡，我們從社區相關文獻之中，找出幾個對「社區」的不同看法，共同思考及探討。

一　懷舊看法的社區

　　社區的懷舊看法（nostalgic view），它是一種溫暖的、親切的、有凝聚力、有安全感的社區。例如：早期德國社會學家杜尼士（Ferdinand Tonnies, 1855-1936）依據社會關係的不同，將「社會」區分為兩種：

1. 禮俗社會（gemeinschaft）：這是立基於親屬或友誼的社會。
2. 法理社會（gesellschaft）：這是立基於自我利益、勞動分工的社會。

　　其中，有關於禮俗社會的描述，比較接近於現今「社區」（community）的概念；而法理社會的描述，則比較接近於現今「社會」（society）的概念。

　　不過，現代的文明，經由「禮俗社會」逐漸變遷為「法理社會」之後，卻出現了許多問題，例如：街頭對抗、少年犯罪。於是，有些生活於現代的人，不禁懷念起那種比較令人放心、保存著傳統鄉村風貌的那種禮俗社會（見批判性思考議題1-1）。

二　肥皂劇中的社區

　　現代的媒體，尤其是電視節目，經常採借社區的概念，編寫腳本，演出流行的「肥皂劇」（soaps）。

　　例如：臺灣曾經有一部名稱叫做「夜市人生」的連續劇，描述著小市

民在夜市擺攤的各種樣貌，有俗又大碗的、有古早味的、有異國風味的美食；也有叫賣哥隨性喊價、流動攤販跑給警察追、街頭藝人熱情演出，以及一些添油加醋、提高演出效果的各種戲碼。

其他，還有「女兵日記」、「我們與惡的距離」、「我的婆婆為什麼這麼可愛」之類的「肥皂劇」，它們可能比較貼近於某些社群的生活情境，因而深受同溫層民眾的歡迎，一再重播，甚至推出續集，沒完沒了，最後不了了之。

這種多數社區成員充滿著活力（flourishing），而且能自由活動（free activity）的社區，有時也被視為一種「可愛的社區」（a beloved community）（Somerville, 2016: 16）。

三 浪漫社會主義者的社區

英國水彩畫家、政治理論者兼經濟學家柯雷（Cole, 1920），是一個自由派的社會主義者，他在有關政府去集中化型式的論述中，浪漫地（romantic）建議政府治理的型式，應該跟人民日常生活的社區及職場相互連結，以便獲得人民的行動參與（cited in Popple, 2015: 14）。

有時候，社會主義者也用「社區」一詞，來描述一系列既存的關係或可選擇的關係，它是一種溫暖且有說服力的用語，不像社會的其他組織（州、郡、國家、社會）的用語那麼僵硬。「社區」一詞，看起來絕對不是一種不友善的用語，也絕對不是想要正面對衝，或者有意劃清界線的用語（Popple, 2015: 14）。

四 正統價值觀的社區

韋布（Webb, 2011）認為社區的概念，已被廣泛地使用於正統上（legitimate）任何受到肯定的社會成就（social achieved）上頭。當「社區」一詞被使用於公共領域，通常是在描述或賦予社會生活的一種標準樣貌（normative aspects），因而社區所呈現的樣貌，常是一種「社會的理想」（social ideal）。

其實，韋布（Webb, 2009）在較早的論述中，就認為「社區」一詞，可擴大使用於團體或組織的部署或編制，例如：社區學校、社區警察、社

區護士、社區心理衛生人員（cited in Popple, 2015: 14-15）。這些，都是現代社會對於社區的正向觀念，也可能是大多數人比較能夠接受的一種看法。

五 後現代取向的社區

相對於現代社會的觀點，在後現代的觀點（postmodern perspective），認為知識是一種社會結構，而社區的多種樣態存在，則是一種現實。

就此而言，後現代的取向，是一種批判社會結構的取向，它喚起我們對於權威理論或假設的批判。社會工作者經常使用這種觀點，去解釋及確認當代事務的陳述，以及社區裡可感覺到的問題之原因，並且從多元觀點（multiple perspectives）去檢視它的情況。例如：在一個社區之中，出現一些未持有合格文件的非法移民（undocumented immigrants），社會工作者通常有各種不同觀點可以解釋。

再者，社區實務工作者對於使用於社區的文化象徵及規範，也有興趣。透過這些象徵，特定的人群常被組織成為一種社會結構，而文化的象徵就是這種社會結構的符號（Brikenmaier, Berg-Weger, & Dewees, 2014: 421）。

簡言之，後現代觀點的社區取向，認為社區有各種不同的樣態，其背後也有各種不同支撐的理由，必須採用多元觀點來解讀。

六 社區如同鄰里

在英國與美國，對許多人來說，社區就是鄰里（community as neighborhood）。因而在他們所居住的鄰里之中，幾乎每人都知道他們的社區或鄰里的範圍，而不是行政機關所劃定的界址。

通常，一個鄰里，是人們日常生活的區域，多數人知道誰住在哪裡，也認識同年齡層的每個人，知道所有重要的建築物，以及區域內的重要場所，例如：商店、學校、圖書館、兒童遊樂場、診所或其他任何交會點。這些重要場所，是他們生活、工作、一起參加社區活動的地方（Seabrook, 1984: 4）。

也許，我們可以這樣比喻，英、美的鄰里，相當於臺灣的「厝邊隔壁」，或者「同住的一個庄頭」。

綜觀這幾個不同的社區看法，有些屬於描述性定義，例如：肥皂劇中的社區、浪漫社會主義者的社區；有些屬於評價性定義，例如：社區的懷舊看法、正統價值看法的社區、後現代取向的社區。至於鄰里（neighborhood），則是一種由意識型態所構成的地方性的描述（Popple, 2015: 16）。

不過，將肥皂劇中的社區視為「可愛的社區」，其實也含有評價的意味，而且從正統的價值觀念來看社區，也是在描述什麼是正統的、誰受到社會的肯定（例如：社區心理衛生人員）。

這樣看起來，社區的概念，好像不易確定，也難以捉摸。如果換個角度來說，對於社區的看法，保持一些彈性，也許可讓我們更加靈活地運用。將來，我們有機會介入社區之後，可先觀察或評估多數社區居民對於社區的看法，再下一個操作性定義，這可能是比較務實的一種作法。

批判性思考議題1-1

社區，它意涵著「情感」（對社區的認同感）、「組織結構」（包含了人群在特定時間與空間的關係）、「功能的」（滿足共同需求）等層面。依據此定義，臺灣的社區之中，很少具有生命共同體的關係，若要尋求完全符合此社區的定義，可能要追溯到早期臺灣山地原住民的部落社區，或未改建前之傳統眷村，即1949年由中國大陸來臺聚居的眷村社區。(李瑞金，2006）。

1. **提問**（ask questions）：目前，臺灣山地原住民部落社區的青壯人口多數移居平地謀生，剩下VUVU留守家園。而傳統的眷村社區也歷經改建及搬遷，失去了「竹籬笆的春天」。那麼，臺灣懷舊觀念中的社區，有無再恢復傳統風貌的可能？

2. **評估**（assess）：也許可能，因為社區工作在協助社區改變或改善情境，使社區往好的方向發展；也許不可能，因為事過境遷，往事只能回味，現在只能發思古之幽情。

3.**斷言**（assert）：依你的觀察、思考及判斷，臺灣懷舊觀念中的社區，可能或不可能再恢復傳統的風貌？如果可能，如何去做？如果不可能，為什麼？

 # 第二節　社區的構成要素

人們對於「社區」一詞，有著不同的看法，這是現代多元社會的正常現象，不值得大驚小怪。然而，由前述對於社區的各種看法，不難察覺他們心目中的「社區」，都有一定的構成要素或構成條件，至少包括：居民、地理區域、共同意識、社會互動四者（Birkenmaier, Berg-Weger, & Dewees, 2014: 415）。

首先，以肥皂劇中的「夜市人生」為例，來觀察這四個構成要素：通常，逛夜市的人，多半是在地「居民」；他們所逛的那個夜市，有一定的「地理區域」；夜市開始營業時，人們好像有一種「共同意識」，從各地來到夜市：到了夜市之後，有人賣東西，有人買東西，形成頻繁「互動」。這種情況，就像一個「社區」。接下來，我們針對社區構成的四個要素，略加申述：

一 居民

社區，是人的社區；人，是社區的人。一個社區的構成，最重要的是人，而且是居住在這裡的居民（residents），不是有「人民」（people）聚集的地方，就可稱之為社區，因為那只是一種群眾（crowd），甚至是烏合之眾。

例如：某個鄰里有一個菜市場，平常有一些流動人口進來買東西，買了東西之後就離開，這是一種「生活圈」的概念，與社區的構成要素，仍有一段距離。這些流動人口，來來去去，無法界定他們落腳的範圍，也很難據以規劃社區的活動或方案，而且他們對於這個菜市場所在的鄰里，可能沒有一種共同的意識，彼此之間的互動，也非常有限。

至於，需要多少居民才能構成一個社區？並沒有一定的標準。在臺灣，由一個村里形成一個社區（或社區發展協會）的情況，約占94%。其中，有些偏鄉的村里或社區，居民不到一百人，而有些都市地區的里或社區，居民人數多達幾千人，甚至上萬人。

二　地理區域

社區，比較容易被了解為一種地理的範圍（geographic entities）。例如：一個市鎮（town）、一個都市（city）、一個鄰里（neighborhood），都是立基於一種具體連結的區域。

這樣的社區，通常有一種清楚的界線或範圍。例如：以一座山丘、一條河流、一條馬路或街道，或者依法劃定的範圍，作為區分不同社區的界線。簡言之，以地理區域來架構一個社區，可能是因為日常生活有一定的空間，自然而然形成一個社區；也可能是基於政治上或行政上的考量，而依照法定程序劃分為一個區域，例如：村里行政區、選區。

有時候，對於地理區域所構成的社區，也稱為「空間」（space），這是建築業者、社區營造者或社區規劃師的習慣用法，他們與專業社區工作者心目中的社區，有所不同，應予區隔。因為，營造的觀念，侷限於「空間」或「景觀」的設計，殊少顧及「人在環境中」（person in environment, PIE），或者關注那些生活於該地理區域內的居民福祉。簡言之，社區工作必須關注社區居民的福利，不能一直停留於「空間」的營造，這不是社會工作專業的行徑。

三　共同意識

一個社區的構成，除了「居民」與「地理區域」之外，還要這些居民對於他們所居住的地理區域，有一種認知的地圖（cognitive map），進而形塑他們與物理空間的連結關係，認同他們自己是社區成員（community member）。

這種居民對於他們的生活場域，產生共同的認知與歸屬感，就是一種社區意識（sense of community）。舉例來說，你有朋友來到你所住的社區，尋找出售的房屋，看到某戶人家貼出「自售」的字樣，向你打聽這

間房屋的情況。如果，你說：「我都想離開這裡，你最好到別的社區去找」，這表示你對這個社區不認同，沒有社區意識。相對的，如果，你說：「歡迎你來做鄰居，我幫你留意這間房子的情況」，這表示你有社區意識。

簡言之，居民對於社區有所認知，進而形成的共同意識，就是一種社區意識，它可為社區成員提供心理安全與生活安定的歸屬感。

四 社會互動

國者人之居，人者心之器，社區也是如此。當人們認同於他們所居住的地理區域，為了維護共同的利益、解決共同的問題、議定共同的規範，可能就形成一些共同的行動與互動。

例如：有些居民同住於一棟沒有管理員的公寓，本來是雞犬（電視機與寵物狗的叫聲）相聞，老死不相往來，有朝一日，發生了斷水斷電的民生問題，他們可能聚集在一起，開會討論解決水電的辦法，以及所需經費的分擔方式。此時，自然產生一些社會互動，進而提高社區的凝聚力。

再者，一個社區之中，通常有一、二個屬於居民共同活動的中心，例如：菜市場、柑仔店（或便利商店、購物中心）、行政中心（里辦公處、鄉鎮市區公所）、學校、郵局（或銀行）、公園、運動場（或遊樂場、電影院）、車站等公共設施，這些都是當地居民發生社會互動的場域。

由上述社區構成的四種要素，可知社區的形成必須同時具備：居民、地理區域、共同意識、社會互動等條件，而且這四者之間有一種連動的關係存在著。也許，我們也可以將社區視為：一種居民的社區、地理的社區、心理的社區、行動的社區。

進而言之，社區也可視為一種社會系統（social system），因而可將系統擴大或縮小，而仍然具有社區的構成要素。例如：以社區為基礎的相關方案，包括：健康社區（health districts）、警察管區（police precincts）、學區（school districts）（DeFilippis & Saegert, 2012: 127），在運作上，有時候可再細分為：次級社區（sub-community）、再次級社區（sub-sub-community）。

就健康社區而言，對於新冠肺炎（COVID-19）的社區防疫工作，假設某個群聚感染的醫院是一個社區，則隔離院區可視為次級社區，隔離者所住病房可視為再次級社區，它們都有一定居民（住院者）、地理區域（管制區）、共同意識（需要隔離）、社會互動（篩檢、治療、代購民生用品）。

就警察管區而言，假設某個縣市政府警察局是一個社區，則警察分局是次級社區，派出所是再次級社區，它們也有一定的居民（設籍者）、地理區域（管區）、共同意識（維護治安）、社會互動（查對戶口）。

就學區而言，假設某大學是一個社區，則各個學系是次級社區，上課教室是再次級社區，它們都有一定的師生、地理區域（校園、系辦、教室）、共同意識（我們的學校、學系、教室）、社會互動（教與學）。

依此類推，地球（村）、國家、縣市、鄉鎮市區、村里，都可視為一個社區，因為它們都具有社區構成的四個要素。因此，只要具備社區構成的要素，社區可極大化，也可極小化。

 ## 第三節　社區的主要類型

對於社區的四個構成要素，雖然彼此之間有連動的關係，但是實際運作時，經常特別強調其中某一個要素，因而有各種不同的分類基準。以下是常見的社區分類基準及其類型：

一 依地理屬性而分類

在社區的構成要素：居民、地理區域、社會互動、共同意識之中，有時特別重視地理的要素，有時則強調地理以外的要素，因而將社區分為兩大類型（Kirst-Ashman, 2017: 141）：

1. 地理社區（geographic communities）：這是立基於地理的相近性（geographic proximity）而構成的社區。這種以地區（locality）為基礎的社區，包括：(1)基本的社區組織（community organization），例如臺灣已立案的社區發展協會；(2)較小的鄉鎮（smaller towns），例如臺灣的鹿港小鎮；(3)大都市的周遭環境，

例如大臺北地區；(4)大都市中的豪華地區，例如桃園市鴻禧山莊；(5)大都市中的生活艱困地區，例如新北市三鶯部落、溪州部落。

2. 非地理社區（non-geographic communities）：這是立基於共同的理念、利益、忠誠度，以及屬於成員的一種感覺，進而構成的一種社區，有時也稱爲「社群」，它又可分爲：

(1) 利益社區（community of interest）：人們由於共同的利益，或者對於社區事務有共同的興趣，而構成的社區。例如：嘉義阿里山鄉洲美村的居民，爲了復育「鯝魚」，發展觀光產業，將「達娜伊谷」列爲保護區，這就是一種利益社區。又如：鄧麗君的歌迷，在她生日當天齊聚「筠園」（墓園），一起唱她的歌，一起懷念她，這也是一種利益／興趣社區。

(2) 信仰社區（community of believes）：這是一種立基於宗教信仰所形成的社區（faith-based communities）。例如：美國洛杉磯的大主教區（Metropolitan Area）。另外，信仰社區也包括：立基於族群忠誠或文化認同而構成的社區，例如：來自東南亞的新住民組成「南洋姊妹會」，每逢假日相約在火車站聚會，這也是一種信仰社區／社群。

(3) 組織的社區（organizational community）：這是人們組成的團體，藉以分享共同的情境或問題。例如：酒精成癮者所組成的團體。或者爲同一個老闆效勞的員工所組成的團體（common bond）（Popple, 2015: 18）。這類團體，也稱爲工作社區（community of the workplace），因爲工作上的共同關係，久而久之，就產生共同的社區感（comunityness）（林萬億，2020：8）。

比較而言，非地理性社區，並非完全排除地理的要素，只是相對上比起地理的要素，更加重視其他的要素。例如：「達娜伊谷」保護區，社區成員重視觀光利益，可能遠大於園區保護。在此，必須補充說明的是：以前對於非地理社區，也稱爲功能社區（functional community），目前已漸少使用。

二 依城鄉屬性而分類

許多國家在辦理戶口普查時，經常依據城鄉的人口數、社經地位等屬性，區分為鄉村社區與都市地區。但是這些基準，經常引發爭議，而有不同的看法，例如：

1. 鄉村社區（rural communities）：必須符合三條件：(1)低人口密度（每平方公里居民人數）；(2)與大都市中心有一定的距離；(3)居民集中參加某些特殊活動（例如：伐木、農耕、飼養牛羊）（Davenport & Davenport, 2008）。或者，界定鄉村社區，必須沒有大型公司，且居民少於2,500人（Carlton-LeNay, et al., 1999: 10）。

2. 都市社區（urban communities）：排除鄉村社區的必要條件之後，其餘地區就是都市社區。

在臺灣，目前還有一些漁村社區、眷村社區，也可歸類為鄉村社區。不管怎樣，專業社區工作者經常有機會與鄉村社區一起工作，對於鄉村社區有必要多加了解，因為這類社區，通常是資源少、資訊少、機構少，但是社區的問題多、福利人口多、需要提供的協助也多。

三 依發展程度而分類

衛生福利部自2001年起，每兩年對地方政府執行社會福利的績效，進行實地考核。其中，2021年社區工作績效考核的指標之中，列有縣市政府執行「社區分級」輔導的績效。這項指標係依社區的發展程度，分為三種類型：

1. 停滯型社區：該社區發展協會的會務停滯，未定期召開大會，也未定期將會議紀錄函報主管機關完成備查的社區。

2. 潛力型社區：該社區發展協會的會務正常，常態性運作良好的社區。

3. 發展型社區：該社區發展協會的會務正常，且有社區方案執行能力。

雖然，「停滯型社區」是社區考核所使用的操作性定義，但是這樣的名稱是否適當，有待商榷。因為，社區內的居民，必然有遷入／遷出，也

有出生／死亡，社區的人口結構有增有減，怎麼可能停滯不動？

四 新出現的社區類型

　　隨著時空環境的不斷變遷，社區的型態不斷翻新，目前已出現一些新的社區類型，未來一定更多。目前，新的社區型態，至少有：

1. 虛擬社區（virtual community）：這是藉由傳播所構成的一種虛擬空間（cyber-space），又稱虛擬社群、網路社群或電子社群。這是網際網路使用者互動之後，彼此擁有足夠的情感，所形成人際關係網絡的一種社會群體。晚近，虛擬社區不只成為表達自由的基地，也成為動員的平台，例如救災、尋人、選舉（林萬億，2020：8）。

2. 政治社區（political communities）：人們為了表達主張、集體商議、動員與行動，而將社區當作一種政治的單位，這是另類社區。政治社區有兩個重點，一是透過訴求而參與民主治理，二是透過社區組織與政治動員，而促進社會變革（Birkenmaier, Berg-Weger, & Dewees, 2014: 417）。以臺灣為例，某一社區90%以上的居民是某陣營（藍／綠／白）的「死忠兼換帖」，每次選舉都支持該陣營的候選人，就可視為一種政治社區。

　　在上述這些社區類型之中，地理社區是較常被使用的一種類型，但其所引發的批評也不少（**見批判性思考議題1-2**）。而虛擬社區目前還在發展之中，說不定將來被使用的機會越來越多。無論如何，專業社區工作者可視實際情況，參採運用，以利社區工作的推動。例如：運用虛擬社區的直播系統，協助社區進行社區產業的行銷活動，或者遊說政治社區的重要人物，協助社區借力使力，爭取政府有關社區方案的經費補助。

批判性思考議題1-2

　　並非所有住人的地方都可稱為社區，不具備上述四個要素（人民、土地或地盤、社會互動、認同）的人群，不能稱為社區。據此，每一個家戶都會劃入村里中，但並非所有家戶都可能屬於社區。強行將某

些家戶或地方劃為社區是違反社區的本質的，不但沒有必要，也沒有用（林萬億，2020：9）。

1. **提問（ask questions）**：傳統上，臺灣將「地理」相近的地方劃為一個「社區」，並以這個範圍作為社區發展協會成立的基準，因而有94%以上的社區範圍與村里重疊。這種「地理社區」的劃分，已實施五十多年，到底有沒有用？

2. **評估（assess）**：可能沒有用，不然怎麼社區老是被批評：範圍太小、資源太少、績效不彰？可能有用，因為要規劃社區方案、申請補助、辦理活動、社區防疫等，比較容易確定它的實施範圍。

3. **斷言（assert）**：依你的思考及判斷，這種「地理社區」的劃分有用嗎？如果沒有用，如何劃分比較有用？如果有用，如何再求精進？

 ## 第四節　社區的基本功能

　　無論哪一種類型的社區，對於她的居民或社區成員，或多或少都會產生影響作用，進而發揮必要的功能。依據史翠特（Streeter, 2008: 356）在美國社會百科全書（Encyclopedia of Social Work）中的描述，社區有五種基本功能：

一　生產、分配與消費的功能

　　在社區之中，對於物品與服務（goods and services），有人從事生產，有人負責分配，而居民則以適當的收入，進行必要的消費。

　　這些物品與服務，可能包括：食物、衣服、住宅、交通、醫療照顧及就業等基本需求，並且透過社區成員的分工與交換，各取所需，相互依存。

二　社會化的功能

　　社區，與家庭、學校、同儕、傳播媒體，都是社會化（socialization）

的重要機制。無論兒童、青少年、成人或老人，都需要持續透過社會化的過程，習得所處社區必要的生活知識、價值、習慣及行為模式。

相對的，社區也可透過各種社會化的過程，引導社區居民或社區成員建立他們與其他人的適當關係，合理看待他們的權利和責任。其中，在正式機制方面，可透過社區的慶典、社區的教育活動，將社會規範傳遞給居民；在非正式機制方面，可透過夥伴的聚會、同儕團體的聯誼，彼此交換正確的價值觀念、相互鼓勵合理的行為模式。

三　社會控制的功能

社區的社會控制（social control），在於維持社區公約、相關法規、管理規則的有效運作。通常，社區可透過正式的公權力，例如：警察巡邏、法院體系，以及非正式的促進措施，例如：學校、家庭、同儕、有組織的鄰里，協助社區來促使社區成員有合理的言行，以增強社區規範的執行。

有時候，這些正式與非正式的規範方式，也有助於促使社區相關資源得到適當的管制，從而確保社區居民的安全。例如：社區食物銀行、社區冰箱的食品儲存，必須符合衛生安全及保存期限的規定，這也是社會控制的一種機制。

四　社會參與的功能

在社區之中，居民的社區參與（social participation），可藉由正式與非正式的團體而進行。通常，社區居民或社群成員可透過某些社區的團體、協會、組織所提供的社會通路（social outlets），而與其他成員進行互動。並且，以這些互動方式，去形成一種自然的互助機制（也稱為：天生的好幫手）（nature helping），或者建立一種支持性網絡（support networks）。

舉例來說，當社區居民參加社區的休閒運動聯盟、志願服務團隊、地方性音樂節、親師協會（Parent Teacher Association, PTA）的會議等活動，都是一種社會參與。

五 相互支持的功能

　　社區係由許多居民或成員所組成，他們的家人、朋友、鄰居，或者志工，通常可適時提供必要援助與相互支持，以協助社區內的個人或家庭，去解決他們的問題，而不必完全依賴專業人員的協助。

　　不過，由於現代社會的複雜性，這些互助的功能，常需借重人群服務的專業人員，例如社會工作者、諮商人員，加以補充。

　　抑有進者，在上述五種功能之外，也有相關文獻（林萬億，2020：9）認為社區還有「防衛」的功能，也就是透過社區的集體行動，保護居民或成員免於遭受傷害、欺壓，或使人們的權益，得到保障或擴張。

　　對於上述社區基本功能，也許有些社區成員並沒有自我覺察，或者粗略知道社區可發揮某些功能，卻是心有餘而力不足，不知從何著手。此時，就可能需要專業社區工作者從旁提醒、引導、協助他們選擇及運用一、兩種關鍵性功能，有效幫助自己，有了信心之後，再逐步擴及其他功能。因此，我們在探索社區的看法之後，緊跟著一起來了解社區工作的一些基本概念。

第二章
了解社區工作的
基本概念

對於社區的看法、構成要素、類型、功能有了初步的了解之後，我們接著探討社區工作的一些基本概念，以作爲後續討論的基礎。

在性質上，社區工作兼具「學科」與「實務」雙重性格。作爲一門研習學科，最基本的要求，是界定它的意義、目標；作爲一種實務工作，最起碼的前提，是設定它的價值（重要性）與實施原則。以下逐一說明。

第一節　社區工作的意義及構成要素

社區工作（community work, CW），是英國經常使用的名詞，美國早先使用社區組織（community organization, CO），後來也交互使用社區組織、社區工作。在臺灣，早先學界使用社區組織與社區發展（community development, CD），實務界使用社區發展，目前則有通稱爲「社區工作」的傾向。

無論如何，社區工作已成爲一個普遍使用的名詞。有時候，可將社區工作視爲傘狀的名詞（umbrella term），再將含有社區取向的相關用語——社區組織（CO）、社區發展（CD），包含在內（Forde & Lynth, 2015: 7）。另外，有一種比較謹慎的處理方式，是使用「社區工作（或社區發展）」、「社區工作（或社區組織）」（甘炳光等，2016：4），本書將採用這種方式來處理。

當然，我們可能看到部分中文的社區工作教科書，在前面章節之中，煞有介事地分辨社區工作、社區組織、社區發展、社區營造的異同，最後的結論，幾乎都是：社區工作、社區發展、社區組織，可視爲相同的概念，彼此交換使用。事實上，外文相關書刊也有這種現象，例如有一本社區發展專書，在內文也是「社區發展」與「社區工作」交互出現（Gilchrist & Taylor, 2016: 85, 96, 103）。

因此，我們不必「浪費時間」去做社區工作相關名詞的論辯，而直接引用相關文獻來解釋「社區工作」的廣義與狹義，並由這些定義，導出社區工作的構成要素。

一 廣義的社區工作

在英國，有關社區工作較早的定義，是1968年高本漢基金會（Gulbenkian Foundation）在一篇委託研究報告：「社區工作與社會變遷」（Community Work and Social Change），將社區工作界定為（引自甘炳光等，2016：8）：

> 社區工作主要涉及影響社會轉變，透過社會情況的分析及不同群體建立關係的兩個過程，帶來適切的社會轉變，……其目的是讓市民參與決策的制定，使市民對社區建立認同感及向市民提供所需服務。

這個定義，有四個重點：(1)在出發點，它是一種分析社區情況與建立群體關係的過程；(2)在範圍上，它關注所有影響社會變遷的因素；(3)在過程上，它鼓勵市民（居民）參與社區相關政策的決定；(3)在目的上，它一方面是為了建立市民（居民）對社區的認同感，另一方面是為了滿足市民（居民）的需求而提供服務。

簡言之，這個定義在於強調社區工作與社會變遷的關聯性，其所涉及的範圍相當廣泛，企圖將各種因素都納入考量，反而顯得有些籠統而不夠明確。

二 狹義的社區工作

依據德維夫斯（Twelvetrees, 2008: 1）的建議，社區工作最簡單的定義，是：

> 協助人們在自動自發的集體行動之下，去改善他們自己社區的過程（The process of assisting people to improve their own community by undertaking autonomous collective action）。

這個定義，將社區工作視為居民自行改善社區情境的一種過程。它

強調居民的主體性、自動自發、集體行動，而專業社區工作者及／或其他人，只是從旁協助他們進行社區的改善或改變。

三 社區工作的構成要素

觀察社區工作的廣狹兩義，顯示社區工作是一種繼續變遷的過程，而且在變遷的過程中，涉及許多要素或條件，從而構成社區工作的樣貌。

如果，從變遷的觀點來看社區工作的樣貌，它比較著重在社區發展的一面。因此，我們採借社區發展的構成要素（comprises）（Ledwith, 2016: 5），將前述定義的要點，參考6W1H的理念架構，將它們整合爲社區工作的構成要素：

1. 社區（communities）：確定社區工作的實施範圍，也就是人們居住的空間領域或生活的地理區域，以回應：在何處實施（where）？

2. 居民（resident）：以社區居民爲主體，鼓勵居民參與社區相關政策或方案的決定、規劃及執行，以回應：爲誰而做（whom）？

3. **願景**（vision）：建立居民對於社區的認同感／社區意識，並提供適當的服務，以滿足居民的需求，進而建立一種適合與永續的世界（a just and sustainable world），以回應：爲何而做（why）？

4. 社區工作者（community workers）：由專業社區工作者協助居民結合相關資源（人力、物力、財力），共同處理社區問題或滿足社區需求，以回應：由誰來做（who）？

5. 社區方案（community projects）：由專業社區工作者與社區居民一起評估社會變遷的因素、社區的問題、居民的需求，進而擬訂社區方案，作爲實施的依據，以回應：做些什麼（what）？

6. 過程（process）：從分析社區概況、需求與建立群體關係著手，並將社區方案分成幾個階段，逐步付諸實施，以回應：何時實施（when）？

7. 協力合作（collaboration）：從地方性的社區方案，到社區相關聯盟／聯結／運動（campaigns/alliances/movements）的方案，爲了改善或改變社區情境而群策群力，協力合作，而達成最終目標，以回應：如何做（how）？

即使，上述已提出了社區工作的定義及其構成要素，但是對於初次接觸社區工作的初學者而言，一時可能還是摸不著頭緒，因為有些學者或「學究」，好像很喜歡故弄玄虛，使用許多文字來詮釋他所下的定義（見**批判性思考議題2-1**）。

再者，由於社區工作所處的環境脈絡，尤其是政治的局勢（political times）可能隨時發生變化，因而社區工作的定義也可能因應政策的改變而有所變化（Ledwith, 2016: 10）。因此，我們對於社區工作的定義，保持一定的彈性，也許是一種權宜之計。然而，彈性的定義，利弊互見。其弊，是容易引起爭議；其利，是可包容社區工作實務的豐富性，從較寬廣的取向，探討它的各種目標。

批判性思考議題2-1

　　甲、不管學者創造出多少字詞，社區工作回歸到最原始點，就是幫助社區解決問題，把社區中每一個人都照顧好，帶領社區實現大家的生命夢想（鄭夙芬，2016：40）。

　　乙、社區工作就我的經驗來說，很簡單的就是一群人追求彼此更幸福和自主的在一起生活（黃盈豪，2012：52）。

1. **提問**：甲、乙兩個定義都很簡單，哪一個比較能讓初學者接受？
2. **評估**：如果拿社區工作的構成要素來評估，甲定義著重：社區、居民、工作者、願景、過程；乙定義著重：居民、願景、過程、協力合作。當然，還有其他指標可用來評估。
3. **斷言**：如果你是社區工作的初學者，你決定選擇甲定義、乙定義，或者其他？你的評估觀點或考量因素是什麼？

第二節　社區工作的主要目標

前面探討社區工作的定義時，曾提及社區工作的目的或目標，一方面是為了建立居民對社區的認同感，另一方面是為了滿足居民的需求。

不過，這樣雲淡風清，輕描淡寫，未免過於簡略，不利了解。對於社區工作的目的或目標，甘炳光與莫慶聯（2016: 15-16）在他們的著作中，有比較詳細的描述，他們提出「培養互相關懷及社區照顧的美德」等七項，作為社區工作的目標。

然而，甘炳光與莫慶聯兩人長期居住於香港，可能是針對香港的社區狀況或需求而提出這些目標，而且他們提出這些目標的年代（1997），距今已有不短的歲月。因此，本書並未照單全收，全盤移植，而是將其標題做了調整，也將其內容加以更新，再歸納為近程、中程、遠程等三個階段性目標，簡述如下：

一 近程目標

社區工作方案或計畫的實施，是一種循序漸進的過程，在實施的初期，可能達到而且必須努力達到的目標，包括：

1. 改變權力配置以建立社區關係：社區工作涉及許多影響人們改變的因素，而社區內部的權力分配不均，是其中一個關鍵性因素。如果少數人獨攬大權，剛愎自用，必然影響社區其他成員參與的機會和意願。因此，社區工作的首要目標，是改變社區不當的權力配置，以建立良好的社區關係。

2. 促進居民參與以強化社區互動：社區的議題或事務，應該是社區成員共同關注的標的，而且必須成員對其有所認知，也願意投入心力，一起工作，始能有效處理。因此，社區工作有一個目標，是促進居民參與，以強化他們之間的良善互動，共同為處理社區的議題或事務而全力以赴。

3. 善用社區資源以解決社區問題：任何社區，都可能有一些問題需要解決，而且社區問題的解決，必須連結及運用社區內外的資源。因此，社區工作的初期目標之一，是善用社區資源，以便更有效地解決社區問題。

綜言之，社區工作的近期目標，依序為：建立社區關係、強化社區互動、解決社區問題。這些目標達成之後，社區成員才有信心與動力，再往下一個目標繼續前進。

二 中程目標

立基於近程目標所獲得的成果，社區工作進行到了中程階段，必須共同設定及達成的目標，可包括：

1. 喚醒居民自覺並凝聚共識：社區工作是一種助人的專業，專業社區工作者陪伴社區成員走了一段路之後，有一個重要目標是提醒他們自我覺察：社區是居民共同生活的環境，唇齒相依，休戚與共，每一個居民都有權利，也都有義務，積極參與社區事務，共同促進社區情境的改變或改善。

2. 充實居民能力並展現潛能：社區工作是透過居民的集體行動，共同解決社區問題或改善社區情境。然而，居民參與這些工作，除了經驗之外，還需要一定的能力。因此，社區工作有一個目標，是協助居民充實基本能力，並且在參與的過程中，展現自己的潛能，對社區有所貢獻。

3. 促進居民互助並關懷弱勢：任何社區，都有一些處於不利地位的弱勢者，例如：貧窮者、障礙者、獨居老人、受虐兒童、受暴婦女。但是，他們也是社區的一分子，需要關懷，需要照顧。因此，社區工作有一個目標，是促進居民的互助合作，共同關懷及照顧社區內的弱勢者，讓他們也有平等機會分享社區改變或改善的成果。

綜言之，社區工作的中程目標，依序為：喚醒居民自覺、充實居民能力、促進居民互助，讓社區成員逐漸養成自主、自助、互助的能力與動力。

三 遠程目標

人無遠慮，必有近憂，社區工作何獨不然？專業社區工作者與社區居民之所以協力合作，共同努力，無非是要達成下列的終極目標：

1. 滿足社區需求：通常，社區工作的過程，必先透過社區概況的調查，以及社區需求的評估，然後針對社區的各項需求，規劃解決方案，提供必要服務，究其目標，乃在於滿足社區的整體需求。

2. 強化社區意識：任何社區，無不追求永續發展，而其前提條件是社

區成員具有社區意識（sense of community），也就是社區成員之間能夠產生一種類似生命共同體的感覺。此時，社區工作的目標，乃在於強化社區成員的社區意識，以促進社區永續發展。至於社區意識，可包括四個層面（李聲吼，2018：4-5，4-6）：

(1) 歸屬感：社區能提供成員所需的安全感，成員對社區也有認同感。

(2) 團結感：社區成員合作無間，為了社區的改善，赴湯蹈火，在所不惜。

(3) 使命感：社區成員自動自發，願意共同承擔社區改善的成敗責任。

(4) 共享感：社區以居民為榮，居民也以社區為榮，共享社區改善的成果。

3. 提高生活品質：社區工作是一種持續改善的過程，在提供必要服務，滿足居民的需求之後，更進階的目標，是不斷地提高居民的生活品質，使所有社區成員都有一段美好的人生旅程（well-being）。

綜合上述社區工作的近程、中程、長程目標，可進一步歸納為：過程目標（process goals）與任務目標（task goals）（甘炳光、莫慶聯，2016：14）。就過程目標而言，社區工作希望能促進社區成員的「社區互動」、「社區互助」、「社區合作」與「社區意識」，這些正是評估一個社區是否順利運作的指標。就任務目標而言，社區工作希望能「解決社區問題」、「滿足社區需求」、「改善生活品質」，這些也是判斷一個社區是否產生績效的指標。當然，社區所有的努力，無非在於達成「社區永續發展」的目標。

第三節　社區工作的核心價值

德維夫斯（Twelvetrees, 2008）在界定前述社區工作定義之後，接著指出：社區工作特別關切那些處於不利地位或遭受壓迫者的需求，包

括那些因階級、種族、性別、年齡、障礙等因素所造成的貧窮或歧視（p.1）。

再者，有關於社區工作的發展，亦可追溯到19世紀末期，英國的睦鄰組織（settlement house）。英國於1883年成立的牛津之家（Oxford House）、1885年成立的湯恩比館（Toynbee House），其背後因素是當時基於反對貧窮、反對歧視，而企圖透過社區聯合運動，尋求平等與社會正義（Adams, Dominelli, & Payne, 1998: 163）。

概括地說，從1890年代末期，以迄今日，社區工作都是爲了因應經濟與社會的不正義、不平等，而以集體方式去反歧視，藉以維護社會正義而盡心盡力，夙夜匪懈（Popple, 2015: 114）。

就此而言，社區工作（尤其社區發展）是一種長期以價值爲取向的活動，這正可突顯社區工作存在的必要性。那麼，社區工作的價值有哪些？從相關文獻略加瀏覽，不難發現學者之間對於社區工作價值的看法，大同小異，相差無幾（Gilchrist & Taylor, 2016: 14-16; Forde & Lynth, 2015: 14; Popple, 2015: 114-115），約可歸納爲下列五種核心價值：

一 社會正義

長期以來，社區工作的存在，都是致力於促進社會正義，而且經常在社區相關政策之中，列入社會正義。

所謂「社會正義」（social justice），是一種理想的情境，在這種情境中，所有社會（含社區）成員有相同的基本權利、保障、機會、義務及社會利益。這種概念暗含著一種想法，承認歷史上有不平等的情況，必須透過特定的方式加以補救，例如：針對歧視、壓迫及制度的不平等，而進行倡導（Barker, 2014: 398-399）。

換言之，在社區發展（或社區工作）之中，社會正義經常被了解的，是一種公平的發展，以及包容的社會（inclusive society），在財富、機會、權力等方面，更加平等地分配給所有的社區成員。

二 平等與反歧視

在社區實務中，討論平等（equality）的觀念，意味著社區發展（或

社區工作）對於當前社會所形塑的制度性不平等，已有所覺察。這些不平等，通常與階級、性別、族群、障礙、性傾向及年齡，有所關聯，而其共同的形式，就是歧視。

就社區工作（或社區發展）而言，平等是一種核心價值，因而社區實務工作者被期待在他們所有的工作領域，都能夠結合一種反歧視（anti-discriminatory）的檢驗，因為社區工作（或社區發展）最關切的議題，是如何挑戰及克服不利的情境。

具體地說，社區工作的起始點，是假設社區有一些問題或有一些缺失，因而在社區中被汙名化及被排除的區塊，包括：社會秩序崩壞（social breakdown）的區域、地方性經濟長期失靈的區域、市內貧困的地區及其周邊地帶，或者比較偏遠的鄉村社區，都應該優先部署常態性預防不平等或歧視的機制，例如：社區發展協會理事長由票選產生，不排除女性參與領導，也沒有年齡歧視。

三 集體行動

無論社區發展或社區工作，都鼓勵社區裡的個人、團體及組織，非正式地，或者透過夥伴形態（partnership-type）的安排，一起參與社區事務。

這種夥伴的形態，早期稱為合作（co-operation），後來稱為集體行動（collective action），它的原意是透過社會運動，尋求政治、經濟或文化的改變。不過，有些人偏愛使用「反對」（protest）或「反抗」（rebellion）的字眼，以突顯那些沒有參與的人，是處於權力的另外一端（Barker, 2014: 89）。

如果，將集體行動運用於社區工作，似乎比較傾向於由那些參與的夥伴，在不同的機構或社群之間，扮演一種仲介的角色（brokering role），藉以調解那些潛在性的抗衡或緊繃的關係。簡言之，集體行動是要在社區之中，廣結善緣，化阻力為助力。

四 社區充權

社區工作（或社區發展）相當重視集體的領導、參與和充權。在臺

灣，「充權」（empowerment）一詞，習慣上稱為：培力，在於協助個人、團體及社區的成員，增加其參與的能力，以便在改變他們的處境方面，可發揮影響力。

將「充權」運用於社區工作領域，稱為：社區充權（community empowerment），也就是提供社區成員參與社區事務的機會，讓他們對於那些發生於他們的居住區域或利益範圍的事務，有直接參與決定的影響力。

廣泛地說，社區充權是一種民主化的過程。這種過程，如同一趟旅程，第一個步驟是允許社區成員充分地參與有關他們自己社區治理的決定，然後再有系統地建立及設計地方性事務的參與及決定（Gilchrist & Taylor, 2016: 15）。簡言之，社區充權是有層次的，就像階梯一樣，逐步協助社區成員從參與之中，增加自己的信心、動機和能力。

五　一起工作與學習

社區工作（尤其是社區發展），對於社區的共同事務，特別鼓勵社區成員一起工作，而不只是由專業的社區工作者替他們說、為他們做。

一起工作，就是一種參與（participation），它可以視為一種連續性的活動，從資訊分享（information sharing）開始，經由能力建立（capacity building）與充權（或培力）（empowerment），積極地參與有意義的活動。而且，從小規模活動（small-scale activities）的參與，到較大規模活動（larger-scale activities），都有參與的機會（Forde & Lynth, 2015: 16-17）。

實質上，參與的過程，也是一種學習的過程。社區成員可以從做中學（learning by doing），不斷地累積工作經驗，或者透過非正式的交談、參加工作坊或團體討論，藉以認知他們的生活周遭發生了什麼事？思考如何處理，始能達到改變或改善的結果？這些方式，是一種積極的學習，也是一種有意義的參與。

簡言之，唯有社區成員一起認知社區的現況及需求，並且一起工作，才有可能去改變社區，使社區變得更好。

對於上述社區工作的核心價值，眼尖的讀者可能已發現它們之間有一部分是相互重疊的。例如：社會正義，涉及不平等；集體行動與社區充權，都涉及參與（一起工作）；一起工作與學習，又涉及充權。

的確，這五種社區工作的核心價值，不僅有一部分相互重疊，而且彼此也有連動的關係。例如：由上而下，社區成員基於社會正義，據以反歧視、集體行動、社區充權、一起工作與學習，顯示了價值理念可以逐步付諸實施。如果，由下而上，則透過社區成員一起工作與學習、進行社區充權、再以集體行動，參與反歧視的活動，以達社會正義，則又顯示了價值理念循序漸進，可達成最終目標。

一言以蔽之，社區工作因為有核心價值，得以持續存在；而社區工作的存在，是為了維護其核心價值。

 ## 第四節　社區工作的實施原則

社區工作的實施原則，經常與社區工作的價值，相互聯結，形成一種倫理基準及其規範性的實施原則。

很久很久以前，聯合國在「經由社區發展達至社會發展」的文獻中，曾提出社區發展的十項原則，提供各國用以指導社區發展的實施：

1. 依照社區居民的期待及需求，擬定工作計畫。
2. 建立多目標的計畫及多面向的配合行動，以推動全面及均衡的社區發展。
3. 推動社區發展初期，重要的是，加強社區居民自信心，培養自動自發精神。
4. 社區各項計畫的擬定、執行，均應由社區居民共同參與。
5. 注重地方領導人才的培力、訓練及運用。
6. 鼓勵並組織婦女及青年，以參加各種社區發展工作。
7. 對於社區提出的自助性計畫，政府應積極給予重點或全面的協助。
8. 全國性社區發展計畫的建立，應有完整的政策與完善的行政組織，並應注重工作者的甄選及培訓，地方與國家的資源運用，以及研究、實驗、考核等工作。

9. 在社區發展計畫之中，應充分運用地方性、全國性及國際性的民間組織，因為這些力量對於社區發展工作的推動，是不可缺少的資源。

10. 地區性與全國性的社區發展計畫，應密切配合，協調發展。

聯合國早期所提出的原則，時至今日，仍有參考價值。最近，霍迪與雷齊（Forde & Lynch, 2015: 13）在他們的著作中指出，社會正義是社區發展的核心價值，並且連結於實施原則（practice principles），包括：由地方領導、尊重地方的價值、採取協力合作的取向（a collaborative approach）、尊重差異、平等及社會包容（social inclusion）。這些原則，只是社區工作（或社區發展）實施原則的一部分。

此外，國際社區發展協會（International Association for Community Development, IACD）對於社區發展的指導原則（guiding principles），有比較詳細的清單，如表2-1：

表2-1　國際社區發展協會（IACD）的社區發展指導實施原則

實施原則	說明
1. 由地方領導	社區，在它自己的發展中，扮演領導的角色。
2. 有政府支持	政府，在適當的時候，透過資訊、專業知識技能、輔導及其他資源的提供，積極地促進和支持社區發展。
3. 協力合作的取向	將社區發展建立在社區、政府及民間部門之間的合作、協調及協力合作之上。
4. 維持平衡	將社區發展建立於一種平衡的取向上，藉以回應並整合經濟的、社會的、環境的、文化的考量。
5. 尊重地方性價值	地方性的價值，能夠被了解與尊重。
6. 差異、平等與社會包容	全體社區成員，不分性別、年齡、能力、種族、文化、語言、性傾向，或者社會與經濟的地位，都能在社區發展過程中，被充權、被鼓勵，且能從社區中得到社會及經濟的利益。
7. 透明與責信	在社區發展過程，鼓勵：凡事透明（transparency）、有責信（accountability）、參與（participation）、以證據為基礎的決策（evidence-based decision making）。
8. 夥伴及利益分享	社區發展鼓勵那些來自社區內部及政府特別關心的社區共同利益者，都能成為必要的夥伴。

實施原則	說明
9. 共同願景	社區成員一起努力，為了社區的未來發展，界定共同的願景。
10. 聚焦於社區的資產	將社區發展，建立於那些存在於社區之中的既有能力（capacity）與資產（assets）之上。
11. 志工主義（volunteerism）	社區發展必須肯定、尊重、培育，並鼓勵那些不計報酬而自願參與社區事務的志工。

資料來源：Gilchrist & Taylor, 2016, pp.78-79.

表2-1呈現國際社區發展協會（IACD）的十一個原則，它是針對一般社區的共同情況而提出的指導原則。我們可將這些原則，依其實施過程的先後順序，歸納為下列六個基本原則，略加闡釋：

一 以社區為主體的原則

社區工作是一種由下而上，以社區居民自己的力量，去改善或改變社區不利情境的過程。論其首要原則，是尊重社區的主體性。因為，社區居民最清楚自己的需求是什麼？社區共同的問題在哪裡？在這方面，可有二個次級原則：

1. 由社區的領袖主導：在社區工作過程中，由社區產生的草根領袖，扮演著領導者的角色，負責社區資源的支配，主導各項社區事務的執行。
2. 界定社區工作願景：透過民主程序，由社區成員共同訂定社區工作的未來願景，作為社區需求的一部分，或者一起努力的遠程目標。

簡言之，社區工作是社區自己的工作，應尊重社區的主體性、自主性、自我決定的權力。

二 全體居民參與的原則

社區工作固然需要社區領袖運籌帷幄，領導群倫，更加需要社區成員的踴躍參與，群策群力，藉以增進社區互動，凝聚社區意識，促使社區工作更有效率地推動。在這方面，可包括二個次級原則：

1. 提供居民平等參與的機會：只要居民對社區事務有參與的意願，

社區的組織或團體就應該平等提供參與的機會，不論他們的年齡、性別、性傾向、族群、身心狀況是否有所差異，都應該得到積極鼓勵、受到社會包容。

2. **適時提供居民充權的機會**：有時候，有一部分居民有參與的意願，但是缺乏參與能力而裹足不前；或者在參與之後，不如他的預期而萌生退意。此時，社區組織或團體即應提供充權的機會，協助他們強化參與的能力及動力。

簡言之，社區組織或團體，對於社區成員的參與，唯一的原則是社會包容，而非社會排除。

三 社區資源連結運用的原則

社區工作的推動，常需結合社區內部與外部的各種資源，並經由溝通協調、分工合作，連結相關資源，作最有效的運用。在這方面，不能忽略四個次級原則：

1. **尋求政府部門支持**：廣泛地說，社區工作也是公共事務的一環，政府不應置身事外，袖手旁觀。必要時，社區亦可尋求政府的支持。例如：洽請政府部門提供資訊、專業指導及經費補助。

2. **協調民間部門贊助**：審視社區的實際需求，協調民間企業、慈善團體、非營利組織，請他們提供支援。例如：出借空間、贈送物資、贊助經費。

3. **鼓勵志工無酬服務**：培訓及鼓勵志工，不計報酬，自動參與社區相關服務。例如：運用社區志工，協助社區照顧關懷據點進行：關懷訪視、電話問安、健康促進、送餐服務。

4. **鼓勵非正式團體或個人協助**：例如：鼓勵愛心會、聯誼會、慈善人士，請他們協助社區宣導、協辦社區活動。

簡言之，為推動社區工作而需運用社區資源的時候，必須透過溝通協調、協力合作的途徑，取得所需資源，有效運用，不能強人所難，或者浪費資源。

四 善用社區資產的原則

從事社區工作，適宜採取優勢觀點，去發覺並妥善運用社區既有的資產，尤其是社區文化資產、地方性價值、地方人物的才能。在這方面，有三個次級原則：

1. **善用社區文化的優勢**：社區多數成員使用的語言、在地的民俗、藝術、古蹟、自然景觀，都是社區工作不可忽視的資產，可視需要，善加運用。
2. **重視地方性的價值觀**：社區可能有其主流價值，例如：著重弱勢關懷、強調居民「共學」、「共享」。這類地方性價值，應受尊重，並加運用。
3. **善用地方人物的才能**：地方耆老、政治人物、宗教領袖及其他意見領袖，他們的才能、經驗、智慧，都是社區的寶藏，必要時可請他們提供意見。

簡言之，社區資產，所在都有，人、文、地、產、景，都是社區工作可善加運用的資產。

五 社區決策透明化的原則

社區工作經常涉及居民關切的社區問題或社區議題，也經常尋求政府及民間的支持，進而形成重要的夥伴關係。因此，社區相關決策或決定，必須公開、透明。在這方面，包含三個次級原則：

1. **社區決策透明化**：社區任何決策，應公開透明，既可取信於民，又可獲得繼續支持。
2. **社區責信透明化**：社區成員一起工作，應有分工，又有合作，各有專司，且權責分明。
3. **社區成果透明化**：社區工作，有社區成員的努力，有政府與民間的支持，其所獲成果，應由夥伴共同分享，理所當然，無庸置疑。

簡言之，社區的決策程序、權責劃分、成果分享，都應符合民主原則。

六 社區永續發展的原則

社區工作是一種有計畫、有步驟，促使社區持續改變的過程。因為社會不斷地變遷，社區的問題解決之後，可能又出現新的問題；居民的需求滿足之後，可能又衍生新的需求，所以社區必須追求永續發展。在這方面，有二個次級原則：

1. **整合社區相關影響因素**：環境的（environmental）、經濟的（economic）、平等的（equity）或社會的（social）因素，是影響居民生活的關鍵性因素，也是社區永續發展的必要條件。專業社區工作者必須與社區成員共同努力，整合這些關鍵性因素（3Es），持續維持平衡，以促進社區的永續發展。

2. **維繫社區與夥伴的關係**：社區工作在建立社區、政府及民間之間的夥伴關係之後，必須繼續保持溝通、協調、合作、分享，以便獲得持續性支持。

就此而言，推動社區工作，在社會、經濟、環境、文化、夥伴等方面，都要維持平衡，持續經營，促使社區得以永續發展。更有甚者，整合並強化至社區脈絡之中，主要面向的緊密關係，可能才是社區工作實施原則的核心（見**批判思考議題**2-2）。

無論如何，上面所述社區工作的六個實施原則，僅歸納國際社區發展協會（IACD）所提出的指導原則，屬於一般社區工作的共同原則。此外，基於社區文化的差異，在某些社區可能還要遵守地方性的特殊原則。例如：澳洲沿海地區，有一個白澳族群與原住民混合居住的社區，他們特別重視人類尊嚴、歸屬、重新和解（re-conciliation）的價值，因而在這個社區，特別強調合作、分享資源、教育、責信、永續的原則（Lathouras, 2010, cited in Forde & Lynch, 2015: 14）。又如，在印度，有一個穆斯林（Muslin）信徒居多的鄉村社區，他們關切人權的追求，以及性別平等、說話自由、地方性生產和環境等特殊議題，因而他們的社區方案也特別強調平等原則，避免產生有害的效應（Kenny, Fanny, & Rahayu, 2013: 287, cited in Forde & Lynch, 2015: 14）。

有一句話說：「凡是原則，必要例外」，包括這句話，也只是一個原則。因此，無論一般原則或特殊原則，在社區工作實務中，仍需仔細思考，合理判斷，找出適當的實施原則，以協助社區及居民獲得最佳效益。然而，社區參與者不一定都能了解及掌握適當的實施原則，可能還需要有專業資格或有經驗的實務工作者，適時提醒他們、引導他們，為他們提供必要的協助。

批判思考議題2-2

　　思考和觀察社區發展工作，我強調社區發展工作的三個面向。第一個面向是社區工作要發展的是，社區居民共同生活的社群性。我所謂發展社群性，是社區居民有意識的強化其共同生活中互助共享的社群關係，以及社區居民共同創造與自然環境友善的生態永續生活方式。第二個面向是社區發展工作中，社區組織的自發性、公共性和公益性。第三個面向是基層社區和包含它大社會之間的相互滲透的程度。用專業的行話來說，是社區橫軸關係和縱軸關係的比重（陶蕃瀛，2012：32-33）。

1. **提問**：這個議題強調社區居民與他們生活環境面向的相互關係之建立與強化，這些面向包括三個：社群及其生態環境、社區組織、大社會，而未提「政府」，可能的考量是什麼？

2. **評估**：個案工作、團體工作的首要原則，是建立關係，社區工作也不例外。就社區工作而言，如果，以「社區居民」為服務對象，有系統地討論居民的社會關係之建立，可能涉及：居民與居民（社群）、居民與社區（社區組織）、居民與國家（政府）、居民與社會等層面，始較完整。

3. **斷言**：依你的觀察和思考，對於議題設定的三個面向而未提「國家或政府」面向，是刻意強調社區居民的自主性，拒絕國家機器（政府）的干擾？或者議題設定已將「國家或政府」包含在大社會之間的相互滲透中？或者有其他的考量？

第三章
做一個稱職的
社區工作者

在前述社區工作的實施原則中，強調以社區為主體、重視社區居民的自助及參與。然而，如何促進社區居民自助及參與，以行動來達成社區的共同目的？可能有些人馬上想到：可以找社區工作者去協助他們。

那麼，誰是社區工作者（Who is community worker）？這簡直是一個大哉問，因為許多在社區提供服務的人，都宣稱他們自己是社區工作者，事實並非如此（見**批判性思考議題3-1**）。

批判性思考議題3-1

社區發展被視為社會變遷的一種最佳取向，是在許多不同角色的人援助下實現。這些人包括：支薪的專業社區發展工作者（the paid specialist community development worker）、以社區為導向（community-oriented）的專業人員（例如：社區衛生人員、社區諮商人員）、社會企業家、志工、社區成員、有政治動機的行動主義者（politically motivated activists）、慈善工作者、社區選出的委員，以及那些只是想讓個人和社區的生活過得更好的藝術家、宗教領袖和學校經營者（school governors），但是不是在社區提供服務的人都是社區發展工作者（Cilchrist & Taylor, 2016: 152）？

1. **提問**：這個議題所列清單之中，誰是專業的社區發展（社區工作者）？
2. **評估**：根據格林伍德（Greengood, 1957: 45-55）的專業判別標準，專業必須具備五種特質：(1)有系統的理論，(2)建立專業的權威與信譽，(3)獲得社區的認可，(4)有共同信守的倫理守則，(5)以專業文化為指引。
3. **斷言**：依你的想像及思考，上述清單之中，誰是專業的社區工作者？

大致上，從第二次世界大戰之後，社區工作逐漸發展成為一種專業的活動，由專業的社會工作者，結合無酬的志願工作者或社區組織、社會運動的行動主義者（activists），一起與社區居民確認社區關切的議題及機會，逐步發展出信任和能量，去回應他們所關切的社區議題（Cilchrist &

Taylor, 2016: 2）。

據此推論，社區工作者是有酬的、全職的工作者，不同於無酬、部分時間提供服務的社區志工。就臺灣的情況來說，專業的社區工作者，是受過專業訓練的社會工作者，受僱於社區組織（例如：社區發展協會）、政府部門有關社區發展的單位（例如：縣市政府社會處局、鄉鎮市區公所社會課）、政府專案委託單位（例如：社區育成或培力中心的社工）、社區發展專案（例如：旗艦型社區計畫之專案經理人），以辦理社區相關業務的專業人員。

因此，本書對於「社區工作者」的操作性定義，是指「專業社區工作者」而言，但為行文方便，簡稱為「社區工作者」。至於其他在社區提供服務的社區組織或社會運動的行動主義者、社區衛生人員、社區諮商人員，不妨稱為「一般社區實務工作者」，以便有所區隔，避免混淆不清。而本章將以專業的社區工作者為主軸，說明做一個稱職社區工作者應有的條件，包括：了解自己的任務／角色、知識基礎、能力建構與專業技巧。同時，選擇社區工作的四個先驅者，描述他們終身致力於社區工作的風範，作為我們共同學習的榜樣。

 # 第一節 社區工作者的任務／角色

社區工作指涉的範圍，不僅廣泛，而且龐雜。因而社區工作者的任務，即使不是包羅萬象，也是任重道遠。況且，依循社區工作的實施原則，社區工作者必須尊重社區的主體性，與社區居民一起工作、一起學習，而不是替他們說、為他們做。因此，社區工作者必須從專業的角度，與社區成員共事，進而促使社區成員能夠自主決定及處理他們的社區事務。

再者，社區工作者的任務不同，其所扮演的角色，理當有所不同。以下擇要說明社區工作者的主要任務及其對應的角色（Communities and Local Government, 2006: 17, adopted from Gilchrist & Taylor, 2016: 18-19）：

一 協助社區覺察共同的議題／使能者

社區工作者的首要任務，是協助社區成員察覺他們共同關注的地方性議題，或者其他公共議題。例如：改善社區環境，是地方性議題；增加社區保母，是公共議題。

一般而言，國家太大，家庭太小，社區不大不小。社區只適合於處理地方性議題，或有關居民生活的公共議題。如果，在社區討論國家議題，例如養老政策，似乎自不量力，也沒有用。至於家庭議題，例如夫妻衝突，屬於個人隱私，更不宜介入，即使清官，也難斷家務事。

簡言之，在協助社區居民覺察社區共同議題的過程，社區工作者適宜扮演**使能者**（enabler）的角色，使社區獲得一些好處，例如：減少居民之間的孤立與疏離，增加社區互助與社區合作。

二 協助社區組成獨立的團體／組織者

社區成員面對社區的共同議題，必須透過集體行動，一起工作，始能有效處理。在這方面，社區工作者的任務，是協助他們組織一個獨立的社區團體。

例如：瑞穗鄉鄉東豐社區，幾乎家家戶戶種柚子，但是中盤商聯合壓低收購價格。後來，由鄉公所社會課的社區業務承辦人（專業社工，是社區工作者），輔導社區發展協助組成「文旦產銷班」，屬於內部獨立團體，且以盈餘比率回饋社區，用以補助獨居老人送餐服務。

基本上，社區工作者受過社區組織的訓練，他們在協助社區發展協會組成一個獨立團體，以便處理社區共同議題時，適宜扮演**組織者**（organizer）的角色。例如：透過合法的社區團體（bonafide community groups）、增加居民相互援助（mutual aid）的機會。

三 協助社區連結及運用資源／仲介者

在社區成員以集體行動處理共同議題的過程中，除了運用社區既有的資源之外，經常需要引進社區外部的資源。然而，社區成員有時並不知道所需資源在哪裡？或者不知如何有效取得資源。

在這種情況下，社區工作者的任務，是以其熟悉資源運用的專長，支持社區成員運用社區內外的資源，並協助他們與相關部門發展互助關係。例如：在社區境內，與志願服務團隊建立合作關係，共同辦理社區活動；在社區外部，與非營利組織建立跨領域資源交換網絡，於必要時連結或交換運用資源。

對於社區內外資源的連結及運用，社區工作者適宜扮演**仲介者**（broker）的角色。例如：協助社區招募及訓練志工，以補充社區人力之不足；協助社區結合非營利團體，推出新的服務項目；與夥伴社區共同提案，申請政府或企業的補助，以辦理社區必要活動。

四 促使社區成員轉化工作的態度／促進者

平等、包容、參與、合作，是社區工作的核心價值，前面已經提及。但是，一般社區成員對於這些核心價值並不一定了解，遑論力行實踐？因此，社區工作者有一項任務，就是在他與社區成員一起工作時，協助他們了解這些核心價值的意義，促使社區成員在工作態度上有一些轉化。

例如：社區工作者受邀參加社區會議或社區論壇時，可機動鼓勵社區成員尊重其他成員平等發言的機會，包容其他成員的不同意見，積極參與、協力合作，共同執行會議的決定事項，表現社區民主的精神。

同時，在協助社區成員轉化工作態度的過程中，社區工作者適宜扮演**促進者**（facilitator）的角色。例如：促進社區成員自我覺察社區互助的好處，進而積極參與社區事務的處理，促使社區發展更有成效，則你好、我好，大家都好。

五 增進社區成員及組織的影響力／充權者

依據聯合國的定義，社區發展是社區居民自動自發，結合政府及外來者的協助，共同改善社區生活條件的過程。通常，支薪的專業社區工作者是以一個外來者的身分，為因應社區的需求（被結合）而來到社區之中，協助社區居民推動社區發展工作。此時，社區工作者有一個重要任務，是增進社區成員及社區組織有關參與社區事務的能力，進而發揮社區決定的影響力。

例如：協助社區發展協會辦理居民連署提案，以集體行動來展現社區動員的能量，去影響地方政府改變社區照顧關懷據點的補助額度，以期增加老人照顧服務的人數、次數及品質。

同時，為了增進社區成員與社區組織的影響力，社區工作者適宜扮演**充權者**的角色（empower role）。例如：增加社區與權威當局（政府）之間的對話機會，以改善社區對公共政策的凝聚力與有效性。

六 協助社區強化夥伴的關係／協調者

社區工作不是社區領導者單打獨鬥的工作，常需結合相關人員，形成工作夥伴或工作團隊。這些工作夥伴或團隊的成員，可能包括：社會企業的贊助、非營利機構的支援、社區志工的參與、非正式團體（例如：鄰里、愛心會）的協助。

這些社區工作的夥伴，對於社區議題的處理，可能因為觀點不同而有不同意見，甚至私下抱怨或公開衝突。此時，社區工作者有一個任務，是協助社區成員強化他們與工作夥伴之間的良好關係，以減少阻力，增加助力。

如果社區夥伴之間出現衝突或步調不一，則社區工作者適宜扮演**協調者**（coordinator）的角色。例如：協助社區成員認知他們的工作夥伴對於社區的殷切期待，同樣都是為了使社區變得更好，絕對不是故意找碴，進而相互諒解，彼此包容，成為真正的工作夥伴（genuine partnership）。

上述六種任務及其角色，只不過是社區工作者的一般任務及其對應的角色。事實上，在社區工作的各種實施模式中、在社區工作的各個實施階段裡，社區工作者可能還有其他的任務及角色。這些，我們將在第六章、第七章至第九章，再作說明。

第二節　社區工作者的知識基礎

社區工作者為了完成應有的任務，發揮應有的角色功能，還必須具有工作所需的基本知識。不過，社區工作者所需的知識基礎，牽涉甚

廣，不勝枚舉。以下僅歸納社區工作相關文獻所提及的知識清單（Forde & Lynch, 2015: 19; Weil & Ohmer, 2013: 136; Mayo, 1998: 170; Mayo, 1994: 74），略述下列四個領域的基本知識：

一 實務工作領域的背景知識

社區工作著重實務工作，而且社區需要社區工作者協助處理的社區事務，通常受到社區所處社會脈絡各種因素的影響。因此，為了有效協助社區處理社區事務，社區工作者應有充足的背景知識（sound background knowledge），例如：

1. 社會—經濟的知識：包括地方、國家、國際性的社會—經濟的發展脈絡，及其相關知識及了解。
2. 實務工作的政治背景：包括地方政府、中央政府、國際組織的政治結構及治理方式，及其相關知識及了解。
3. 社區有關的社會政策：包括地方政府、中央政府、國際組織的社區政策或重要方案，及其相關知識及了解。
4. 社區有關的福利權：包括社區居民有關生存（健康）、工作（就業）、財產（收入安全）等權利，及其相關知識及了解。

簡言之，這些背景知識，有助於社區工作者了解每一種實務的可能影響因素，進而採取適當的因應策略。

二 主要運作領域的特定知識

社區工作被視為一種助人的專業，因而社區工作者在主要領域的實務運作，必須具備並了解該領域的特定知識。例如：

1. 有關於社區照顧領域的知識：對於社區照顧政策與實務相關的知識，有所涉獵，並深入了解。
2. 有關於兒童保護領域的知識：對於那些生活於社區之中，遭到虐待或嚴重疏忽的兒童行為，以及兒童保護相關的立法、政策及實務，具有專業知識及充分了解。
3. 有關於健康與福利政策領域的知識：對於社區居民的健康及其有關福利政策的議題，不但有所了解，而且知道如何規劃及執行。

4. 有關於法定、志願與社區等部門的組織及資源的知識：對於政府的組織、志願服務團隊的組織、社區的組織（例如社區發展協會）及其內部團體，以及這些部門的資源，都有所了解，並且知道如何連結及運用。

簡言之，社區工作者除了具備「一般」社區工作領域的背景知識之外，最好還要具備「特定」社區工作領域的專業知識，就好像「一般社工師」與「專科社工師」的概念。

三 與社會工作交叉使用的知識

雖然，「社區工作」與「社會工作」，不能直接劃上等號，但是兩者之間仍有一些類似的知識基礎及實務技巧，這種情形，愛瑪士與歐爾克（Aimers & Walker, 2011）將其稱為「知識交叉」（knowledge intersections）（cited in Forde & Lynch, 2015: 19）。

這些可交叉使用的知識基礎，在性質上，屬於人文主義（humanistic）的範疇，通常係由社會學、政治學、人類學、心理學、經濟學與批判的理論架構所產生，而且接近於下列兩種理論：

1. 宏觀的理論（macro theory）：也是一種解釋性理論（explanatory theory）。例如：社會工作經常討論的女性主義理論，在社區工作領域，也用來解釋社區之中，反壓迫的價值觀。

2. 微觀的理論（micro theory）：也是一種指示性理論（prescriptive theory）或實施的理論（practice theory）。例如：社會工作經常使用的充權理論，在社區工作領域，也可用以充權／培力社區的幹部及志工人力。

然而，有些法定上專屬於社會工作的部分，是社區工作領域所無法分享的，例如：案主，是個案工作專屬用語，在社區工作領域，服務對象是「社區」或「社區居民」，不宜使用「案主」，至於社區擬定的服務項目，則稱為「方案」或「計畫」。所幸，2019年修正並經衛生福利部核定的「社會工作倫理守則」，已全部刪除「案主」一詞，通稱「服務對象」，此一困擾也迎刃而解。

四 由經驗形成的默會知識

所謂「默會知識」（tacit knowledge），也稱為「隱藏的知識」，是社區工作者透過他們的生活、經驗、交誼而形成的一種知識及了解。

這種「心照不宣」的知識，是人們之間的一種「默契」，知道怎樣做，但是無法具體說出來。例如：鄉鎮公所的社區工作者陪同上級政府官員到社區考察，如果官員指出社區的缺失，社區工作者自然而然與社區成員站在同一陣線，暗示社區有人代表發言，並支持他們的聲音，而不是「官官相護」，這是工作經驗累積，也是平日與社區成員建立情誼（搏感情、有交陪）的結果。

上述四種知識基礎的取得，通常透過社區工作課程的教學（含參訪）、實習及督導的過程而建立基礎，再從做中學（learning by doing），不斷地累積實務經驗，展現專業智慧。但是，目前大學社區工作的教學、實習、督導，常受到批評，能否有效協助未來的社區工作者充實知識基礎？可能有許多挑戰必須克服（見**批判性思考議題**3-2）。再者，這些知識基礎，在性質上好像比較強調理論的部分，這是不夠的。社區工作者要有效運作，還必須具有實務運作的能力。

批判性思考議題3-2

　　三位擔任社區課程與學生實習帶領經驗者，發現臺灣社工教育體制下的社區工作課程發展，有以下問題要克服：(1)部分教師對社區營造、社區規劃、社區工作與社區發展的操作概念及工作目標混淆不清；(2)能夠提供社區實習的單位不足，沒有專業的社工人員擔任督導；(3)學校督導對社區工作實習的定義和目標不能理解和認同；(4)社區組織幹部對社工督導學生，干擾實習進行或不當運用人力；(5)社區參訪看到的是社區組織推動政策或營造的成果，跟社區工作要展現的精神理念有所落差（摘自簡宏哲、蕭至邦、陳茂祥，2016：221）。

1. **提問**：依你對社區工作的了解或想像，要獲得社區工作的知識基礎，對上述問題，如何自我克服？

2. **評估**：對社區工作課程的教師教學、學校督導，可自我選擇的機會不多；對社區實習的單位，可先作功課（請教有實習經驗的學長姊或上網查尋）；對社區組織的幹部，可在實習時進行溝通；對社區參訪，實地看看，總會有一些收穫吧？

3. **斷言**：你對於上述問題或評估，完全同意？或者，我有話要說？

 ## 第三節　社區工作者的能力建構

　　社區工作者在社區實務領域，要成功地履行他們的任務及角色，除了相關知識之外，還要有相關的能力，尤其是執行的能力。

　　有關於社區工作者所需能力，經常被學界引用的文獻，是葛利克曼與沙蒙（Glickman & Servon, 1998）所提出的五種社區發展的能力（adopted from DeFilippis & Saegert, 2012: 54-69）。這五種能力，組成五角形的架構，如圖3-1：

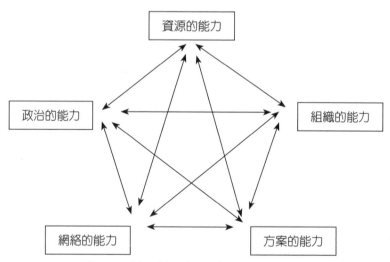

圖3-1　社區發展能力建構的組成要素

資料來源：Glickman & Servon, 2012, p.55.

圖3-1所列舉的社區發展能力建構之組成要素，適用於社區發展的組織者、援助者、實務工作者、一般公眾（DeFilippis & Saegert, 2012: 54）。就臺灣的情況而言，這五種能力的建構或培力，同時適用於社區發展協會的幹部、社區志工、社區工作者、社區居民。以下僅就社區工作者的能力建構，略加申述：

一　資源的能力

　　社區工作的實務，常需連結及運用社區內外的各種資源。因此，社區工作者的能力要素之中，首推資源能力的建構，包括下列四方面：

1. 資源的穩定化及擴大：社區的環境容易生變，不能只倚靠一、二種資源。社區工作者必須有能力，透過長期支持的契約書，以穩定原有資源的提供，並設法擴大資源的其他來源。
2. 發展資本（development capital）：為了社區方案的有效運作，社區工作者必須有能力，協助社區申請各級政府的補助、爭取夥伴社區的技術支援，以累積社區工作的資本。
3. 接近贊助者：夥伴社區在方案上協力合作，固然可增加獲得贊助的機會，但是分攤之後的補助或資源必然變少。因此，社區工作者必須有能力，協助社區撰寫申請特定補助的方案，並接近其他贊助者，以獲得更多資源。
4. 平衡資源取得歷程的風險：社區工作者必須有能力，以多樣的方案，多樣的形態，協助社區減少單一市場的依賴，而平衡資源取得歷程的風險。

　　簡言之，社區工作必須有能力協助社區維持資源的穩定性，進而取得多樣性、長期性資源。

二　組織的能力

　　社區的組織（例如社區發展協會）及其職員（幹部）所擁有的知識、技巧及經驗，必須組織起來，始能有效運用資源，處理社區事務。因此，社區工作者必須有能力協助社區將職員（幹部）組織起來，一起工作。這方面的能力，包括：

1. 做有效率的行政指導者：執行效率是組織能力的核心，社區工作者必須綜合運用企業精神、協商、溝通、公關、財務、管理等技巧，去協助或輔導社區成員有效達成社區的組織目標，以展現其行政效率。

2. 進用有才能的幹部：社區的組織經常面臨資源匱乏、時間不足的困境，而且社區幹部因為長時間工作，也容易倦怠或離職。此時，社區工作者必須有能力，去協助社區招募、訓練、指導新的幹部，以維持一種穩定的組織環境。

3. 有效的財務管理：社區的組織只有小額預算，更需要有效的經費分配及會計制度。社區工作者必須認知財務管理的重要性，並建構財務管理的能力，用以協助社區有效處理財務。

4. 有效的方案管理：社區工作者必須有能力，去監視社區方案執行的時間，管控社區方案的成本及效益，以協助社區維持社區方案有效運作。

5. 有效的成果評量：社區工作者需有評量設計的能力，定期協助社區評量工作成果，對於過去沒有做得很好的地方，在未來規劃改進。

簡言之，社區工作者的組織能力，著重於有效扮演社區促進者的角色，針對社區的員工（幹部及志工）、財務、評量等組織事項，促進社區妥善管理或處理。

三 方案的能力

社區方案或計畫，是社區工作（或社區發展）實施的藍圖。在這方面，社區工作者經常與社區居民共同擬定社區方案，一起推展社區方案，自己必須建構下列五種能力：

1. 規劃前瞻性的方案：社區工作者對於起步型的社區，要有能力協助他們規劃單一活動的方案，讓居民迅速看到成果，以建立繼續參與的信心。至於成熟型的社區，則試著認知社區的需求，規劃前瞻性方案，以引領社區組織往前發展。

2. 任用適當的幹部來執行方案：社區工作者是執行社區方案的促進者，要有能力從社區組織之中，找出適當的幹部，負責執行特定的

社區方案。

3. **行銷及管控方案的執行**：推動社區方案，需要資金的支援、居民的參與，以及其他利害關係人的支持。因此，社區工作者要有能力，去結合執行方案的幹部，一起行銷方案，共同管控方案執行的進度，如期完成方案實施的目標。

4. **學習其他社區組織的方案**：為了使方案執行更加有效，社區工作者需要有能力，去引導執行方案的相關人員，有效觀摩其他社區組織的方案，學習他們的經驗及執行技巧，作為後續擬定及執行方案的參考。

5. **申請政府或其他單位的社區方案**：社區工作者要有能力，搜尋各級政府相關部門及其他組織或團體委託辦理的社區方案，並且引導社區撰寫計畫、投標競逐，爭取接受委託的機會。

簡言之，社區工作者需有撰寫社區方案、申請委託方案、管控方案執行，以及有效協助社區幹部執行社區方案的能力。

四 網絡的能力

社區組織常需與其他組織建立網絡關係，藉以增加社區方案執行的助力。在這方面，社區工作經常扮演仲介者的角色，因而需具備下列三種能力：

1. **與其他組織或機構建立夥伴關係**：社區工作者要有能力，去協助社區，讓他們與地方政府、公司行號、學校、慈善組織或機構，建立工作夥伴的關係，並定期舉辦聯繫會議，促進合作與交流。

2. **透過網絡促銷社區相關議題**：社區工作者必須有運用網絡的能力，將他與社區共同討論的議題，輸送給利害關係人，使他們對社區更加了解及支持。

3. **運用網絡接近非財務的資源**：社區工作者對於社區組織所需要的非財務資源，例如：空間分享、訓練方案、技術支援及相關資訊，有能力運用網絡關係，接近並獲得這類資源。

簡言之，社區工作者必須自己具備並有協助社區建立網絡關係的能力，以便協助社區爭取更多的資源與更多人的支持。

五 政治的能力

政治的能力，並不是專指與政府及政治人物打交道的能力，舉凡如何運用民主的過程，進行社區相關活動，也是一種政治的能力。在這方面，社區工作者必須建構下列四種能力：

1. 社區參與：對外，社區可能受到政治因素的影響，社區工作者必須積極參與外部社區會議，且有能力爭取政府或政治人物對社區的支持；對內，社區需要居住於社區的重要人物提供意見，社區工作者必須有能力邀請到社區的代表，參與社區規劃相關會議。

2. 運用政治的槓桿作用：所謂「政治的槓桿」（political leverage），是為了達到目的而使用的一種政治手段。例如：社區工作者知道政府年度補助款有限，於是運用政治的槓桿作用，與地方政府的官員建立特殊關係，尋求政府增加本社區公共事務的補助額度。

3. 為社區利益而倡導：社區工作者必須有能力協助社區動員居民的力量，為了爭取社區的共同利益，而以集體行動投票支持最關心社區事務的民意代表，或者一起遊說民意代表支持有利於社區的議案。

4. 衝突管理：社區參與者的政治意識，可能對社區議題產生歧見，因而虛耗時間與資源。社區工作者面對這種情況，必須有能力透過調停的行動，協助社區組織去管理衝突事件，訓練衝突解決（conflict resolution）的技巧。

簡言之，社區與政治脫離不了關係，社區工作者必須有能力，透過社區參與及政治的槓桿作用，倡導社區的利益，調停社區的衝突，使社區議題更有效處理。

對於上述五種能力，本書採用逐項說明，以利社區工作者具體了解。然而，這五種能力並非單獨存在，反而相互拉扯。例如：有資源的能力，就有充裕的資源可僱用有才能的幹部，進而強化組織能力。因此，社區工作者在能力建構的過程，必須整體考量，平衡發展，以免「見樹不見林」，自我迷失於社區的叢林。

第四節　社區工作者的專業技巧

社區工作者在複雜的社區環境中，想要有效地完成任務，除了具備知識基礎與所需能力之外，還需要工作的技巧。

社區工作者所需的工作技巧，通常有兩類：一類是基礎技巧（broad-based skills），也就是生活與社會的技巧，例如：有效管理自己的時間、尊重有關係的其他人、在確定的社會規則中運作。另外一類是特別有關於進入社區，執行社區工作所需的技巧，也就是社區工作者的專業技巧（Popple, 2015: 117）。以下針對社區工作者所需的專業技巧，擇要說明：

一　對我們周遭環境批判性了解的技巧

在我們有效評估及介入社區之前，必須針對經濟、政治及社會結構的改變，以及其所帶給社區、地方、國家、國際等不同層次的影響，有一種批判性的了解（critical understanding）。否則，我們將無法有效地運作。例如：由於健康與教育的不平等而造成社會排除的衝擊、不利處境與歧視的效應、「社會問題」（social problems）的創造及標籤，必須在展開工作之前有所覺察，以便提出因應策略。

至於發展批判性了解的技巧，必須廣泛地閱讀批判性書刊、參加那些鼓勵批判性討論的相關會議、工作坊。尤其，在實務過程中，參加帶有評論的社區論壇，更可了解及反思我們工作附近社區的周遭環境。

二　在專業中使用自我的技巧

「自我的使用」（use of self）一詞，已出現於社會工作的文獻中，有些作者認為，做一個有效能的社會工作者，你必須觸動你自己的感受、對自己的價值觀有所體會，也了解我對於其他人如何行為。尤其，要將焦點放在此時此地，以我自己覺察的感受和想法，去同理其他人的處境。例如：我在參與社區工作的過程，試著以自己的經驗，去體會人們面對困境的感受。

運用這種技巧，可能轉變我們對於不正義的情緒反應，而以一種適當

的、健康的意識，驅動我們努力去協助受困者改變他們的情境。換言之，自我覺察可引導我們將情緒與事件分開，而放在適當的位置，既不過度融入於情緒之中，又可保持彈性處理。

簡言之，在專業實務中使用自我，可能難以避免。社區工作者可運用這種技巧，來發展並維持自己與社區相互信任及尊重的關係。同時，也可鼓勵社區的工作夥伴，一起運用這種技巧。

三 溝通的技巧

溝通的技巧（communication skills），包括說話與書寫的面向。說話時，必須認真地、尊重地傾聽，避免打斷別人說話，並且謹慎地、誠懇地回應。書寫時，必須清楚地、準確地書寫，讓別人看得懂意思、抓得住重點。

有效的、成功的說話和書寫，在社區工作的各種層次，都非常重要。不良的溝通，可能產生誤解。因此，社區工作者必須使用適當的溝通方式，讓雙方相互了解，俾能確保社區方案設定的目標，能夠滿足社區居民的需求。

例如：在溝通過程，避免語意不清，並考慮說話或書寫的脈絡。對於使用不同語言的人，盡可能安排使用相同語言的夥伴，與他們溝通。

類似的情況，對於聽覺功能或視覺功能發生障礙的人，必須調整溝通方式，以回應他們的溝通需求。

四 規劃及組織的技巧

社區工作者經常以大量的時間，與社區成員一起工作，共同設定目標（set goals）、做成決定（make decisions）、為社區行動而規劃方案（plan for action）。履行這些任務，都需要技巧。

首先，就設定目標而言，對於起步型的社區，社區工作者可事先草擬幾個目標，再透過民主程序，由社區成員從中選擇他們同意的目標；對於成熟型的社區，則可引導他們透過腦力激盪，共同設定目標。

其次，就方案規劃而言，項目不宜過多，日程避免排在節慶前後、地點選擇交通方便的場所、預算量入為出、資源多元運用、分工按專長配

置、進度管理與成效評量有專人負責。

最後，就組織而言，社區工作者可與社區幹部共同安排人員分工、共同決定實施項目的優先順序。

簡言之，社區工作者在規劃與組織的過程，必須維持與社區成員一起工作的角色，而不是對抗他們。

五 團隊工作的技巧

團隊工作（team working）的好處，大家都知道，它能透過團隊成員的集體行動，去完成較大的社區任務，解決較複雜的社區問題。

社區經常將幹部與志工組成各種團隊（或分組），而社區工作者也有機會與這些團隊（或分組）一起工作，因而必須具備團隊工作的技巧。

不過，團隊工作可能涉及個別成員在知識與技術上有所差異，因而社區工作者與團隊一起工作時，必須針對團隊成員的不同情況，清楚說明與有效溝通，以便於凝聚成員共識，合力推動社區方案，而避免發生衝突或不快。

再者，社區工作者如果能協助團隊適當地管控它的成員，也有助於改善團隊成員之間的關係，進而促進他們對社區的認同感與向心力。

至於社區工作者對於團隊工作技巧的運用，可透過工作坊、討論會、團隊社交活動、團隊實務工作分享等方式，協助團隊強化共識，進而促使團隊有效地參與社區事務的運作。

六 社區研究的技巧

社區工作（或社區發展）是一種持續性的工作，無論社區的現象、居民的需求或方案的實施，都需要有系統地研究，以便於不斷改善，持續精進。

社區研究有兩種主要型態：一種是基礎研究（primary research），在於產生新的資訊或資料；另外一種是次級研究（secondary research），在於分析現存的資料，運用於新的規劃。這兩種研究，對於社區工作都有實用價值。

再者，這兩種研究型態，還可視實際需要而採取質性研究方法

（qualitative research methods），或者量化研究方法（quantitative research methods）。質性研究涉及描述性資料的蒐集，經常需要現場訪問或觀察，其中一個例子是民族誌（ethnography），為了研究一個特定的社區或團體，與研究對象一起生活或一起工作，以便蒐集他們的生活形態、信念、價質等資料，再加以分析、運用。至於量化研究，涉及數量的次數分配，使用統計資料，以便分析社區的某種情境。

無論如何，在研究過程，有關於地方性資料的蒐集、繪製社區輪廓（community profile）、撰寫研究報告、將整篇報告或拆成幾篇出版，都需要技巧。社區工作者可參考社會工作研究的專書，向有社區研究經驗的社區工作者請教，以強化社區研究的技巧。

綜觀上述社區工作者所需的基礎技巧與專業技巧，都可經由學校教育、在職訓練、觀摩學習等過程，而逐步發展。同時，任何技巧，都需要經常練習，經常使用，自然而然，熟能生巧。

 ## 第五節　社區工作先驅者的風範

歷史上，世界各國都有許多稱職的社區工作者，是我們可學習的榜樣。不過，由於篇幅有限，我們僅從英國、美國、臺灣、巴西，各選擇一個代表性人物，略述他們致力於推展社區工作的風範。

一　湯恩比（Arnold Toynbee, 1852-1883）

湯恩比（Toynbee），1852年出生於英國一個醫師家庭，是英國社區睦鄰運動（Settlement House Movement, SHM）的先驅者之一。

他的父親是耳鼻喉科權威，曾參與聽覺功能障礙兒童機構相關服務，且為醫師慈善協會會員，經常到貧民居住的社區，從事衛生常識的宣導。湯恩比在耳濡目染之下，對於窮人的處境深表同情，對於社會問題也相當關心。

1873年，湯恩比進入牛津大學就讀，專攻經濟與歷史，完成「英國工業革命史之研究」（The industrial revolution in England）的論文。1878年

大學畢業後，留在牛津大學擔任講師，講授經濟學。他主張改善勞工階級的生活，並且強調每一個人都有義務為人道服務而貢獻自己。

1875年，湯恩比在大學就讀期間，東倫敦聖裘蒂教會（St. Jude）的牧師巴涅特（Barnett）到牛津大學訪問，藉著演講的機會，向學生描述東倫敦區的貧民生活狀況，並呼籲最優秀的青年，應該到東倫敦看看，體驗一下大家可能奇怪而又陌生的貧民生活。因為這個機緣，湯恩比與他的夥伴利用假期，進住聖裘蒂教會所屬的白教堂（Whitechapel），從事貧窮調查研究，並為貧民提供服務。

湯恩比認為有錢人與中產階級，對於窮人都有一種罪愆，進而主張中產階級有義務為窮人提供服務。1883年，他曾在講演中，對東倫敦的工人表示懺悔。他說（引自黃彥宜，2007：392）：

> 我們一直忽視你們，給你們慈善救濟，而不是正義；給你們嚴格且不真實的建議，而不是同情。

推究他說這些話的用意，可能是希望透過社區睦鄰運動，以消弭階級之間的衝突。可惜，1883年，湯恩比英年早逝，壯志未酬，得年僅31歲。1884年，巴涅特牧師接納了夥伴的建議，將東倫敦第一個社區睦鄰組織改名為「湯恩比館」（Toynbee Hall），藉以感念湯恩比終身為勞工爭取福利及改革貧民社區的貢獻。

二 阿林斯基（Saul Alinsky, 1909-1972）

阿林斯基（Alinsky），1909年出生於美國芝加哥，是一個基進的社區組織者（radical community organizer）（Weil, 2013: 371）。

他的父母是俄羅斯移民美國的猶太人。父親經營服飾代工，母親是裁縫師。後來，他父親前往洛杉磯經商，將他與他的母親留在老家。不久，父母離異，各自再婚，並經協議，讓阿林斯基半年輪流與父親、母親同住，前後四年，阿林斯基來回奔波，雖感孤獨，卻能獨立。

1925年，阿林斯基就讀芝加哥大學，主修考古學，副修社會學，在芝加哥學派大師派克（Park）、浦濟斯（Burgess）門下，學習都市區位

學（urban ecology）。派克以學生易懂的方式，描繪都市樣貌，影響阿林斯基往後從事社區組織，也以淺顯易懂的方式，與夥伴互動（李盈儒等，2016：308）。

1935年，阿林斯基追隨犯罪學家蕭氏（Show）在「芝加哥後院」（Chicago's Back of the Yards）（鄰近屠宰場的貧民社區）進行少年犯罪研究。阿林斯基親自進入艾爾卡彭（AI Capone）（芝加哥黑社會頭子）的組織，從事參與式觀察。依據他的觀察，犯罪行為是貧窮與無權力的一種徵兆，因而激起他思考如何透透組織，給他們一種權力，有策略地戰勝那些擁有權力者。

1969年，阿林斯基撰寫「基進的號角」（Reveille for Radical）一書，指出（Alinsky, 1969: 133, adopted from Ledwith, 2011: 93）：

> 一種人們的組織（People's Organization）不是慈善的玩物，或是社會改善的姿態。它是一種深入的、努力驅駛的力量、醒目地、挖掘折磨人們所有罪惡的每一條根。這種組織，認知各種惡性循環的存在，許多人被纏住、拼命抵抗，以打破這種循環。我們必須考慮社會的特殊治療（開刀），而不是修飾門面（美容）。這是人們的組織必須從根改革的理由之一，沿著邁向目的地——人們的世界之道路，刨除每一條罪惡的根。

阿林斯基的願景，是一種組織化的組織（organization of organizations），他認為「人們的組織」，必須小心地建構，在一個大的社會組織之中，能包含社區的其他團體的代表。在這種意識之下，社區組織的成員不是個人，而是社區團體的代表，任何官方組織的團體或企業團體，都有10個成員的最低限度，因為較小的團體，有利於成員團體的合作，而在民主為基本原則，社區組織必須開放給社區裡任何團體加入組織的機會。例如：1939年召開第一次芝加哥後院委員會會議時，他建議並實際接納所有的團體、青年委員會、小企業、貿易工會、天主教教會（Catholic Church）的參與（Ledwith, 2011: 93）。

簡言之，阿林斯基強調「人們的組織」在於透過民主參與、組織及

行動，提供一種革新的步驟，使用權力、行動及正義，去戰鬥種族主義、貧窮及孤立（Ledwith, 2011: 92）。可惜，1972年，阿林斯基因心臟病發作，突然死亡，享年63歲，未能看到他的這類構想，是否在社區組織中繼續發揮作用。

三 張鴻鈞（Chang, Hung-Chan, 1901-1973）

張鴻鈞，1901年出生於大陸河北省宛平縣，晚年定居並終老於臺灣，是馳名國際的社區專家，更是推動臺灣社區發展的重要舵手。

他的父親以農為業，母親從事針織，童年家境清寒，曾與兄姊到農田拾穗，以貼補家用，但是他自幼好學，獲得五叔提攜，於1925年畢業於燕京大學社會系，名列第一。1927年赴美深造，攻讀二年，以「英國老年恤金制度」論文，獲芝加哥大學碩士學位。

返國之後，他曾擔任燕京大學教授、社會部社會福利司長。1949年初，政府改組，社會部歸併內政部，全家移居上海，義務協助兒童急救基金會辦理兒童救濟工作。同年6月，應聯合國之聘，轉往紐約就任研究主任。雖身在國外，仍心繫臺灣，凡是臺灣向聯合國提出的社會發展計畫，都從旁協助，不遺餘力。

1957年，他被派為聯合國中東社會發展辦事處主任，1962年由聯合國退休，改任亞洲暨遠東經濟委員會社區發展顧問，駐居泰國曼谷四年，協助各開發中國家推動社區發展計畫。在任期即將屆滿前夕，他對於未來去處，曾自我陳述（張鴻鈞，1974：281）：

> 任期將行屆滿，對出處問題又需考慮，一為返回紐約與子女團聚，共享天倫之樂，一為返國定居，再為國家效力，略盡國民責任。鑑於……完善之國家建設，不能僅靠經濟忽略社會，二者必須配合，同時並進，始克有濟。另一要因則為協助政府創設一社區發展教育中心，以適應國情之社區發展方法，訓練各種社區發展人才……故仍毅然決定返國，在可能範圍內，為國效力。

張鴻鈞於1968年10月回到臺灣定居，先在臺大社會系授課，並協助臺

北市政府與臺大、師大、中興等大學，合作推行「臺北市社區發展示範計畫」。1969年2月轉往東海社會系任教，並協助臺中市政府與東海大學，合作推行「都市社區發展實驗計畫」。1970年，協助政府爭取聯合國經費補助，於內政部成立「中華民國社區發展研究訓練中心」，辦理社區發展幹部訓練，出版社區發展季刊及叢書（該中心已於1994年6月裁撤）。

　　此外，張鴻鈞在臺定居期間，經常應邀演講、寫文章，對社區發展議題提出當時嶄新的觀念、原則、方法。例如：他認為社區要擴展成區域發展，必須結合環境相同、需要一致的社區，通力合作，共圖發展（張鴻鈞，1974：47）。這種觀念，與臺灣當前推動的「聯合社區」或「旗艦社區」，似乎不謀而合。

　　1973年4月，張鴻鈞因病逝世於臺北天母，享年72歲。張鴻鈞對於臺灣社會工作領域的貢獻，除了引進社區發展之外，在建構臺灣社會工作體系方面，曾促成政府辦理「全國社會工作教學研討會」，為社會工作系（組）的課程標準、課程內容、教學方法，奠定良好基礎，樹立正確方向（賴兩陽，2016：25-26）。

四 弗雷勒（Paulo Freire, 1921-1997）

　　弗雷勒（Freire），1921年出生於巴西東北部的里斯惠（Recife），他是國際知名的成人教育專家。他的批判取向，於1970年代起，被許多國家使用於社區發展（Ledwith, 2011: 53）。

　　弗雷勒的父親是士官，母親是裁縫師。童年的弗雷勒與母親在庭院的芒果樹下閱讀、學習寫字，地上是黑板，樹枝是粉筆，他的學前教育很自由，沒有競爭。

　　他8歲時，家庭受到世界經濟衰退的影響而陷入困境，1931年搬到12里外一個比較容易生活的小鎮。這段時間，弗雷勒常因饑餓而讀不下書，他從許多饑餓的面孔，看到社會階級的障礙，並且對人們默默忍受此種遭遇，感到困惑。在他11歲的年紀，下決心對抗貧窮，讓其他兒童不再挨餓（Ledwith, 2016: 26）。

　　即使營養不良，影響弗雷勒早期的學校生活，幸好家境漸有改善，使他能進入里斯惠大學（Recife University）就讀。巴西的大學，模仿法

國系統，弗雷勒有機會接受傅柯（Foucault）、弗洛姆（Fromm）、李維斯托（Levi-Strauss）、沙特（Sartre）等學術思想的嚴格訓練，並且有實務的引導，他很快就成為一位律師、一位葡萄牙語教師、一個成人教育者（adult educator）。

1944年，弗雷勒在高中教書，認識小學教師愛莎（Elza），相談甚歡。結婚之後，愛莎鼓勵他去研究、去發展他的事業，在世界上有他的表現。於是，弗雷勒投入基進的天主教行動運動（Catholic Action Movement），他看到教會所教導的事務，與她的會眾擁有特權的生活型態之間相互矛盾。作為一個行動者，弗雷勒發現那些有權力的人，不願意放棄他們的特權，為了改變特權的意識，付諸行動，是不可避免的。他在反思自己的行動之後，抓到一個要領：那就是需要批判性反思（critical reflection）。他表示（Mackie, 1980: 3: quoted in Ledwith, 2016: 28）：

> 我說了許多美好的事物，但是沒有發生影響作用，這是因為我使用我的參考架構（frame of reference），而不是他們的（參考架構）。

自此之後，弗雷勒致力於探討政治、社會及經濟的支配方式，造成被邊緣化者生命遭到壓迫的情況。他採取經驗研究方法，並將研究結果於1959年提交里斯惠大學歷史與哲學的主席，進行博士頭銜審查。1962年，他成為政府成人教育方案的博士。他的基進教育學，立基於一種信念，當他們接受適合於他們生活經驗的讀寫方案，每個人都有參與批判性對話（critical dialogue）的能力。

此時，弗雷勒已成為成人教學方案的領導人，使他處於有權力的位置，去影響教育的改革。他的讀寫方案，提高了鄉村與都市窮人的識字程度。並且經常應邀到各國演講，也在哈佛大學擔任訪問教授。1979年之後，他每週至少有兩個下午，到社區與人們對話，傾聽他們的經驗和分析，以這種方式，發展一種批判性的社區實務。

1986年，元配愛莎過世，弗雷勒頓失至親，悲痛逾恆。1988年，他與教過的學生尼塔（Nita）結婚，由她照顧他的生活，陪伴他工作，直到

1997年弗雷勒突然死亡爲止。弗雷勒始終保持活力，在他生命的最後十年，擔任聖保羅（Sao Paulo）的教育祕書（1989-1991）、在當地天主教大學（Catholic University）教書。他也不停地寫作，繼續到世界各地作一些鼓勵性的演講。

綜觀上述四個社區工作的先驅者，各有不同的風範。大體上，湯恩比投入貧窮者所住社區的調查及服務，阿林斯基從草根改革社區組織，張鴻鈞將社區發展引入臺灣，弗雷勒倡導批判性的社區實務，都有鮮明的樣貌。不僅如此，他們之間也有一些共同的特質，例如：關注社區的窮人、以通俗語言進行溝通、尊重草根（基層）的意見、長期與居民共同改變社區。這種爲社區改變鍥而不捨的精神，充分展現了社區精神（community spirit）。

總而言之，造就一個稱職的社區工作者，對於社區工作的任務／角色、知識基礎、能力建構、專業技巧、社區精神，都必須有所了解，而且身體力行。

第四章
回顧社區工作簡史

前一章有關社區工作先驅者風範的描述，曾提及湯恩比（Toynbee）參與英國東倫敦的社區服務、阿林斯基（Alinsky）致力於美國芝加哥的社區組織、張鴻鈞將社區發展概念引進臺灣。這些，都是該國社區工作發展史上的一個關鍵點。

　　衡諸事實，社區工作的發展，源遠流長，綿延不絕，還有許多重要歷史演變，值得探討。因為，「以銅為鏡，可以正衣冠；以史為鏡，可以知興衰；以人為鏡，可以知得失」，從歷史回顧社區工作的演變，可協助我們鑑古知今，在歷史經驗中得到一些啟示。

　　再者，如果有機會觀察其他國家社區工作的發展，也許可從他們的經驗中，學人之長，補己之短，或者從他們的歷史中，學到一些教訓，避免重蹈覆轍。不過，人們往往無法從歷史的教訓，得到教訓。無論如何，以下略述英國、美國、臺灣的社區工作的簡史。

 ## 第一節　英國社區工作簡史

　　英國是較早使用「社區工作」一詞的國家，對於社區工作的推動，不遺餘力，經驗可貴。茲參考波普羅（Popple, 2015: 20-56）的著作及其他文獻，略述英國社區工作的發展歷程：

一　殖民霸權的社區工作

　　對於英國社區工作的起源，很難有一個準確的日期。大體說來，在19世紀之前，英國政府及其帝國機構介入發展中的國家，透過社區工作的技術，將殖民地的領土整合在資本主義體系之下，以增進英國企業與政府的利益。

　　這種社區工作技術的運用，賦予殖民政府特別的地位及特權，將土著的管理階級併入殖民的霸權之中，再以英國為本的集體徵稅、法律及教育系統的建立，扶持殖民地的統治。

　　克雷格（Craig, 1989: 4, cited in Popple, 2015: 21）認為英國對殖民地的壓制，也許在社區工作可得到一些有形利益，但其脈絡是政治的，不是

為殖民地人民的利益著想。

二 以睦鄰運動推動社區工作

1870年代，英國經濟遭到西歐與美國的激烈競爭，不復往昔優勢。於是，英國政府透過社會與教育的改革，企圖緩和階級衝突，平衡勞動人力，追求資本利益，並提高國際競爭力。

這些改革，仍保留維多利亞時代（Victorian era）對於慈善與自助團體的重視，因而帶動牧師索里（Solly）於1869年成立「慈善組織會社」（COS），由專人監視濟貧工作，整合社區各項福利服務，避免浪費（Leighninger, 2008: 8）。

但是，另一位牧師巴特涅（Barnett）對於慈善組織會社（COS）實施組織化的濟貧，不甚滿意。他認為改善窮人生活，必須進入社區，體驗窮人生活，始能有效回應窮人的問題。於是，他號召大學生參加東倫敦區的濟貧工作。當時，湯恩比（Toynbee）也利用暑假進駐社區，參加貧民服務。這種深入社區、服務貧民的行動，被稱為「睦鄰運動」（settlement house movement, SHM）。

後來，睦鄰運動擴及英國許多大學城與都市，在19世紀結束之時，英國總共設置30個社區睦鄰組織，將社區工作在社區中實踐。

三 格拉斯哥抗爭引發社區行動

19世紀末與20世紀初，英國的勞工運動轉趨激烈，政府也將改革的目的放在整合勞工階級，以確保中產階級力量的穩定。

然而，勞工階級以行動反抗資本主義的事件，卻不斷發生。1915年，英國西南部的格拉斯哥（Glasgow），有上千名勞工認為房租過高，負擔沉重，無心工作，因而發動激烈抗爭，要求政府降低租金，改善住宅問題。

這次抗爭行動，迅速擴及其他市鎮，迫使政府訂定「出租與抵押權益法案」（Rent and Mortgage Interest Act），限制租金與押金的比率，被視為英國社區行動的一大勝利。後來，在1920-1930年，也發生多次社區抗爭行動。

四 系列報告書領航社區工作

從1930年到二次大戰期間，英國政府為了處理戰爭帶來的失業與貧窮問題，焦頭爛額，無力顧及社區工作。直到1950-1960年代，才提出一系列有關社區的報告書，促使英國社區工作向前發展：

1. 洋哈斯曼報告書（The Younghasband Report）：於1959年提出，強調社區工作是一種社會工作方法。自此之後，在社區領域的工作者描述自己是「社區工作者」（community worker），而「社區工作」一詞也普遍被使用（Jones, 1983: 1）。

2. 巴恬的工作報告（Batten's Report）：巴恬（Batten）曾於1927-1949年遠赴奈及利亞從事社區工作，他批評當時政府強勢持續主導殖民地的社區工作，已不合時宜，因而在1967年提出一種非指導取向（non-directive approach）的社區工作，改變了社區工作訓練的重點。

3. 西蒙報告書（The Seebohm Report）：1968年，頗富盛名的西蒙報告書發表，肯定社區工作是一種新型的社會工作，鞏固了社區工作方法在社會工作中的地位，也開創了社區工作成為一種職業的契機。

再者，英國於1966年成立社區工作者協會（Association of Community Workers），並由牛津大學定期出版「社區發展期刊」（Community Development Journal），也是這個時期的重要事件。

五 開辦國家社區發展方案

1960年代後期，英國的失業情況惡化，殖民地放棄使用英鎊，迫使政府承認福利國家已經失靈，必須重新思考其他方式，以回應經濟成長與社會變遷。

1969年，英國提出國家社區發展方案（The National Community Development Projects, NCDP），指定內政部（Home Office）負責執行，以改善社會服務的輸送效率，並將利物浦（Liverpool）等12個已建立的社區方案，與地方政府的方案，進行協調，在財務方面，改由地方政府與中

央政府的共同補助，以便在最短期間，將相關服務整合為一個方案。

在同一時期，英國政府加強其對社會、政治、經濟等變遷的回應，也促使社區工作在政府部門與志願部門大幅度地成長，被稱為社區工作的「黃金歲月」（Golden Age）。

六　柴契爾政府助長社區工作

1979年，柴契爾（Margaret Thatcher）出任首相，為了解決過去幾十年地方財政惡化的問題，並化解人民不信任政府的危機，乃引進新右派（New Right）的市場機制，倡導自由經濟思想，並信誓旦旦要扭轉衰退中的英國經濟。

柴契爾支持民間的健康保險及健康照顧，並於1980年通過住宅法案，由社區工作者提供住宅諮詢服務，因而促進社區工作快速地成長。

根據1983年的調查，當時有5000個社區工作者受僱於社區單位，對照1970年代1000個社區工作者受僱於社區單位，有相當幅度的成長，其主要原因：(1)許多機構將工作重新設計，冠上「社區」的頭銜。(2)政府推動社區照顧政策，增加社區工作者一職。(3)人力服務委員會（Manpower Services Commission）在其就業計畫，要求增加社區工作者名額（Crig, 1989: 12; cited in Popple, 2015: 45）。

簡言之，英國在1980年代，政府透過許多策略，促使社區工作往前進展，而社區工作者也發現他們受僱的機會增加了。

七　布來爾政府的「社區新政」

1997年，新工黨（New Labor）贏得大選，人民期待新政府能採取基進的途徑，擺脫保守政府的經濟政策。

首相布來爾（Tony Blair）為了回應人民的期待，於1998年推動「社區新政」（New Deal for Community），協助39個處於不利地位的鄰里（其中10個在倫敦），積極處理當地居民關切的問題，包括：犯罪、住宅環境、健康、教育，以及就業機會之不足。政府對於每一社區的新政方案，提供大約五千英鎊的經費，預定在十年之間改善社區問題，以拉近這39個區域與其他區域之間的差距。

社區新政方案的實施，顯示英國政府比1960-1970年代國家社區發展方案，更加關切社區議題，並且提供較多資源，協助社區改善，而社區在界定需求方面，也扮演一種積極參與的角色（Batty, et al., 2010: 4）。

八　聯合政府的「大社會方案」

2010年5月，英國大選，保守黨未能贏得國會過半席次，乃與自由民主黨組成聯合政府，而由保守黨卡麥隆（David Cameron）擔任首相。

在此之前，英國遭到2008-2009年美國次級房貸引發全球經濟危機的衝擊，財務出現龐大赤字，因而刪減健康、住宅與社會照顧的預算，限縮了補助地方政府的經費，連帶影響社區工作的進展。

英國聯合政府為了修補當時的「破裂的社會」（broken society），於2010年推動「大社會方案」（Big Society），強調人民對於自己的社區應負更多責任，並鼓勵他們在社區做志工。因此，在大社會方案實施的過程中，志願服務部門、互助組織、慈善機構及社會企業，都積極扮演服務提供者的角色（Blond, 2010, cited in Popple, 2015: 52）。

然而，「大社會方案」也遭到許多批評。有一位參加過社區服務的志工領導人，認為「大社會方案」缺乏策略性規劃，從其命名，好像是「大量」（massive）刪減社區組織的預算，造成人們很難為他們的社區提供服務（Popple, 2015: 53）。

2015年，聯合政府結束，保守黨單獨執政，將「大社會方案」調整為「更大更強的社會方案」（Bigger and Stranger Society），並賦予社區更多權利，企圖從政策上促進更多自力更生（self-reliant）的社區（Gilchrist & Taylor, 2016: 155）。

至於2016-2019年梅伊（Therega May）擔任首相期間，因為忙於「脫歐」程序，對於社區工作殊少著墨。2019年7月，強森（Doris Johnson）接任首相之後，已完成「脫歐」程序，有關社區工作的政策，尚待觀察。

綜觀英國社區工作的簡史，我們看到英國的社區工作，雖然一路走來，起伏不定，但是政府或民間，自始至終都關注地方社區居民的福利議題。政府在財務良好時，以慈善的父權主義（benevolent paternalism），

贊助社區福利服務；政府在經濟衰退時，容許民間以集體的社區行動（collect community action），改變社區的不利處境。這種鍥而不捨、致力推動社區工作的精神，令人印象深刻。

 ## 第二節　美國社區工作簡史

美國，早先是透過「社區組織」（community organization）為社區居民提供福利服務，後來由「社區組織」擴及「社區發展」（community development），並且分別將社區組織的概念，運用於都市社區；將社區發展的概念，運用於鄉村社區。到了1970年之後，也經常使用社區工作（community work）一詞。

茲依據葛林與海尼斯（Green & Haines, 2016: 32-48）、布魯格曼（Brueggemann, 2006: 175-196）的論述，扼要說明美國社區工作的發展歷程：

一 早期的睦鄰組織與社區實驗

美國的社區工作（尤其社區發展），可追溯到20世紀交替前後。當時，社會改革者認為美國進入新的世紀，應該有一些進步的作為。例如：對於貧窮及犯罪問題的解釋，過去歸因於個人因素，進步時代（Progressive Era）應再增列鄰里次文化的因素，因而在各地社區推動下列三項工作：

1. 睦鄰組織運動（SHM）：1887年，柯伊特（Staton Coit）將英國式的睦鄰組織引進美國，在紐約成立睦鄰中心（Neighborhood Guild）。1989年，雅當斯與史達爾（Addams & Starr）也參照「湯恩比館」的模式，在芝加哥成立胡爾館（Hull House），並鼓勵當地居民參與社區的服務及改革。

2. 合作推廣服務（Cooperative Extension Services）：1908年，美國總統老羅斯福（Theodore Roosevelt）設置國民生活委員會（Country Life Commission），鼓勵那些由政府撥地設立的大學，與社區一起推動「合作推廣服務」，藉以改善鄉村居民的生活。估計在1914-

1923年之間，約有二萬個社區曾經參加此項方案。

3. 社會聯合計畫（Social Unit Plan）：聯邦政府於1917-1920年在俄亥俄州首府辛辛納提（Cincinnatt）推動社區實驗，以500人的街區，規劃為一個聯合單位，設置市民諮議會（citizens councils），以決定社區的需求及其優先順序，並提供居民更直接的社區參與機會。

簡言之，在進步時代，美國強調以社區為基礎，將社區居民整合於較大的社會，再由專業人員協助社區居民改善生活。

二 新政時期致力於社區復甦方案

在1930年代，美國總統小羅斯福（Franklin Roosevelt）為了因應經濟大恐慌（Great Depression），提出「新政」（New Deal）方案。

這個新政方案，著重於：創造工作機會、增加住宅擁有、加強基礎設施、促進社會安全，因而在社區發展領域，推動兩項重要措施：

1. 設置就業促進管理委員會（Works Progress Administration, WPA）：於1935年設置，由社會工作者霍布金斯（Harry Hopkins）領導，為經濟蕭條期間大量的失業者創造工作機會。例如：建造高速公路、鄉道、圖書館、橋梁、堤壩、休閒設施，使勞工可獲得該地區一般水準的工資。

2. 通過住宅法案（Housing Act of 1937）：於1937年通過，主要目的在於清除鄰里的貧民窟（slum），促使市鎮區域復甦，為公共住宅奠定基礎，進而降低都市的貧窮問題。

再者，1939年，紐約市社區福利委員會主席蘭尼（Robert Lane）在美國社會福利會議（National Conference of Social Welfare），針對社區組織的概念、特質、功能、範圍、實施過程，提出報告，稱為「蘭尼報告」（The Lane Committee Report），並促使大會通過社區組織為社會工作的基本方法，因而1939年被視為社區工作方法的創始年代。

三 對貧窮作戰時期開辦社區方案

1963年11月，甘迺迪（John Kennedy）遇刺身亡，詹森（Lyndon Johnson）接任總統，繼續擴大社區發展工作，並1964年提出經濟機會

法案（Economic Opportunity Act），一般稱為「對貧窮作戰」（War on Poverty），其目的在於改善市內貧困區域（inner-city），因而帶動下列三個社區方案（Green & Haines, 2016: 37）：

1. 社區行動方案（Community Action Program）：要在對抗貧窮的過程中，極大化社區居民參與社區方案決定及執行的機會。但是，這個方案遭到嚴厲批評，認為政府事前缺乏任何社區參與的了解、官僚有濫用這個方案的意圖、貧窮者也不認為在他們的社區有何權利。

2. 示範都市方案（Model Cities Program）：這是依據1966年民主與主要都市發展法案（Demonstration and Metropolitan Development Act）而建立的方案，由聯邦提供補助給都市機構，用以協助低收入鄰里改善住宅、環境及社會服務。這個方案，較少強調公共參與，導致稀釋了前述社區行動方案的願景。

3. 特別影響方案（Special Impact Program）：這是1965年參議員羅勃·甘迺迪訪問紐約市布魯克林區（Brooklyn）的鄰里之後，成立的第一個社區發展聯盟（Community Development Corporations, CDC），由聯邦補助社區發展聯盟（CDC），推動財務綜合發展策略。

質言之，美國1960年代的社區發展方案，強調由地方政府針對鄰里組織的需求，去回應貧困社區的問題。可惜，詹森政府將大量財源用於越戰，因而貧窮作戰被批評了幾十年。如果沒有越戰，美國的貧窮率在過去五十年可能不會那麼高（Green & Haines, 2016: 39）。

四 尼克森與雷根政府縮減社區經費

1969年，尼克森總統（President Nixon）執政，重新調整聯邦的社區發展政策，停止1960年代補助各州及地方性的社區方案，並於1974年推出社區發展總額補助（Community Development Block Grants）。

這種總額補助，是透過一種公式，衡量人口規模、貧窮比率、住宅擁擠情況及屋齡，而重新配置聯邦對地方補助款的比率，並且規定接受補助的社區，至少要將總額補助的70%，用於救助低收入家庭，以消除貧民

窟。無形之中，社區發展的經費被縮減了。

不過，尼克森執行期間，民間團體於1969年成立全國性的社區發展協會（The Community Development Society），並於1970年出版「社區發展學刊」（The Journal of Community Development），對於社區工作學術發展有一定的促進作用。

1981年，雷根統統（President Reagan）主持國政，改變社區發展總額補助方案，允許各州將總額補助發給較小的都市，使他們有較多資源可回應社區需求。

整體而言，雷根政府對於社會福利的預算大量減少，嚴重衝擊許多以社區爲基礎的組織。例如：社區發展聯盟（CDC）爲了因應政府補助減少，而轉型爲私人公司，對於美國1980年代的社區發展，不無影響。

五 克林頓致力於弱勢區域充權

1993年，柯林頓（Bill Clinton）當選總統，特別在窮人集中的區域，採取兩種策略，以創造社區居民的工作機會：

1. 充權弱勢區域（Empowering Zone）：針對巴爾的摩（Baltimore）等11個經濟弱勢的區域，由政府提供租稅優惠、績效補助及信用貸款，以鼓勵在地居民尋找工作，並提供就業相關服務。例如：工作訓練、兒童照顧、交通運送。

2. 優惠企業型社區（Enterprise Community）：針對前述巴爾的摩11個弱勢區域內的96個企業型社區，針對其購買資產、修復廠房或擴充設備的需求，提供優惠貸款，以鼓勵這些社區增加在地居民的工作機會。如果企業能運用本身經費，鼓勵低收入居民參與社區規劃及活動，則按居民參與的人數，由政府給予一定比率的補助。

對於這個策略的實施結果，褒貶不一。正向而言，根據住宅與都市發展部門1998年的報告，大約創造了一萬多個工作機會，而且有些企業，即使沒有租稅誘因，仍然留在這些弱勢區域。負向方面，則認爲這個策略對於緩和弱勢區域的貧窮問題，效果相當有限，而且如同1960年代對抗貧窮的社區行動方案（CAP），同樣遭到地方政府一些官員的抵制。

六 布希政府多變的社區政策

2001年1月，小布希（George W. Bush）入主白宮，企圖刪除聯邦政府保留的各種社區發展方案，然而只有少數方案被刪除。例如：2005年，布希有意取消社區發展總額補助方案，卻遭國會否決，迫使聯邦政府繼續對社區提供資源。

再者，布希政府將私人機構視爲促進社區發展的機制，比公共機構還重要。有時候，著重個人議題，遠多於著重社會問題（Blakely & Snyder, 1997, adopted from Green & Haines, 2016: 45）。

此外，布希政府針對市民移居市郊社區，而設定成長數量的門檻，以預防郊區社區產生貧窮與犯罪的問題。然而，當時家戶所得不均的情況惡化、土地使用政策受限，加以經濟上有嚴格的種族隔離政策，導致許多市民仍然紛紛移居郊區社區，使得範圍廣泛的貧窮與犯罪問題，更難以有效解決（Green & Haines, 2016: 45）。

七 歐巴馬政府緩和社區困境

2009年1月，歐巴馬（Barack Obama）當選總統，他擁有參加芝加哥社區組織的經驗，了解低收入居民在社區經常面臨許多挑戰。因此，他上任之後，立即關切發生於2007年12月次級房貸引發的金融危機與緊急救援的議題。他針對嚴重的「大衰退」（Great Recession），規劃了三項刺激景氣的大方案：

1. 美國復甦與再投資法案（The American Recovery and Reinvestment Act）：於2009年實施，由聯邦援助大都市與州政府，開發區域性交通系統、建設基礎工程、供給清潔的能源，藉以促進經濟復甦。同時，引介資本給那些爲較低收入社區的發展而提供低利貸款的銀行。

2. 選擇式鄰里開發方案（The Choice Neighborhoods Initiative）：這是2010年在美國復甦與再投資法案的預算之中，新增的都市方案，補助聖安東尼（San Antonio）、費城（Philadelphia）、洛杉磯（Los Angeles）、肯塔基東南市（southeast Kentucky）、俄克拉荷馬的喬

克托部落（Choctaw Nation in Oklahoma）等大都市所選定的鄰里，用以開發新的住宅、辦理兒童福利等系列服務。

3. 可得性健康照顧法案（The Affordable Health Care Act）：在這個法案中，附加一些社區發展的重要元素。例如：有些低收入的鄰里，缺乏健康照顧的機會，可由這個法案提供資金，用以支持社區健康中心提供外展服務。

簡言之，歐巴馬政府針對經濟大衰退，提出大型的因應方案，可惜沒有大到足以緩和社區發展的困境，而且只提供財務的支持，缺乏公共參與的概念。一個良好的政策決定，無論是環境、交通、住宅、健康或社區發展方案，都必須考慮公共參與是一個重要元素（Green & Haines, 2016: 47）。

八 川普政府推動「機遇區」計畫

2017年1月，川普（Donald John Trump）當選美國總統，在社區發展方面，他於2020年4月公布「機遇區計畫」（Opportunity Zone Program），由聯邦政府提供租稅優惠，鼓勵私人企業與個人在低收入社區進行投資，以帶動當地的經濟發展與社區安全。

為了推動此項計畫，川普政府成立「機會與振興委員會」，由住宅與都市發展部長領導，協同50個州及屬地的政府，將收入低於州內收入中位數37%的社區，規劃為「機遇區」（Opportunity Zone），總計8,700個，作為鼓勵投資的標的社區。至於投資的項目，則聚焦於新建校舍、工廠、公路、橋梁、醫院、公園與住宅。

同時，聯邦政府對於承諾在這些低收入社區進行五至十年長期投資者，將提供財務減稅與貸款優惠，進而使低收入社區的居民從中獲得利益，包括：增加就業機會、改善住宅環境、提高社區安全（梁硯，2019）。

不過，「機遇區計畫」，從川普公開宣布，到他競選連任失敗，僅有七個月，其執行成果如何？尚無具體答案。

2021年1月，拜登（Joseph Robinette Biden）接任總統之後，於2021年4月30日宣布推動基礎建設計畫，其目的在於帶動就業，促使全國各地幾

乎所有社區都能看到實質改善的成果，至於直接有關社區發展的政策為
何？尚未明朗。

綜觀美國社區工作的發展歷程，係以社區發展為主軸，聚焦於貧困鄰
里或低收入社區的發展方案及福利服務。這種情況，與美國重視基層意見
的民主作風，強調改變及創新的「拓荒」精神，若合符節，一以貫之。

再者，美國實施兩黨政治，大致上民主黨比較關心社區發展及鄰里居
民的權益，共和黨則比較重視經濟發展及上層階級的利益。影響所及，民
主黨的總統，羅斯福、甘迺迪、詹森、卡特、柯林頓、歐巴馬，在執政期
間有較多的經費用於社區發展。相對的，共和黨的總統，尼克森、雷根、
布希、川普，在執政期間有較多的經費投入經濟發展，而用於社區發展的
經費相對有限，比較不利於社區發展的推動。

 ## 第三節　臺灣社區工作簡史

在臺灣，社區組織是傳統的社會工作方法之一，後來加入社區發展，
最近一、二十年來，越來越多的人主張以「社區工作」一詞，來綜合社區
組織與社區發展工作（李增祿，2012：175）。以下略述臺灣社區工作的
發展歷程：

一　日治時代移植「鄰保館」

滿清政府在中日甲午戰爭中失敗，於1895年訂定馬關條約，將臺灣割
讓給日本。從1895年至1945年，是日本帝國統治臺灣的時代，稱為「日治
時代」，臺灣人也稱之為「日人仔時代」或「四腳仔時代」。當時，臺灣
有一些社會事業（包括社區措施）係由日本引進。

1916年，日本人道主義者稻垣藤兵衛有感於臺灣的亂象，乃在臺北大
稻埕創立「人類之家」，針對失業者及遊民提供保護教化，並附設「稻垣
義塾」，教導社區的失學兒童。

後來，日本殖民政府在臺灣各地成立「鄰保館」或「社會館」，依序
為：嘉義鄰保館（1934）、臺中鄰保館（1936）、東勢社會館（1937）、

彰化鄰保館（1937）、豐原社會館（1937）、清水社會館（1937），並設置「方面委員」，負責實施：民眾指導、施醫、保護婦女、救護遊民、提供寄宿、發給旅費、斡旋調停、貸借學用品、兒童供食、保護不良少年、辦理職業輔導、夜間國語（日語）講習等社會事業（臺灣文獻會，1960，引自鄭怡世，2013）。

在性質上，「人類之家」屬於私人慈善工作。鄰保館或社會館，則類似英美國家早期的睦鄰組織（settlement house），但其「方面委員」（指導委員）係由地方行政首長（知事、市尹、莊長、街長）擔任，具有半官方色彩。

這些設施，是日本帝國將他們的社區組織模式，擴散到殖民地臺灣，其社會控制的目的，大於民眾服務（賴兩陽，2009：63）。1945年，日本在二次大戰失利，撤出臺灣，這類睦鄰組織隨之壽終正寢，往事只能從歷史中回味。

二 光復初期推動基層民生建設

1945年，二次大戰結束，日本無條件投降，臺灣回到國民政府管轄。但是，臺灣光復初期，民窮財盡，百廢待舉，必須動員民力，自力更生。

值此之際，聯合國於1947年對開發中國家提供技術協助，1951年對農業國家推展民眾教育、合作事業及鄉村建設。影響所及，臺灣在農村復興委員會（簡稱：農復會）的支助及指導之下，從1955年開始，推動「基層民生建設」。

首先，在宜蘭礁溪成立「民生主義實踐農村」。接著，在臺北木柵、桃園龍潭等地設置「基層建設中心」，由村里到鄉鎮，逐步推廣。截至1965年，共有417個鄉村推展基層民生建設。

基層民生建設的主要工作，在於貫徹當時「耕者有其田」政策，促進農業發展、普及農村教育、改善禮俗、照顧鰥寡孤獨廢疾者、促進兒童身心健康、改善衛生、美化環境、提倡康樂等。

由於基層民生建設牽涉甚廣，項目龐雜，為了因地制宜，先以「村」為單位，再逐步擴及全國。這種運用基層民力推行基層建設的過程，吻合現代社區發展的基本原則及精神（白秀雄，2000：108）。1965年，聯合

國社區發展顧問張鴻鈞來臺訪問，在他的建議之下，以社區發展替代基層民生建設。

三 1965年將社區發展列入社會政策

1965年，行政院頒布「民生主義現階段社會政策」，將「社區發展」列為社會福利重要項目之一，並採用社區發展的方式，推動民生建設。這項社會政策的內容，包括：社會保險、國民就業、社會救助、國民住宅、福利服務、社會教育、社區發展等七大項。在社區發展方面，有四個要點：(1)採用社區發展方式，以啟發居民自動自治精神；(2)設立社區福利中心，僱用社會工作人員；(3)加強公共衛生及康樂設施；(4)鼓勵社區居民組織消費合作社，並辦理公用福利等事業。

再者，政府對於社區發展所需經費應寬列預算，並以實施都市平均地權所增收的地價稅，設立社會福利基金（目前改為社區建設基金）。至於所需人才，應儘量任用各大學社會工作學系畢業生。

總計此項社會政策的實施，從1965年開始，到1994年另訂「社會福利政策綱領」為止，為期二十九年，對於臺灣社會福利（含社區發展）的影響，至深且巨。尤其，任用社工人員參與社區發展的推動，對於社區發展的專業化具有倡導作用。

四 1968年在縣市推動社區發展計畫

1968年5月，行政院頒布「社區發展工作綱要」，臺灣省、臺北市、高雄市政府，分別訂定社區發展計畫，推動社區發展工作。

1. 臺灣省社區發展計畫：於1968年9月，公布「臺灣省社區發展八年計畫」，協助社區居民組織社區發展理事會，並辦理社區發展講習、示範社區觀摩、競賽及考核。1972年5月，修正頒布「臺灣省社區發展十年計畫」，提出社區發展三大工作：社區基礎建設、生產福利建設、精神倫理建設。

2. 臺北市社區發展計畫：於1967年在各行政區各發展一個「示範社區」，任用社工12人，參與推動社區業務。1971年，訂頒「社區發展四年計畫」。1974年，精簡機構，解聘社工。1979年，依「臺北

市政府社會局社工員社區工作組實施計畫」，甄選社工員26人，派至較偏遠的13個社區，協助社區推動服務（羅秀華，2007：43）。1980年，訂頒「臺北市社區發展推行辦法」，運用專業社工36人，為社區發展理事會提供技術協助。後來因為增設社會福利服務中心，而將支援社區的社工人力抽離。

3. 高雄市社區發展計畫：於1979年改制為直轄市，對於社區發展的推動，大多沿襲過去省轄市的計畫。不過，高雄市的社區型態，多彩多姿，有軍眷、公教、農民、工人、商業、漁民等類社區。

這個時期，臺灣省、臺北市、高雄市的社區發展，有計畫可循，運作順暢。尤其，臺北市曾任用社工參與社區發展工作，開啟專業社區工作契機。可惜，曇花一現，無疾而終，後繼無力，令人扼腕。截至1983年，臺灣各縣市任用社工員488人，但其從事社區發展工作者，寥寥無幾，屈指可數。

五 1991年社區組織轉型為人民團體

1983年4月，內政部將實施十五年的「社區發展工作綱要」，修正為「社區發展工作綱領」。然而，「綱領」屬於政策性質，缺乏法律效力，於是1991年5月再度修正為「社區發展工作綱要」。改採人民團體方式，由居民發起成立社區發展協會（詳見第七章），共同推動社區發展工作。

比較「社區發展工作綱要」與「社區發展工作綱領」，兩者之間的法律位階，以及社區組織的名稱、屬性、方式及工作項目，都有所不同，如表4-1：

表4-1　社區發展工作綱要與社區發展工作綱領之比較

	（舊）社區發展工作綱領	（新）社區發展工作綱要
頒行日期	1983/4/28	1991/5/1
組織名稱	社區發展理事會	社區發展協會
法律位階	政策指示	行政命令
組織屬性	社會運動	人民團體

	（舊）社區發展工作綱領	（新）社區發展工作綱要
組織方式	由政府輔導成立	由居民30人發起成立
工作項目	基礎工程建設（14項） 生產福利建設（34項） 精神倫理建設（28項）	公共設施建設（6項） 生產福利建設（4項） 精神倫理建設（12項）

資料來源：筆者整理

　　由表4-1顯示，社區發展協會依「人民團體法」成立之後，屬於社會團體，由下而上運作，且具法定地位，可對外行文、可申請免稅。不過，以人民團體的方式運作，仍有一些困境，例如：社區範圍太小，常與村里重疊；會員人數不多，難以代表整個社區；缺乏社工參與，專業性不足；社區自有經費不足，常需仰賴政府補助。尤其，社區對於政府長期依賴，缺乏社區自主性，備受批評。

六　1998年試辦社會福利社區化

　　1990年代，臺灣各種社會運動，風起雲湧，此起彼落。例如：野百合運動（1990）、老農津貼改革（1993）、520教育改革運動（1994），不僅喚醒民主意識，加速總統直選，也帶動社區相關政策的改變。

　　尤其，1994年，李登輝總統提出「社區意識就是生命共同體的意義」之後，行政院文化建會（文化部前身）隨即引進日本的「社區總體營造」，推出之後，優惠補助，聲勢浩大。有些社區發展協會，趨之若鶩，見風（補助款）轉舵，對於社區發展造成前所未有的衝擊（見**批判性思考議題4-1**）。

　　內政部面臨社區總體營造的挑戰，為因應國建會學者的建言，於1996年制定「推動社會福利社區化實施要點」，結合社會福利體系與社區發展工作，以強化社區弱勢人口群的福利服務。並且，揭示福利社區化的實施要領：(1)以社區或聯合鄰近社區為核心，(2)以民眾的問題及需求為實施依據，(3)加強社區現有的福利工作，(4)推展福利機構小型化、社區化，(5)增設福利設施以便各項福利服務使用。

　　1998年2月，內政部進而選定五個區域：臺北市文山區、宜蘭縣蘇澳鎮、彰化縣鹿港鎮、臺南市安平區、原高雄縣鳳山市，補助經費，進行福

利社區化實驗研究，爲期一年。

　　1999年之後，內政部改變經費補助方式，依當年度「推動社會福利服務補助作業要點」提供一般補助。2002年，廢止「推動社會福利社區化實施要點」，由各縣市政府繼續輔導社區發展協會推動福利社區化，並且列入社區發展工作績效評鑑項目。

　　客觀地說，福利社區化的推動，已獲一定成效，例如：促使社區積極發掘及整合資源、激發民眾參與社區活動的熱忱、促成慈善團體積極提供福利服務（賴兩陽，2009：75-76）。然而，政府不再提供福利社區化經費補助之後，除非社區做出口碑，欲罷不能，或者有意參加金卓越社區選拔，必須拿出福利社區化績效，否則多數社區對於福利社區化的推動，意興闌珊，熱情不再，未來如何永續，可能需要主政者深思熟慮，翻轉社區政策，除了「撒錢」之外，還有什麼？

批判性思考議題4-1

　　社區發展是威權時期國家鞏固政權的一種政策，1970年代前後，如火如荼展開，隨著臺灣的政治逐漸民主化，百姓不再聽命行事，1990年代之後，社區發展一籌莫展。在社政體系無用武之地的社區發展協會，一部分在後起的「社區總體營造」政策中找到新的資源及動力（黃肇新，2003：105）。

　　對比於已推動數十年的社區發展，社區營造由下而上的自發行動，重新彰顯了社區發展原本應有的自主性，因而呈現「社區發展在臺灣」的虛名：大量的文史工作室以另類組織崛起，也突顯出既存的「社區發展協會」，已無法承擔新時代的社區營造任務，因而被捨棄或超越（曾旭正，2007：45）。

1. **提問**：臺灣的社區工作（或社區發展），將何去何從？繼續走社區發展的老路？還是「識實務爲俊傑」，投入「社區營造」的陣營？有沒有「新中間路線」——第三條路？
2. **評估**：走老路，優點可能是：識途老馬，駕輕就熟；缺點可能是：原地打轉，味同嚼蠟。投入「曹營」，優點可能是：海闊天空，希望無

窮；缺點可能是：海市蜃樓，人去樓空。走第三條路，優點可能是：
左右逢源；缺點可能是：兩面不討好。

3. **斷言**：依你的想像，判斷臺灣社區工作應該走什麼樣的路，否則沒有
未來？

七 2005-2008年實施健康社區六星計畫

2005年，行政院為了整合內政部的福利社區化、文建會的社區總體營
造，以及其他部會有關社區的業務，提出「臺灣健康社區六星計畫」。

這個計畫的目標，在於推動全面性的社區改造運動，透過產業發展、
社福醫療、社區治安、人文教育、環境景觀、環保生態等六大面向的全面
提升，打造一個安居樂業的「健康社區」。其中，「社福醫療」面向的重
點工作，包括：

1. 發展社區照護服務：建立社區照顧關懷據點，促使生活照顧及長期
照護服務等工作，可以就近在社區實施。

2. 強化社區兒童照顧：由小學辦理兒童課後照顧服務，並鼓勵社區媽
媽協力合作，提供社區托育照顧服務及兒童課後輔導，以營造一種
溫馨的成長環境。

3. 落實社區健康營造：推動健康生活社區化，帶動國民運動健身觀
念，並激發民眾對健康的關心與認知，藉由社區互助方式，共同營
造健康的社區。

雖然「人存政舉，人亡政息」，2008年政黨輪替之後，已不再使用
「健康社區六星計畫」之名，但至少留下了社區照顧關懷據點，直到現
在，仍然是社區發展的熱門活動。

八 2005年迄今辦理旗艦社區計畫

2005年，內政部配合國家發展計畫，開辦福利社區化旗艦競爭型計
畫。這項計畫的實施，係以補助的方式，鼓勵跨社區聯合提案，共同辦理
福利社區化工作。2013年7月，衛生福利部成立，訂頒「推動社會福利服

務補助作業要點」。其中，有關旗艦社區的補助要點，包括：

1. 提案單位：已立案的社區發展協會，並有一年以上聯合社區經驗者。自2021年起，聯合社區團隊應與該縣市社區培力（育成）單位共同合作提案。

2. 提案件數：每一直轄市、縣市，各提一案爲限，但其社區數達500個以上者，得增提一案。

3. 提案原則：配合縣市政府社會福利社區化政策白皮書或施政計畫，經由鄉鎮市區公所整合在地社區發展協會，並有一年以上聯合社區經驗者，提出具有創新性、跨社區（至少五個社區）、跨局處（至少二個單位）、延續性（期程以三年爲限）的計畫，報直轄市、縣市政府，核轉衛生福利部，申請補助。

4. 計畫書內容：應載明社區特性、資源狀況、服務對象、服務內容、與現有服務體系分工狀況及網絡聯結情形、專業輔導團隊架構、實施成效評估指標及預期效益。

5. 補助標準：經衛生福利部邀請專家學者審核通過後，每案最高補助新臺幣一百萬元。其中，專業服務費，每案限補助一人。專業人員（專案管理人）的任用資格，須大專院校畢業，已修畢社會工作師考試規則所定課程及學分數（含社區工作或社區組織與發展）。

此項旗艦型社區計畫，強調整合性、永續性，突破單一性的社區，而形成「聯合社區」的機制，可發揮「母雞帶小雞」的作用，對於提升社區能力，落實福利社區化，有正面效應。

截至2021年，獲得補助者，已有100多件，估計約有500多個社區（每案至少五個社區）參與計畫的實施，其占全國社區總數的比率，微乎其微，範圍有限。而且，提案過程，必須育成中心陪同；執行過程，必須專案管理人輔佐，對於缺乏培力單位或專案管理人的偏遠社區，相對不利，也欠公平。

綜觀臺灣社區工作的發展歷程，大致上可再歸納爲三個階段：一是1991年以前，由政府主導，由上而下；二是1991-1997年之間，將社區組織社團化，由下而上；三是1998年迄今，由社區結合相關單位或社區，聯合推動福利社區化，進行平行整合。可惜，專業社區工作者的運用，時斷

時續，未能形成制度，而且社區經費，始終仰賴政府補助，較諸英、美國家的社區專業性與自主性，瞠乎其後，仍待努力（見**批判性思考議題4-2**）。

　　現在讓我們稍加整理一下臺灣社區組織社團化軌跡。依序是「社區發展工作綱要」（1983），先下放給地方政府；1987年解嚴後，再有「社區發展工作綱要」的修正，1991年進一步改以人民團體型態運作；2004年更完成「社區營造條例」草案。在社區總體營造的推動下，希望更澈底的讓社區組織自治、協調和解決公共議題。但迄今的發展，仍跳不出依賴的關係陷阱，只是從被動（依賴）轉向主動的依賴（張世雄，2011：71-72）。

1. **提問**：如何更澈底地促使臺灣的社區組織（社區發展協會）能夠跳出對政府的依賴關係？

2. **評估**：自1991年社區組織改為人民團體的型態之後，社區漸由「被動的依賴」（例如：補助多少，做多少事，沒有補助，怎能做事？），轉向為「主動的依賴」（例如：社區以工作成果，主動申請旗艦社區計畫，參加金卓越社區選拔，爭取經費或獎金），顯示社區迄未澈底跳脫對政府的依賴。

3. **斷言**：依你的觀察及思考，判斷臺灣的社區無法澈底擺脫對政府的依賴，是出於政府的操控，或者出於社區的無能？說說你的看法及理由。

第五章
重要的社區工作
理論

前面一章有關社區工作簡史的描述，曾經提及英國1967年的巴恬報告書（Batten Report），促成了非指導性社區工作的取向；美國1939年蘭尼報告書（Lane Report），促使社區組織成爲社會工作第三種方法。而臺灣於1995年召開國建會，與會學者的建言，也促進社會福利社區化的實施。

　　就此而言，由經驗或研究而形成的理論、報告或建議，往往對社區工作產生導引的作用。反而言之，社會工作的實施，若有理論作爲基礎，將可發揮更大的功能。黎德（Reed, 2005: 88）認爲，理論對於社區實務有七種主要功能：

1. 理論協助我們了解社區改變的來源及障礙，據以評估、規劃、執行及評鑑。
2. 特定的理論，特別有助於澄清及達成社會正義的目的。
3. 理論能在社區系統中創造持續性穩定，或創造不同以往的改變。
4. 理論適合界定及了解社區的類型，據以闡釋實務議題及其實施的可能性。
5. 理論在特定的實務情境及設施之中，協助我們形成社區實務的假設。
6. 在關社會正義的社區實務，理論對於抵制改變，顯得特別重要。
7. 可由理論導出實施模式，且在特定的實務型式中，知道如何有效地改變。

　　即使，理論對於社區工作實務運作有其重要性，然而臺灣的社區工作者比較重視實務，好像對理論沒有多大興趣，也很少進行討論。有一項實證研究指出，臺灣的社會工作者進入社區從事服務的數量不多，其中原因之一，是他們對於社區工作理論的認知有所不足（賴兩陽，2013：171）。也許，他們不知道社區工作的重要性，因而認爲社區工作可有可無，當然就比較不想這一條路。

　　基於這些體認，本章將從社區工作有關的理論之中，選擇比較重要的幾種，歸納爲解釋性（explanatory）與指示性（prescriptive）的理論，略加說明。另外，波普羅（Popple, 2015: 73）認爲社區工作具有地方性的特質，有些評論者或行動者對於社區實務的評論，也有助於促進社區工作理論的建構，因此也一併列入討論。

第一節 解釋性社區工作理論

顧名思義，解釋性理論（explanatory theory）在於協助我們了解或解釋社區工作為什麼要這樣做，並可預言利害關係人在一般實務情境中的期待（Weil & Ohmer, 2013: 124）。簡單地說，解釋性理論著重於「知其所以然」（know why）。

然而，有關社區工作的解釋性理論，為數不少，繁簡不一。在這裡，僅就系統理論與生態取向、現實建構理論、組織與組織間理論、自我與集體效能理論，略述其主要觀點、實際運用及相關評論：

一 系統理論與生態取向

本書第一章曾提及社區的構成要素，包括：居民、地理區域、社會互動、共同意識。這些構成要素，透過交互作用，可形成一種系統。

早期，通常單獨討論系統理論（systems theory）。後來，有些社區專家認為，如果將系統理論與生態取向（ecological approach）相互結合，更加適合於說明社區工作者與社區不同成員一起工作的必要性（Gilchrist & Taylor, 2016: 69-70; Stepney & Popple, 2008: 112-127）。以下略述系統理論與生態取向的要點：

在主要觀點方面，這個理論，是將系統理論與生態取向相互結合，而形成一種生態系統，其主要目的在於鼓勵社區工作者針對社區問題產生的原因，從比較寬廣的角度，去探討這些問題是否出於：個人所處的環境與他自己的需求、能力、權利、期望，兩者之間，缺乏適當的媒合所致。因此，採取生態系統取向的社區工作，必須將那些同樣處於不利地位的社區成員連結起來，進行結構性因素分析，並且充分考量社區成員有關的所有支持網絡。

在實務運用方面，社區工作者可從整體面向出發，去與社區成員建立一種共同的認知：改變（change），是一個系統的影響力，加諸於另一個人身上的結果。例如：某特定居民的家庭情況，可能影響這個居民的行為問題。因此，強化服務對象的支持網絡，是正面回應服務對象行為問題的一種方式。由於任何一個社區成員，都與他們所處的環境息息相關，無法

單獨抽離出來解釋，因而社區工作者必須運用社區生態系統，去協助服務對象建立一種合乎邏輯的支持網絡。

在相關評論方面，巴恩斯（Burns, 2007）認為系統生態理論只考慮到組織的整體設定，以及利害關係人在既定情境中的互動行為，而很少從政策支配面去思考個人的自我利益（quote from Gilchrist & Taylor, 2016: 70）。

簡言之，運用生態系統理論，可協助社區工作者了解社區的個別成員、團體或組織，都是一個整體的「系統」，也是「系統」中互賴與互動的一部分。當然，社區工作者在考慮社區整體的需求時，也不能忽略社區成員個人因素的處理。

二　現實建構理論

社區的概念，並不是固定不變的。通常，在不同的利益團體之間，可能以各種不同的方式，使用不同的社區概念（Pain, et al., 2001: 254）。事實上，在社區之中，充滿著人們建構出來的意義，同時也反映著因為性別、年齡、階級、族群等屬性的差異，而有不同的社區經驗與社區概念。

在主要觀點方面，現實建構理論（reality construction theory）假設人們對於日常生活中各種事務的理解，是來自於社會過程（social process）（Hardcastle, et al., 2004）。包括：

1. 客觀化（objectivism）：人們常將主觀的經驗，轉換成為客觀的事實。例如：美國在社區人口統計，將白人視為主要族群，而將非裔美國人定義為「非白人」。

2. 社會化（socialization）：人們經常全面地、不斷地將社會定義的「客觀事實」，納到社會成員的社會世界，成為他們日常生活的一部分。

3. 內化（internalized）：人們會讓社會定義的「客觀事實」，進入他們的意識之中，最後被他們普遍接受為一種真實或現實。

在實務運用方面，現實建構的理論對於社區工作具有指導的意義，我們不能簡單地根據經驗或事實來定義社區問題，而必須將社區崁入於「有意義的網絡」（web of meaning）之中，同時對於社區問題或社區議題進

行全面性評估，以避免受到固有框架或不當分類的影響。

在相關評論方面，我們對於社區議題或社區問題的探討，如果只將社區視爲客體形式，往往就無法掌握社區主體的元素，因而忽略了在地社區居民的情感或歸屬感的表達。因此，我們需要一個更全面性認識社區的方式，包括「主體」與「客體」兩個面向的社區概念（Stepney & Popple, 2008）。

簡言之，社區的概念，是社會建構而成的，社區工作者必須不斷地接受新事物與新定義的挑戰，以便有效因應外在環境的變化，去對社區問題或社區議題進行適當的解釋或辯護。

三 組織與組織間理論

社區是一種組織，不僅內部的次級組織之間，或者附屬團體之間，都有互動關係，而且與外部的相關組織或單位，也常有一種連帶關係，藉此來增進社區工作的效益。

在主要觀點方面，組織與組織間理論（organizational and 1nter-organizational theories）涵蓋了組織內部與組織外部兩者，必須兼容並蓄，面面俱到，始能健全組織的發展。就組織的內部而言，它強調組織的行爲，探討爲什麼要做某些工作？有什麼策略可將工作做得更好？至於組織的外部，這是組織間理論的基本主張，它強調每一個組織，都嵌在一個更大的組織網絡之中。爲了生存和發展，這些組織必須與其他相關的組織，保持聯繫，良性互動。這種理論有兩個主要概念（Hardcastle, et al., 2004）：

1. 一個組織的勢力範圍（domain of an organization）：在組織網絡之中，每一個組織爲了滿足其服務對象所需的資源，必須劃定一個具體領域或實施範圍，包括：地理區域或範圍、共同問題或需求、福利人口群、處遇方式或技巧、經費或財力資源等。

2. 一個組織的任務環境（task environment of an organization）：組織爲了完成它的任務或達成目標，必須與外部的組織打交道，進而形成一個任務環境。這種任務環境，通常由下列各部分所組成：(1)財務資源、勞動力、原物料、設備及工作場地的提供者；(2)

合法性與權威性的提供者；(3)服務對象或顧客的提供者；(4)補充服務的提供者；(5)產品或服務的消費者或使用者；(6)競爭者（competitors）。

在實務運用方面，如果社區工作者必須處理社區組織本身，以及社區組織與外部其他組織或團體之間的關係時，即可運用組織與組織間理論，一方面透過領導的過程，協助社區去發展適當的組織文化，維持組織的活力；另一方面去了解社區組織外部的非政府組織（NGO）、非營利組織（NPO）之勢力範圍與任務環境，然後選擇適當的互動方式，與他們（NGO、NPO）進行社區事務的協力合作，以及相關資源的連結及運用。

在相關評論方面，評論者認為，社區工作者在運用組織理論時，好像比較關心組織本身的功能，以及它與外部組織的合作關係及資源連結，而較少顧及組織理論的其他眾多型態，例如：組織分析、組織評估、組織評鑑（含自我評鑑與外部評鑑）、組織發展、組織再生（Weil & Ohmer, 2013: 141）。

簡言之，組織與組織間理論涉及的範圍甚廣，社區工作者除了注意社區組織本身，以及社區外部組織的資源連結之外，還有組織理論的其他型態（例如：組織分析、組織評估），也不能忽略，因為這些另類的組織型態，可協助我們更有效地達成處理組織間的關係，進而順利達成社區工作的目標（見**批判性思考議題5-1**）。

批判性思考議題5-1

以往村里長對社區的理事長，有些都是在不和睦的關係下，競爭廝殺，造成社區的發展工作延宕，甚至對立而成派系。擔任村里長的人士，更應該以無私奉獻的精神來幫助社區成長，而非以假想敵的思考模式，去強制或阻礙社區的發展工作，相輔相成的幫助，才是居民的福氣，更是社區發展工作的遠景（黃三源，2016：52）。

1. **提問**：在臺灣，村里長與社區發展協會理事長對立的情況，屢見不鮮，如何運用組織與組織間理論，協助社區理事長去化解？

2. **評估**：村里辦公處是政府的基層組織，社區發展協會是人民團體，也是一種非營利組織（NPO）。這兩個組織，即使財源、任務、勢力範圍（含派系）不同，但「幫助居民過更好的生活」是共同目標。「理論」上，應該也必須互助合作。

3. **斷言**：如果你是社區工作者，協助的對象是社區發展協會，請參考「組織與組織間」理論或其他理論，思考如何協助社區理事長去化解他與村里長的對立關係？

四 自我與集體效能理論

推動社區工作，需要社區成員的協力合作，始能產生集體行動的效能，有效達成社區組織（例如社區發展協會）的共同目標。

自我與集體效能理論，是班杜拉（Albert Bandura）與他的同事，針對在人類生活中，有效使用的互動技巧及能力，進行十幾年的觀察研究，而建立一種理論和策略的體系，用以證實自我效能（self-efficacy）與集體效能（collective efficacy）的價值，並藉此協助人們精通人類生活中，必要的互動技巧和能力，進而產生一種自信（confidence）（Weil & Ohmer, 2013: 138）。

在主要觀點方面，這個理論說明：如果一個人對於自我效能，或者一個團體對於集體效能，能夠產生自信，就表示這個個人或團體已能結合必要的知識、互動技巧及能力，有自信地承擔起重要的任務，完成他們的目標。班杜拉與他的同事，在許多研究和設施之中，已證實一個人具有自我效能的意識，能使這個人在他的生活處境之中，進行較佳的控制，而且在他的職場之中，也可透過挑戰困境或問題解決而感受到成功的經驗。同樣的情況，一個組織或團體具有集體效能的意識，能使這個組織或團體，在社區議題一起工作或處理能力上，產生更大的信心，以及更正確的判斷（Bandura, 1995）。

在實務運用方面，這種理論對於社區工作者特別有價值，因為它聚焦於如何協助人們發展互動的技巧、能力和自信，以便於在他們的生

活、工作、社會（社區）參與等重要任務中，有效地回應各種情境的挑戰（Bandura, 2000）。

在相關評論方面，正向的評論是：社區工作者運用自我與集體效能的理論，領導個人與小團體學習新的技巧、重新定義能力、學習認同及講求優勢，已獲得正面的回響。至於負向的評論是：在策略上，對於社區發展工作，必須再加上創造力（creating capabilities），使人們更相信自己擁有的能力（Nussbaum, 2011, quote from Weil & Ohmer, 2013: 138）。

簡言之，在推動社區工作而未能產生預期的效果時，社區工作者可運用自我與集體效能理論，強化社區成員的互動技巧和能力，增加他們的自信，並支持他們投入社區領域，與其他人共同為社區的正向改變而集體行動。

 ## 第二節　指示性社區工作理論

相對於前述解釋性理論，這裡要探討的是指示性理論（prescriptive theory），它可協助我們了解社區工作如何去推動，進而對於有計畫的改變（planed change）提出處方（Weil & Ohmer, 2013: 154）。簡言之，指示性理論著重於「知其然」（know how）。

然而，有關社區工作的指示性理論，也是琳瑯滿目，不勝枚舉。以下僅就多元主義理論、社區網絡理論、充權與參與理論、基進與社會主義理論，略述其主要觀點、實務運用、相關評論：

一　多元主義理論

任何社區，都充滿著各式各樣的差異性。多元主義理論（pluralist theory）的論述，就在於挑戰單一決定的觀點。這種理論，大約在第二次世界大戰之後，出現於英國，尤其1960年代在英國的社區工作領域占盡優勢，幾乎主導著整個社區工作的運作（Popple, 2015: 59）。

在主要觀點方面，多元主義者了解：權力就像某些事情被分配於社區各處，而且權力的分配，是透過「民主」（democracy）的決定，在不同

利益之間，進行倡導（advocacy）與協商（negotiation）。依據多元主義者的分析，政府與社區各有其角色：政府扮演一種調停的角色（mediating role），設定標準，以保護各種團體爭取更多政治利益的自由權，並預防某些團體傷害或侵蝕到其他人的自由。至於社區工作者（或社區發展者）的角色，則是支持那些處於不利地位的社區，使他們的聲音能夠被聽到，或者進而形成一種政治行動，以增加他們與政府討價還價的權力（Gilchrist & Taylor, 2016: 61）。

在實務運用方面，社區工作者可運用多元主義理論，與社區成員一起工作，協助他們發展出為社區發聲的信心。如此，他們能有效地組織自己、創造他們的議題、主張他們的利益、挑戰既有的霸權，進而與權力擁有者建立平等對話的機制，並協助社區創造一種表達與協商不同意見的機會（Gilchrist & Taylor, 2016: 61）。

在相關評論方面，傳統的多元主義理論經常被批評，它對於社區中不同利益之間的不平衡，在認知上有所缺失，反而認為決策者所憑藉的，只是少數的寡頭勢力。有時候，多元主義理論對於權力運作的霸權結構（hegemonies structure），在認知上也有所不足。因此，波普羅（Popple, 2015: 60）在檢視多元主義的評論之後，一再提醒我們：那些地方性經驗主義者的取向，源自於多元主義的分析，只是一種安撫作用，不大可能引領社區重要的改革。

簡言之，社區之中有多種團體，他們之間的利益競逐與權力分配，也經常呈現多元樣貌，因而社區工作者在實務運作上，也要有多元的因應策略。

二 社區網絡理論

社區工作的資源配置、服務使用者或其他利害關係人，都不是單獨存在的，他們之間經常形成一種相互牽扯的網絡。

在主要觀點方面，社區網絡理論將「網絡」（network）視為連接那些涉入特定意義的點與點之間的系統或型式，它通常有助於確認服務使用者在社區裡的網絡關係，並且與各種不同的機構連結，成為評估正式支持系統與非正式支持系統的重要機制。

在實務運用方面，社區網絡可運用於社區工作的範圍，相當廣泛。史鐵尼與伊汶斯（Stepney & Evans, 2000: 113）曾經將網路的理念運用於社區工作的實施過程，如圖5-1：

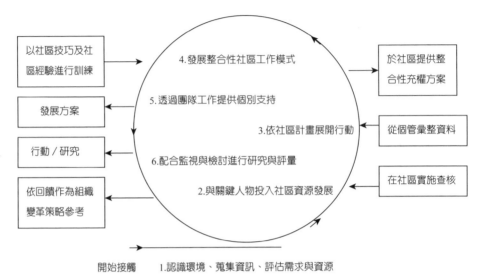

圖5-1　運用網絡之社區工作實施過程
資料來源：引自Stepney & Popple, 2008, p.126，並精簡文字

由圖5-1顯示，如果將社區網絡理論的主要觀點，運用於社區工作的實施過程，可以形成一種循環系統。在這種循環的過程中，每一個階段都是承接前一個階段而向前運作，並且成為下一個階段的必要條件。如此，循環運作，周而復始（有關社區工作實施程序，將在第七、八、九章探討）。

在相關評論方面，斯馬羅（Smal, 1998, quote from Stepney & Popple, 2008: 117）認為，社區網絡的運用，必須注意人們在網絡之間互動關係的品質，而且社區工作者在與社區成員一起工作的過程，必須先確定社區工作想要達成的目標是什麼，以利社區工作網絡的有效建構及運用。

簡言之，社區工作者的任務之一，是將服務對象的需求，與可用的資源相互連結，以達成專業助人的目標。但是，服務對象、可用資源，這兩者都有它的網絡系統，因此，社區工作者必須充分了解社區網絡理論，以

期可以靈活運用。

三　充權與參與理論

理想的情況，是社區的重要決定，都有在地居民普遍參與。事實上，有些居民並沒有參與的能力，或者參與的權力被他人剝奪。因此，社區工作者有必要透過充權的過程，增強社區居民個人的、人際的、政治的權力，使他們有能力去參與社區集體行動，去改善他們所處的環境。

在主要觀點方面，索羅門（Solomon, 1976）在他所撰寫的「黑人充權」（Black empowerment）書中，將「充權理論」（empowerment theory）與「參與理論」（participation theory）合在一起討論。他指出，在許多實務情境之中，對於「社區參與」進行充權，可能遇到兩種障礙：

1. 內部的障礙（internal barriers），在人們遭受壓迫，而成為被汙名化或被貶損的團體成員，可能要先處理那些被社會施加壓力而引起的內在化障礙。

2. 社會的／結構的障礙（societal/structural barriers），許多被邊緣化的團體成員，常須與那些妨礙他們去接近社會／經濟機會的歧視、排除（exclusion）、壓迫、性歧視（sexism）、種族歧視等障礙，進行苦戰。

因此，他認為社區工作者的實質責任，是積極地協助一起工作的個人或團體，進行自我充權，以克服個人與社會的障礙（quote from Weil & Ohmer, 2013: 132），

在實務運用方面，羅賓斯（Robbins, et al., 2012: 92）針對社區工作者如何協助社區進行改變，提出下列充權的關鍵性方法：(1)將社會階層化與壓迫，進行概念化；(2)認清個人與政治的障礙，以及持續性壓迫的動態；(3)對於促進人們的充權與解放（liberation），提供有用的架構；(4)對於克服壓迫與維護社會正義，提出有效實施的策略；(5)協助人們展現他的優勢、復原力與資源。

在相關評論方面，評論者認為，這兩種相互關聯的理論，尤其是充權的概念，目前已經被普遍運用，也有一定成效。有時候，充權的運用，被誤以為只有婦女或少數族群，才需要充權。事實上，就社區工作者而言，

他必須知道「充權」已經從個人的充權，轉變為政治的充權，進而投入批判、挑戰社會的不正義與政治壓迫（cited in Pease, 2002: 136）。

簡言之，社區工作者為了使其服務的社區更符合正義、平等，必須善用充權與參與的理論，以增加居民參與社區事務的權力與能力。

四 基進與社會主義理論

有些工作場合或時機，社區工作者可透過社會行動（social action），協助居民在社區進行較大幅度的改變，以便有效處理那些比較嚴重的社區問題。這種社會行動，已經涉及基進的取向。

在主要觀點方面，基進（radical）一詞，依據羅勃森（Robertson, 1985: 80）的描述，它是一種：深入「社會—經濟」的結構，找出根本或重要的原因，進而有計畫地改變某些政治或社會的問題。另外，有關社會主義（socialism）的主要樣貌，通常包括：創造一種合乎正義（justice）與平等主義（egalitarian）的社會，藉以排除相對貧窮、相對剝削，並且建立一種特定規範的系統（Popple, 2015: 61）。

在實務運用方面，社區工作者可將基進取向與社會主義結合起來運用，透過個人接觸與團體互動的方式，深入了解社區之中不平等或處境不利的實際情況，進而協助社區採取集體行動，去改變社區基本的弱點或問題。

在相關評論方面，我們可從1960-1970年代英國所實施的國家社區發展方案（見第四章），很清楚地看到他們是將基進與社會主義取向運用於社區工作，而拒絕由內政部（Home Office）決定的守舊作法（Popple, 2015: 63）。目前，雖然基進與社會主義理論，已比1970年代較少被運用於社區工作，但是這種理論有助於鼓勵社區在沒有政府經費補助的情況下，持續推動自己的社區行動。

簡言之，引進基進與社會主義理論於社區工作，有助於打破蕭規曹隨的傳統習慣，進而為促進社區居民利益的社區實務，增加另一種選擇的機制。

第三節　有助於發展成社區工作理論之評論

前面兩節所探討的，是已經建立的理論，將它們運用於社區工作領域，各有一定的貢獻，但也遭到一些批評。事實上，這類批評，可以促使既有理論更加周延，也可能刺激另一種社區工作理論的形成。波普羅（Popple, 2015: 73-92）曾經提供八個評論者或行動者對於社區工作相關議題的評論，並且指出這些評論可能有助於發展成為不同的社區工作理論。茲列舉其中四個評論者的評論，略述如下：

一　傅柯對於權力運作的評論

傅柯（Michel Foucault, 1926-1984），是法國的哲學家、社會理論者與文學評論者。他的研究工作，橫跨了不同的學科，他認為這些學科有它們自然的情境與歷史的訓練。其中，傅柯對於權力的解讀（exposition of power），認為與其說權力是個人或階級的一種資產，不如說權力是無所不在的（power is everywhere）。對於傅柯來說，權力是一種關係（power is a ration）。

傅柯認為一個社會行動者，在他有生之年的不同階段，有些權力是「經由」（through）人們的關係而運作，而不是在人們的「頭上」（on）運作。傅柯（1977）曾經以監獄系統的管制與處罰為例，類比權力運作的兩種型態：一種是身體上的禁錮，另外一種是精神上的折磨。然後，傅柯將這種類比，用來檢視社會的現況，他認為：現實的社會，將監視的技術用於控制或支配人們，主觀上必須獲得人們的同意或服從，因而現實社會與監獄情境，對於權力的運作明顯不同。

從傅柯的研究加以解讀，可帶給社區工作理論一種資訊，那就是權力的運用實際上是一種權力搏鬥（power struggle）的型式，支配階層或菁英分子的成員，是執行規訓的主體（disciplining subjects），藉此維持被支配階層的溫順與接受，進而使社會能夠有紀律地進行管理。同時，傅柯也認為這種權力的運作，必須放在知識上，而知識又涉及人們活動的資訊，有了知識與資訊，更可進一步強化權力的運作（Popple, 2015: 84）。

綜言之，傅柯對於監獄系統監視方式的分析，以及他對於權力運作的

評論，促使社區工作者更能了解支配階層規訓及管理的樣貌，進而有助於發展一種新管理主義的型態。

二 路克斯對於權力結構的評論

路克斯（Steven Lukes, 1941-），是英國的政治與社會理論家。透過他2005年出版的代表作「權力：一種基進觀點」（Power: A radical view），可協助我們對於權力結構更加了解。

路克斯採借傅柯學派（Foucauldian）理念中的一個議題：「權力呈現於所有的社會關係」，據以進行他有關權力結構的探討。路克斯認為那種「無權」（powerless）的意識，內化於人們心中，將會影響勞動者與消費者的角色。這個權力的層面，經常發生在衝突與不滿的情況下，外表是看不出來的，但可能牽連到無權消費物質的商品，或者使人熱衷與意識型態相互勾結，進而接受權力結構是一種「事務的自然法則」（natural order of thing）。

根據路克斯的評論，權力支配者的真正需求及他們的「實際利益」（true interest），通常是模糊的。他進而推介一種所謂「虛假之意識」（false consciousness）的觀念，這種觀念的背後，意味著權力支配者，可能透過「假消息」（disinformation）與「審查」（censorship）（例如：臺灣的「查水表」之類的機器），而影響或誤導那些被權力所支配的無權者（cited in Popple, 2015: 86）。

綜言之，由路克斯對於權力結構的評論，將有助於社區工作者進階了解社區的權力結構，並且思考社區內無權者的處境，他們對於支配者的權力，可能逆來順受，不動聲色，社區工作者除了運用前一節提及的充權與參與理論之外，也許還可再補充路克斯的評論。

三 凱斯帝洛斯對於社區生活議題的評論

凱斯帝洛斯（Manuel Castells, 1942-），是西班牙的一個多產作家。他對於社區生活相關議題有多方面的研究，尤其對於都市社會學、社會運動、資訊社會及全球化，有許多重要貢獻。

早先，凱斯帝洛斯（Castells, 1975）的研究，聚焦於都市社區，他認

為都市問題是資本主義與都市主義之間發生衝突的結果。他指出，都市問題的產生，是資本主義者將都市或社區當作勞動力再生的現場。他懷疑勞動者的權力已逐步變成一種團體協約，相對減少了個別協商，這種情況，可能在社會之中引發一種「革命性的破裂」（revolutionary rupture）。凱斯帝洛斯認為，在勞動領域之外，住宅、健康照顧、教育、公共運輸等領域，也有一種「集體消費」（collective consumption）的觀念，而且在這些領域，很有可能是人們集體參與，共同奮鬥，以改善社區生活。依據凱斯帝洛斯的評論，在資本主義全球化、所有問題政治化的情境之下，由社區成員進行集體處理（collective treatment），已變得更加必須與重要（Castells, 1977: 463, cited in Popple, 2015: 82）。

近年來，凱斯帝洛斯（Castells, 2012）的研究重點，是資訊社會與全球化。在這方面，他探討社會運動與抗議團體的新型式，發現他們經常大量使用傳播網絡，例如：國際網路、行動電話和無線電訊，可以迅速進行溝通、組織、公開抗議。凱斯帝洛斯認為，這些新型式的組織，以及他們所使用的手段，已經超越傳統政黨所使用的傳播設施。這些嶄新的傳播型態，促使我們對於改變中的社會與政治的世界，有更進一步的了解，不僅關心阿拉伯國家、西班牙、美國，對於其他國家，也給予更多的注意。依據凱斯帝洛斯的評論，國際網路及其他傳播型態，已經被許多抗議者有效地使用於對抗壓迫或不正義，並可提供我們參與社會改變與政治民主的不同方法（Popple, 2015: 83）。

綜言之，凱斯帝洛斯針對社區生活有關的都市問題、資訊社會與全球化等議題，提出他個人的評論，突顯在社區工作中運用集體行動、傳播網絡、新型態的組織及社會運動，有其重要性與可行性。

四 席恩對於福利經濟議題的評論

席恩（Amartya Sen, 1935-），是印度的經濟學家，曾經獲得諾貝爾獎，他有關福利經濟學的評論，對於增進社區工作理論有兩項貢獻：

1. 有關於全球的不平等：席恩（2001）主張：社會發展的終極目標，在於解決人類自由的問題。他認為，在發展中國家，人們生活於貧窮、社會剝削、政治專制、文化霸權之下，這些負面勢力，往往困

住了國家的發展。依據他的看法，要獲得一種有價值的生命，必須解除自由的禁錮，讓每一個人都能享有經濟與教育的機會，都可從良好的健康與體面的生活標準中獲得利益，而且能夠避免遭受歧視、壓迫、獨斷的傷害；真正的經濟改善，是社會跨領域都能受益，而不只擁有特權的菁英分子才有機會得到好處。席恩的這些見解，好像與社區工作者的了解不謀而合。因為社區工作的核心價值之一，就是要挑戰經濟與社會的不正義。說不定，席恩的評論，可逐步發展成為一種「進步社區工作理論」（a progressive community work theory）（Popple, 2015: 87）。

2. 對「唯一主義」取向的挑戰：所謂「唯一主義」取向（'solitarist' approach），是按照一個人的國籍、宗教信仰、文化背景，作為認同的主要型式。席恩致力於挑戰這種取向，認為，我們每天在不同的脈絡之間移動，我們可能隸屬於不同的團體，而人們也以不同的方式看我們。例如：美國市民，可能有人是：加勒比海血統、非洲祖先、基督徒、自由主義者、素食主義者、長跑健將、學校教師、小說家、同性戀者、戲劇愛好者、環保行動者、網球迷、爵士音樂家、女性主義者，但是這些人群中的每一個人，同時存在，沒有人能被歸類為單一成員。

席恩的這種看法，對於社區工作者而言，他在社區實務中，必須跨越族群、性別、階級的區分，而與所有的社區成員一起工作，以達成社區共同的目標（Popple, 2015: 87）。

綜言之，上述席恩有關福利議題的評論，對於社區工作者有許多啟示。如果社區成員因為意見不合而引起衝突，則社區工作者不妨博採周諮，再作處理。

復有進者，上述四則有助於發展成社區工作理論的評論者，分別屬於法國、英國、西班牙、印度的專家學者，且各有不同的評論重點，一方面顯示社區工作理論的發展有其地方性的特質，另一方面也顯示在全球化的思潮中，有關社區工作理論的評論也有互相交集的現象。例如：英國路克斯（Lukes, 2005）對於權力結構的評論，是採借法國傅柯（Foucault,

1977）有關「權力是一種關係」的理念，而提出不同的觀點的評論。這種情形，由波普羅（Keith Popple, 2015）分別選取不同國家的評論者之評論，亦可看出一些端倪。

無論如何，社區工作的實務情境相當複雜，有時候必須同時運用兩種的理論，甚至是多種理論的混合（mixing）與媒合（matching）（Weil & Ohmer, 2013: 127）。

第六章
適用的社區
工作模式

前面一章有關社會工作相關理論的探討，開宗明義提及理論有七種功能，其中一種功能是：由理論引出實施模式，以便在特定的實務型態中，知道如何有效地改變（Reed, 2005: 88）。這也就是說，理論是實務的導引，實務是理論的驗證。

因此，我們在探討社區工作相關理論之後，打鐵趁熱，劍及履及，接著探討適用於社區工作的實務模式。對於這方面，我們有三個議題的考量：(1)樓斯曼（Jack Rothman）的三大模式是社區工作的基本知識，豈能不知？(2)「社區工作」一詞首先使用於英國，也盛行於英國，對於波普羅（Keith Popple）的社區工作模式，豈能錯過？(3)反觀臺灣實施社區工作（或社區發展）已超過五十年，有無或有何實務模式？豈能忽略？

有鑑於此，本章將針對這三個議題，扼要提出說明，以便於後續討論社區工作的實施程序，有所依循。

 # 第一節　樓斯曼的社區組織模式

美國早先是透過社區組織為社區居民提供相關服務，1970年之後才使用「社區工作」一詞。因此，1968年，樓斯曼（Rothman）應邀在全美社會福利會議演講時，仍舊使用「社區組織」一詞，題目是：「社區組織實務的三種模式」（Three models of community organization practice），包括：模式A：地方發展（local development）、模式B：社會計畫（social planning）、模式C：社會行動（social action）等模式。

後來，樓斯曼與托普曼（Rothman & Tropman, 1987）共同發表論文：「社區組織的策略：鉅觀實務觀點」（Strategies of community organization: Macro practice perspectives），將模式A：「地方發展」，調整為「地區發展」（locality development）模式，並充實內容，其要點如表6-1：

表6-1　樓斯曼社區組織實務模式的要點

實務的變項	模式A 地區發展	模式B 社會計畫	模式C 社會行動
1. 實施的目標	著重於過程目標，強調自動、社區能力與整合。	著重於任務目標，強調社區問題的解決。	著重於任務目標或過程目標，注重權力關係及資源的轉變，並在基本制度有所變遷。
2. 問題情況的假設	有社區衰敗、社會脫序、人際關係疏離、民主方式解決問題不足等問題。	社區有實質問題，例如；身心健康、住宅、休閒等問題。	社區弱勢族群受到不公平的對待、壓迫、剝削，造成社會不正義的問題。
3. 基本變遷的策略	強調居民的溝通、討論，以解決自身問題。	針對問題，蒐集相關資料，以理性方式做成決策。	將問題具體化，並組織民眾以實際行動去對抗標的。
4. 變遷的技術	透過社區各團體的溝通、團體討論，對有關問題產生共識。	共識或衝突。	針對競爭或衝突，以面談、談判、直接行動來進行。
5. 實務工作者的角色	促成者、協調者、教育者。	資料蒐集者、分析者、執行者。	倡導者、談判者、策動者。
6. 變遷的媒介	小型任務導向的團體的運作。	正式組織及相關資料的運作。	群眾組織及政治過程的運作。
7. 權力結構取向	權力結構的成員，是共同合作者。	權力結構的成員，是雇主與贊助者。	權力結構的成員，是行動的外在標的（要對抗的外在權力結構）。
8. 實施範圍的界定	整個地理區域的構成分子（各種團體）。	整個地理社區或社區的一部分（功能團體）。	社區的某一部分（特定的社會行動團體）。
9. 社區次部門利益的性質	共同利益，或者可調和的差異利益。	利益可調和，或者利益有衝突。	利益衝突，不易調和；資源缺乏。
10. 公共利益的概念	理性主義者。	理想主義者。	現實主義者，或個人主義者。
11. 實施對象的概念	社區居民。	服務的接受者。	制度下的犧牲者。
12. 實施對象的角色	互動過程的積極參與者。	服務的接受者，而非決策者。	服務對象是決策者。

資料來源：Rothman & Tropman, 1987, p.32.

茲根據表6-1所述，從中選取社區工作（或社區組織）實施的關鍵性項目，略述這三大模式的要點：

一 地區發展的模式

地區發展（locality development）的模式，是針對傳統、衰敗的社區，透過實務工作者的協助，培植草根的社區領袖，帶動居民自助與互動，一起解決社區問題。這個模式的實施要點：

1. 實施目標：著重過程的目標，強調社區居民自助及互助的觀念，進而整合及發展集體解決問題的能力。
2. 社區問題的情況：有社區組織衰敗、社會紊亂、行為脫序、關係疏離之類社區問題，亟待處理。
3. 社區改變的策略：引導社區成員踴躍參與社區問題的討論、溝通不同的意見，以解決所處社區亟待處理的問題。
4. 社區改變的技術：採取溝通協調與團體討論等民主過程，促使居民對於社區問題的解決方案與實施方式，形成共識，並付諸實施。
5. 實務工作者的角色：在這個模式中，實務工作者的主要角色是：促成者，促使居民自動參與；協調者，協調居民不同意見，以形成共識；教育者，教導居民解決問題的技巧及倫理價值。

簡言之，地區發展的模式，是針對社區衰敗的問題，由實務工作者啟發居民自動關注社區問題，積極參與討論，互助合作解決問題。

二 社會計畫的模式

社會計畫（social planning）的模式，是在社區發生嚴重、複雜的問題，而居民無法自行解決時，有專業的規劃者（expert planners）介入社區，協助他們有計畫地改變社區的不利情境。這個模式的實施要點：

1. 實施的目標：著重任務性的目標，強調有計畫地解決社區問題。
2. 社區問題的情況：社區有嚴重影響居民生活的實質問題，例如：環境髒亂有礙身心健康、住宅供給不足、休閒設施缺乏。這些問題，居民無力自行解決。
3. 社區改變的策略：針對社區問題的情況，蒐集相關資料，經過客觀

的分析，再以理性決策的方式，提出解決問題的具體計畫。

4. 社區改變的技術：結合專業的規劃者、具特殊功能的團體（例如：環保、住都、文化的社團）、整個社區的成員或其代表，共同分析、規劃及執行，如果社區次級團體之間發生利益衝突，則透過協調，建立共識。

5. 實務工作者的角色：在這個模式中，實務工作者的主要角色是：事實資料的蒐集者與分析者，以及解決問題的計畫執行者。

簡言之，社會計畫的模式是針對社區的嚴重問題，由實務工作者結合專業規劃者與居民的力量，共同做出具體解決的計畫，再依計畫逐步解決問題。

三 社會行動的模式

社會行動（social action）的模式，是針對社區出現相對剝削的情境，由實務工作者協助居民以集體行動對抗壓迫者，進而促使社區改變的過程。這個模式的實施要點：

1. 實施的目標：著重過程目標或任務目標。在過程目標方面，強調權力關係與資源的改變（改變權力結構、重分配資源），在任務目標方面，強調基本制度的轉變（由不公變公平）。

2. 社區問題的情況：社區有一部分弱勢族群，遭到權力擁有者的壓迫、剝削、不平等的對待，因而出現社會不正義的問題，必須訴諸行動，始能有效解決。

3. 社區改變的策略：先將社區問題具體化，界定問題是出於意見不合、資源競逐或利益衝突？然後再將民眾組織起來，以集體行動去對抗施壓的權力結構。

4. 社區改變的技術：針對弱勢族群與權力擁有者之間的衝突或競爭，依序運用面談、談判、直接行動等技術來解決問題。其中，直接行動，可能是聯合杯葛、抵制、站哨監視、示威遊行，直到問題得到解決或舒緩為止。

5. 實務工作者的角色：在這個模式中，實務工作者的主要角色，是權益的倡導者、介入衝突事件的談判者，組織民眾抗爭的策動者。

簡言之，社會行動是針對社區不公不義的問題，由實務工作者策動社區成員以比較激烈的手段，爭取他們應有的權益。

在此，進一步綜合觀察樓斯曼的社區組織三種實務模式，可看到他是針對社區問題的不同情況，提出其適用的實務模式。例如：社區有組織衰敗的問題而不知如何處理時，適用區域發展的模式；社區有實質有害的問題而無法自行處理時，適用社會計畫的模式；社區有不正義的問題而需集體行動始能解決時，適用社會行動的模式。同時，這三種實務模式，都有配套措施，形成有系統的模式。

至於評論方面，樓斯曼提出社區組織實務模式之後，引發不少的評論。例如：蒙羅斯與魏羅森（Mondros & Wilson, 1994）認為在社會行動的模式之下，可增加三種模式：草根實務（grassroots practice）、遊說實務（lobbying practice）、動員路徑（mobilizing approach）；黑尼斯與麥克羅（Haynes & Mickelson, 2004）認為樓斯曼的三個模式應該再增加一個模式：政治實務（political practice）（quote from Natting, 2008: 161）。

此外，克里斯汀生（James Christenson）於1989年提出三種不同的社區發展論題（themes）或模式（models）（as cited in Fored & Lynch, 2016: 8）：

1. 自助取向（self-help approach）：是由區域的居民或社區的成員，採取自助的行動，以追求特定的社區利益。例如：社區為辦理兒童休閒活動，由居民聯合向公家單位爭取閒置空間，設置兒童遊樂場。

2. 技術援助（technical assistance）：是為了達成社區發展的目的，而取得相關資訊、資源、技術或知識的援助。例如：社區為了發展老人日間照顧方案，想請某基金會撥款補助，社區工作者即可為他們提供申請補助方案的撰寫技術。

3. 衝突取向（conflict approach）：是針對發生衝突或不正義的事件，透過社區行動，促其從根基產生改變。例如：動員社區居民，以集體行動揭發與質問不正義的真實原因，進而促其改變或改善。

比較言之，克里斯汀生的這三種模式，與樓斯曼的三大模式之間，不論架構或涵義，都很類似，在實務運用上，可相互援引，使工作更加順暢，功能更能發揮。

無論如何，樓斯曼的社區組織三大模式，對於我國推動社區工作（或社區發展）可能有一些啟示作用。例如：臺灣在1991年之前，係以社會運動方式，依政府的施政計畫，每年「輔導」居民成立一定數量的社區組織。自1991年修正「社區發展工作綱要」，改以人民團體方式，由社區居民自動申請社區立案之後，一直強調由下而上、社區自主。我們是否已經沒有運用或不需要再運用「社會運動」的實務模式？這倒是值得我們重新思考的一個議題。

 ## 第二節　波普羅的社區工作模式

波普羅（Keith Popple）在英國從事社區工作多年，他曾廣泛檢視社區工作文獻，發現對於不同的社區工作實務模式，很難有共同認定的範圍和數量。

早先，波普羅（Popple, 2005: 55）選取六個已獲多數同意的模式：社區照顧、社區組織、社區發展、社會／社區計畫、社區教育、社區行動，再加上來自女性主義社區工作理論、黑人與反種族歧視評論的實務模式，一併討論。

十年之後，波普羅（Popple, 2015: 93-94）將先前討論的模式，進行微幅調整：增加「社區經濟發展」、「環境主義及綠色運動」兩種模式，修改「黑人與反種族歧視」為「少數族群與反種族歧視」，並刪除「社會／社區計畫」的模式。2015年調整之後的九個實務模式，如表6-2：

表6-2　波普羅的社區工作實務模式

實務模式	運作的策略	工作者角色	工作／機構（舉例）
1. 社區照顧	培植社會網絡與志願服務，發展自助觀念、有組織的行動。	組織者、志工。	老年人、障礙者、五歲以下兒童。

實務模式	運作的策略	工作者角色	工作／機構（舉例）
2. 社區組織	改善不同福利機構之間的協調。	組織者、催化者、管理者。	志願服務協會、社區睦鄰組織。
3. 社區發展	協助社區團體習得改善生活品質的技術和信心；協助居民積極參與。	使能者、鄰里工作者、促進者。	社區團體、租屋者團體、社區睦鄰組織。
4. 社區教育	嘗試將「教育與社區」之間，導入一種更密切與更平等的關係。	教育者、促進者。	社區學校／社區學院、補習教育、勞工階級／女性主義成人教育。
5. 社區行動	通常以階級為基礎、以衝突為焦點，在地方層次直接行動。	行動主義者。	活化閒置空間運動、福利權運動、租屋者行動；抵制不利的規劃及再開發。
6. 社區經濟發展	建立一種以地方為基礎的非營利企業及合作社。	促進者、開發的工作者。	合格的工會。
7. 女性主義社區工作	改善婦女福利、集體努力挑戰與消除一切對婦女的不平等。	行動主義者、使能者、促進者。	婦女庇護所、婦女健康團體、婦女治療中心。
8. 少數族群與反種族歧視	成立並經營一種能針對少數族群的團體與社區之需求而提供支持的團體。	行動主義者、志工。	少數族群的自治組織、以社區為基礎的團體。
9. 環境主義及綠色運動	與那些聚焦於充權社區以回應氣候變遷、永續發展及氣候正義而成立的團體及網絡，一起努力。	行動主義者、志工。	社區裡的合作組織。

資料來源：Popple, 2015, pp. 95-96.

茲根據表6-2所示，並參考波普羅（2015: 94-112）的相關論述，略述這九種社區工作實務模式的要點：

一　社區照顧的模式

社區照顧（community care）的實務模式，是將需要照顧的人留在社區裡照顧（care in the community），由社區相關人員提供照顧（care by the community）。這個模式的實施要點：

1. **實施的目標**：集中於發展社區居民的自助觀念（self-help concepts），以回應社區弱勢人口群的照顧需求。

2. **運作的策略**：建構社會網絡（social networks），培植社區志工，結合支薪的工作者、社區志工、被照顧者的家人、親友，為社區內需要照顧的居民，提供照顧服務。

3. **指涉的工作／機構**：集中於有照顧需求的居民，尤其是老年人、身心障礙者、5歲以下兒童。

4. **實務工作者的角色**：在這個模式中，實務工作者的主要角色，是組織者，將照顧提供者組織起來，按計畫提供照顧服務。有時候，有經驗的志工，也自稱實務工作者。

簡言之，社區照顧是以社區照顧替代機構照顧的一種模式，不僅降低政府的照顧成本，而且提高照顧的人性化。

二 社區組織的模式

社區組織（community organization）是社區工作的傳統模式，廣泛地運用於英國、美國及其他許多國家。這個模式的實施要點：

1. **實施的目標**：強化社區次部門之間的協力合作，以提高社區服務輸送的效率與效益。

2. **運作的策略**：加強溝通協調，改善社區各種次級組織或團體之間的協調，以避免服務的複製與資源的不足。

3. **指涉的工作／機構**：工作上可能涉及志願服務協會（councils for voluntary service）、社區睦鄰組織（settlements）、老人福利協會（older persons welfare committees），以及加入於協調、促進與發展的類似組織。

4. **實務工作者的角色**：在這個模式中，實務工作者的主要角色，是組織者、催化者、管理者。

簡言之，社區組織是一種任務導向，為了執行特定的社區方案，將相關的機構或團體組織起來，一起工作。

三 社區發展的模式

社區發展（community development）是社區工作的基礎模式，聚焦於鄰里的層次，協助社區居民了解他們的需求，並鼓勵他們參與集體行動，以滿足需求。這個模式的實施要點：

1. **實施的目標**：在於啟發居民的社區意識，共同推展社區事務，以改善社區的生活品質。
2. **運作的策略**：透過教育的方式，協助個人與團體習得改善生活品質的技術與信心，並協助居民積極參與改善措施。
3. **指涉的工作／機構**：在實務上，可能需要與社區團體、租屋者團體、社區睦鄰組織，一起工作。
4. **實務工作者的角色**：在這個模式之中，實務工作者的主要角色，是使能者、鄰里工作者、促進者。

簡言之，社區發展的模式，聚焦於驅動居民決定社區要做什麼，並聯合行動去做他們所想要的改變（Gilchist & Taylor, 2016: 11）。

四 社區教育的模式

在社區工作實務中，社區教育（community education）有一段長遠的歷史，因為社區工作（或社區發展）是一種有計畫的變遷過程，必須教育民眾如何計畫、如何促使社區改變。這個模式的實施要點：

1. **實施的目標**：藉由教育的過程，促使社區成員的實務參與，有更緊密與平等的關係。
2. **運作的策略**：由三個脈絡實施社區教育：(1)以學校為基礎，在村莊開辦社區學院。(2)選取市內貧困區域，實施補習教育。(3)實施勞動階級成人教育。
3. **指涉的工作／機構**：與社區學校／社區學院、補習教育、勞動階級／女性主義成人教育等實施機構，一起工作。
4. **實務工作者的角色**：在這個模式中，實務工作者的主要角色，是教育者、促進者。

簡言之，社區教育的模式，是經由成人教育的方式，增進社區居民對

於社區發展方案的認識，進而有平等意識參與社區事務。

五 社區行動的模式

社區行動（community action）的模式，如同前一節所述社會行動（social action）的模式，是無權力者爭取權益的一種反動（reaction）。這種模式的實施要點：

1. **實施的目標**：協助社區無權力的團體，以集體行動增加他的權益。
2. **運作的策略**：通常以階級為基礎、以衝突為焦點，在地方層次直接行動。
3. **指涉的工作／機構**：例如：進行活化閒置空間運動（squatting movement）、福利權運動、租屋者聯合行動；抵制不利的規劃及再開發案。
4. **實務工作者的角色**：在這個模式中，實務工作者的主要角色，是行動主義者，積極推動社區行動。

簡言之，社區行動的模式是透過社會運動的方式，協助社區居民為爭取他們的權益而向權力擁有者直接行動。

六 社區經濟發展的模式

社區經濟發展（community economic development）的模式，是最近二十年被社區工作（或社區發展）引用。這種模式的實施要點：

1. **實施的目標**：社區的組織，透過非營利組織與社區團體的夥伴關係，鼓勵區域取向的經濟發展，以建立社區資本。
2. **運作的策略**：以創造經濟機會為目的，由社區的組織採取行動，說服地方權威當局，去鼓勵銀行針對以地方為基礎的企業及合作社，提供信用貸款，轉而支援地方層次的經濟活動。
3. **指涉的工作／機構**：與合於資格的信貸工會，一起工作，對經常被排除財務服務的企業與合作社，提供援助（信貸），以便轉而促進地方的經濟發展。
4. **實務工作者的角色**：在這個模式中，實務工作者的主要角色，是促進者、開發的工作者。

簡言之，社區經濟發展的模式，類似一種以社區為基礎的社會企業，並將營運所增加的收入，用於社區發展方案。

七 女性主義社區工作的模式

來自女性主義社區工作（feminist community work）理論的實務模式，是將社區工作實務與女性主義的理論相互結合而成的實務模式。這種模式的實施要點：

1. **實施的目標**：促進婦女的意識覺醒（consciousness raising），鼓勵她們協力合作，為獲得婦女的平等地位而奮鬥。
2. **運作的策略**：透過婦女的集體努力，挑戰及消除對婦女的一切不平等，使婦女福利得以改善。
3. **指涉的工作／機構**：可能與婦女庇護所、婦女健康促進團體、婦女治療中心，一起工作。
4. **實務工作者的角色**：在這個模式中，實務工作者的主要角色，是行動主義者、使能者、促進者，進而協助女性挑戰其所遭遇的不平等待遇。

簡言之，女性主義社區工作的實務模式，是一種以社區為基礎的社會運動，以促進婦女社區參與的權力與平等地位。

八 少數族群與反種族歧視社區工作的模式

來自少數族群與反種族歧視社區工作（ethnic minority and anti-racist community work）評論的實務模式，是由於傳統的社區工作模式無法滿足少數族群的需求，同時為了有效挑戰制度上和個人的種族歧視，而發展出來的一種實務模式。這種模式的實施要點：

1. **實施的目標**：協助社區的少數族群（黑人及其他非白人），以互助的行動，一起反對歧視並保衛他們的權利。
2. **運作的策略**：協助社區少數族群，組成自助團體（self-help groups），並運作這些團體，使其針對少數族群的「團體」與「社區」之需求，透過直接行動，提供支持。
3. **指涉的工作／機構**：結合少數族群的自治組織，與那些以社區為

基礎的團體，一起採取行動，反對種族歧視與其他領域（包括：教育、住宅、健康、就業、與警察的關係、移民等領域）的歧視。

4. 實務工作者的角色：在這個模式中，實務工作者的主要角色，是行動主義者。當少數族群的自助團體能自主運作時，實務工作者的角色是志工。

簡言之，少數族群與反種族歧視社區工作實務模式，是立基於種族關係的觀念，轉移焦點於凝聚社區的力量，以對抗種族歧視及其衍生的各種歧視。

九 環境主義及綠色運動的模式

來自環境主義及綠色運動（the environmentalism and the green movement）評論的議題，包括：空氣汙染、水汙染、二氧化碳排放、資源耗竭、能源安全、食物短缺、全球暖化及氣候變遷的後果，嚴重影響居民的日常生活，已成為社區工作實務必須因應的一個焦點。這種實務模式的實施要點：

1. 實施的目標：透過有組織的運動，維護環境的公民權（environmental citiizenship），創造一種永續的環境與社區。

2. 運作的策略：與那些聚焦於充權社區以回應氣候變遷、永續發展及氣候正義而成立的團體及網絡，一起努力。

3. 指涉的工作／機構：實務上，涉及社區之中各種組織與團體的協力合作，以集體行動改變有損社區環境的行為。

4. 實務工作者的角色：在這個模式中，實務工作者的主要角色，是行動主義者，積極促進居民對於環境公民權的意識覺醒及集體行動。有時候，熱衷於環境及綠色運動的資深志工，也自稱為實務工作者。

簡言之，環境及綠色運動的實務模式，是一種未來導向（future-orientation）的社區工作模式，致力於協助社區成員推動永續的環境與社區。

在此，進一步綜合觀察波普羅社區工作的九種實務模式，可看到這些實務模式共同關注的標的，是「社區照顧」（community care），而各個

模式所強調的工作重點，是「集體行動」（collective action）。同時，這些實務模式，都各有其配套措施，進而形成有系統的模式。

至於評論方面，波普羅（Pople, 2015: 112-113）自己認為各種社區工作模式之間，難免有一部分重疊，尤其是技術與技巧的使用。同時，這些模式也反映不同的傳統、意識型態。其中，社區照顧、社區組織、社區經濟發展等模式，反映社區工作多元主義的傳統；社區行動，以及來自女性主義、少數族群與反種族歧視、環境主義及綠色運動評論的模式，反映基進與社會主義的傳統。而社區發展、社區教育的模式，則同時反映多元主義暨基進與社會主義的傳統，在社區教育方面，有一部分呈現弗雷勒（Freire）的基進意識（例如：勞動階級成人教育），也有一部分呈現多元主義的樣貌（例如：社區學校、補習教育、成人教育）；在社區發展方面，也是如此（例如：社會運動是基進意識，個人與團體的參與是多元主義）。

另外，張世雄（2006: 15）認為波普羅的社區工作實務模式，在「照顧」（care）與「行動」（action）的連續光譜之間，還可以再區辨出第三個要素——「發展」（development），也就是在「照顧」方面，強化資源的「分配性」；在「發展」方面，強化資產的「生產性」；在「行動」方面，包容政治對異質多元的「承認性」。

無論如何，波普羅的社區工作實務模式，相當多元，且各有配套措施，這對於我國社區工作（或社區發展）的運作，至少有一些啟示。例如：臺灣實施長期照顧計畫，可否參考波普羅的見解，以「社區照顧」為核心，輔以社區組織、社區發展等實務模式，並採取「集體行動」，共同推展？同時，我們在運用來自國外的社區工作實務模式之餘，可否「整理」出自己的實務模式？這些議題，可能需要進一步批判、思考，尤其是付諸「行動」。

第三節　臺灣的社區工作模式

在探討樓斯曼（Rothman, 1987）提出的三大模式，以及波普羅（Popple, 2015）提出的九種模式之後，我們似乎也要問問自己：臺灣當前社區工作（或社區發展）有無或有何實務模式？

為了回應這個「大哉問」的問題，僅就個人近年參加社區發展工作績效評鑑、福利社區化旗艦計畫審查、社區發展協會訪視輔導、社區認證等項工作之所見所聞，再參考前述樓斯曼、波普羅的見解，嘗試將臺灣當前社區工作的實施模式，加以整理，如表6-3：

表6-3　臺灣當前社區工作的實務模式

實務模式	實施的目標	運作的策略	工作者角色
1. 社區組織（含聯合社區）	健全會務發展。	組織社區發展協會、培力社區幹部、輔導社區撰寫社區發展計畫。	使能者、教育者。
2. 社區發展	落實社區建設及服務。	社區與村里合作，推動公共設施、生產福利、精神倫理等建設，辦理社區考核與獎勵。	協調者、促進者。
3. 福利社區化	強化福利服務效益。	規劃服務項目、集體行動、實施考核、獎勵。	促進者。
4. 社區照顧據點	為老人服務。	成立關懷據點，組織志工隊，提供老人關懷服務。	促進者、照顧管理者。
5. 社區產業發展	增加財源。	社區與企業合作，建立產銷制度，以部分盈餘用於社區服務。	倡導者、協調者。

資源來源：筆者整理。

茲根據表6-3所示，略述臺灣當前社區工作五種實務模式的實施要點：

一　社區組織的模式

社區組織是一種過程，透過居民自治性的組織，有組織、有計畫、有步驟地推動社區工作。這個模式的實施要點：

1. **實施的目標**：建立社區發展協會的組織架構，適當分工，定期開

會，以健全會務發展，為社區工作的實施奠立良好基礎。

2. 運用的策略：向社區居民或其代表，說明籌組社區發展協會的條件，並協助他們發起連署、開會通過、辦理立案。社區發展協會成立之後，培力社區幹部，輔導他們經營會務與撰寫社區發展計畫的技巧。至於社區組織的型態，約有三種：

(1) 一村里一社區：臺灣約有94%的社區發展協會，是由一村里組成的。

(2) 多村里一社區：例如：新北市中和區大秀山社區發展協會，係由秀山、秀水、秀義、秀福、秀仁、秀明等六個里，共同組成。

(3) 聯合社區：聯合數個社區發展協會，針對社區的共同或個別需求，研擬共同合作推動的方案，並在推動的過程中，彼此相互學習，以提升社區能力，滿足社區需求，達到社區自主自立的目標（賴兩陽，2016：14）。例如：由五個以上的社區發展協會，聯合申請旗艦型社區計畫。

3. 工作者的角色：在這個模式之中，實務工作者的主要角色，是扮演使能者、教育者。

簡言之，社區組織的實務模式，是促使社區能自行組成社區發展協會，並引導他們健全會務的發展。

二 社區發展的模式

社區發展是啟發社區居民，透過集體的努力，推展社區工作。這個模式的實施要點：

1. 實施的目標：依據社區發展工作綱要規定的項目，以及配合社區需求而自定的項目，落實各項社區建設及相關服務。

2. 運用的策略：透過溝通協調，促使社區與村里、社區與社區、社區與相關組織之間的合作，共同推展公共設施、生產福利、精神倫理等三大建設工作。同時，對於社區發展工作績效，定期實施考核，擇優獎勵。

3. 工作者的角色：在這個模式中，實務工作者的主要角色，是扮演協

調者、促進者。

簡言之，社區發展的實務模式，是依據社區發展協會的年度計畫，推動各項建設工作及相關服務。

三 福利社區化的模式

社會福利社區化是臺灣當前的重要社會政策，在社區中推動福利社區化的績效，也是政府實施考核與經費補助的一個指標。這個模式的實施要點：

1. **實施的目標**：將政府的社會福利措施，落實於基層社區之中，藉以強化社區福利服務的效益。
2. **運用的策略**：將社區福利體系與社區發展工作密切結合，加強辦理兒童、少年、婦女、老人、障礙者、低收入者的福利服務，並且列入社區發展工作績效考核與金卓越社區選拔的指標，定期實施考核與選拔。
3. **工作者的角色**：在這個模式中，實務工作者的主要角色，是促進者，促進社區發展協會有效推動福利社區化工作。

簡言之，福利社區化模式，是透過社區的組織，有計畫地為社區弱勢居民提供福利服務。

四 社區照顧據點的模式

社區照顧是將需要照顧的居民，尤其是老人，讓他們在自己居住的社區，得到適當的照顧及服務。這種模式的實施要點：

1. **實施的目標**：使需要他人照顧的老人，在自己的社區，就能得到適當的關懷、照顧及服務，以利頤養天年，在地老化。
2. **運用的策略**：促進社區發展協會、村里單位、民間團體，成立社區照顧關懷據點，運用志工及相關資源，為社區老人提供：關懷訪視、電話問安、健康促進、餐食服務。
3. **工作者的角色**：在這個模式中，實務工作者的主要角色，是促進者、照顧管理者（例如：各縣市配置照管員，專辦關懷據點的業務）。

簡言之，社區照顧關懷據點的模式，類似波普羅的社區照顧模式，差別是臺灣以設置據點的方式，側重於提供外展的照顧服務（有關社區照顧服務，將於第十章討論）。

五 社區產業發展的模式

社區工作所需經費，來自會費收入，金額有限；申請政府補助，並不穩定；發展社區產業，有助於增加自主財源。這個模式的實施要點：

1. **實施的目標**：透過社區產業的發展，增加社區的財務資源，進而為社區居民提供更佳的服務。
2. **運用的策略**：運用倡導的技術，鼓勵並輔導社區與企業建立合作關係，共同開發適當的社區產業項目，建立產銷制度，以產業收入充實社區財源，並按盈餘的一定比率，用於社區相關服務。
3. **工作者的角色**：在這個模式中，實務工作者的主要角色，是扮演倡導者、協調者。

簡言之，社區產業發展模式，是一種社會企業，非營利的目的，多於營利的考量，有助於充實社區財務資源。

在此，必須進一步說明，上述臺灣社區工作五種實務模式，是建構在社區發展協會的會務、財務、業務的基礎上。其中，社區組織的模式，在於促進「會務」的健全發展；社區產業發展的模式，在於充實「財務」的來源；社區發展、福利社區化、社區照顧關懷據點等模式，在於增進「業務」的績效。同時，這五種實務模式，也各有其配套措施（目標、策略、工作者角色），大致上形成有系統的模式。不過，這五種模式之間，也難免有相互重疊的部分。例如：社區照顧關懷據點的模式，係源自於福利社區化的政策，老人福利服務在兩種模式重複出現。

無論如何，這只是一種嘗試性的整理，還需要更多的討論，甚至更多的批判性思考。例如：美國的樓斯曼（Rothman）提出「社會行動」（social action）的模式、英國的波普羅（Popple）也提出「社區行動」（community action）的模式，我們臺灣社區工作是否也要有這類實務模式？倒是值得認真思考的一個議題（見**批判性思考議題6-1**）。

總而言之，英、美國家學者專家發展出來的社區工作模式，即使已有普遍適用的價值及事實，然而，社區具有地方性的特殊色彩，如果能針對本土社區的實際需求，開發嶄新而適用的社區工作模式，將可更有效地運用於臺灣社區工作的實施程序之中。

批判性思考議題6-1

　　社區適度地以地方政府的意志和以政治人物為中心的社區工作方向，不見得是上上之策，應該要有個看待社區發展的另一個視野空間逐漸被支撐開來，也就是從社區發展、社區組織，到社區行動的層次，或許有某些社區因為公共議題對政府發聲，或為了社區的環境或社群被不平等和不公義的對待，或資源錯置，而展開社會行動或抗爭，這也該是非常值得鼓勵的社區工作模式（黃盈豪，2018：26）。

1. **提問**：臺灣社區工作有無實施「社區行動」模式的必要及可能？
2. **評估**：社區工作（或社區發展）的推動，經常受到社區所處的政治、經濟、社會、文化等脈絡的影響。目前，社區是否需要經濟補助？政府或政治人物是否干涉社區？社會是否接受社區的抗爭行動？社區居民是否認同抗爭文化？這些也許可作為評估前述提問的參考。
3. **斷言**：依你的了解及思考，提出當前臺灣實施「社區行動」模式的必要性，並斷言有無實施的可能性？或者你有其他看法？

第七章
社區工作的程序
——首部曲

社區工作是一種專業，社區工作者與社區居民在一起工作，總不能隨心所欲，爲所欲爲，或跟著感覺走？通常，他們必須依循一定程序，逐步進行，以達目標。其中，某些程序，也跟前一章所述的社區工作模式，彼此連貫，相互對應。例如：協助社區成立組織，是波普羅（Popple, 2015）「社區組織模式」的實施，而協助社區執行計畫，則是樓斯曼（Rothman, 1987）「社會行動模式」的落實。

　　那麼，社區工作有哪些實施程序？文獻上有各式各樣的描述（例如：陳君儀，2020：6，1；賴兩陽，2009：39-40；Wambeam, 2015: 5；Birkenmaier, Berg-Weger, & Dewees, 2014: 422）。這裡，我們引用葛林與海尼斯（Green & Haines, 2016: 79）架構的社區發展實施程序，如圖7-1：

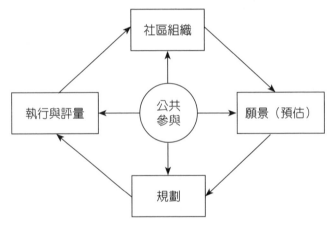

圖7-1　社區發展的實施程序

資料來源：Green & Haines, 2016, p.79.

　　由圖7-1顯示，社區發展的實施程序，始於社區組織（community organizing），然後依序爲：願景（visioning）、規劃（planning）、執行與評量（implementation and evaluation），並以「公共參與」（public participation）爲核心，強調每一個程序都需要相關人員（尤其是社區居民）的參與。不過，葛林與海尼斯（Green & Haines, 2016: 79）也坦白表示：我們必須承認，有許多實務工作者可能依照他們的資源、時間或社區脈絡而變化某些程序，那是因爲社區發展進入實際運作，往往是一種「藝

術」（art）。換言之，社區發展（或社區工作）的實施程序，可因地制宜，適時調整，靈活運用，彈性處理（見批判性思考議題7-1）。

因此，我們將圖7-1揭示的實施程序，再歸納為三部曲，進行分析：首部曲，是組織與評估的階段；二部曲，是計劃與執行的階段；三部曲，是整理與評量的階段。現在，我們先從「首部曲」展開序幕，略述成立社區組織、調查社區概況、評估社區需求、探索社區願景的要點。

批判性思考議題7-1

有些中文文獻對於社區工作程序的討論（例如：胡文龍，1997：101；羅國英等，2010：16），好像是社區社會工作（community social work）的實施程序（Stepney & Popple, 2008: 121），將社區工作者「進入」社區，列為社區工作實施的必要程序，甚至在社區工作「結案」之後，社區工作者「退出」社區。

1. **提問**：社區工作的實施程序中，一定要有社區工作者「進入」社區的程序嗎？也一定要像個案工作，有「結案」的程序嗎？
2. **評估**：社區自主是社區工作的實施原則之一，如果沒有社區工作者「進入」社區，社區就無法自主運作嗎？而永續發展也是社區工作的實施原則，如果有「結案」，社區工作者退出社區之後，對於社區永續發展有無影響？
3. **斷言**：社區工作的第一個程序，是否社區工作者一定要「進入」社區？社區工作最後程序是否一定要「結案」，答案可能是：要視情況而定？請思考在哪些情況之下，要「進入」？要「結案」？或者在哪些情況之下，無需「進入」？無需「結案」？

 第一節　成立社區組織

由圖7-1的架構，可知社區發展（或社區工作）的實施程序，是從「建立社區組織」（community organizing）開始。顯然，「成立社區組

織」是實施社區發展（或社區工作）的關鍵性條件，因為一個社區有了正式的組織，才能有效地集合公眾參與的力量，展開後續程序的相關工作。

就臺灣而言，成立社區組織，就是成立社區發展協會。通常，一個社區之所以成立社區組織，可能有兩種情況：一種是社區自動成立，例如：社區內有些領袖人物或熱心人士，為了改變社區的某些事情，而主動發起成立社區組織。另一種是社區被動成立，例如：地方政府在施政計畫中，列有社區組織成長率及完成期限，而「輔導」社區成立社區發展協會。臺灣還有另外一種特殊的情況，是地方政治人物為了選舉因素，而成立社區發展協會，例如：競選里長失利，就另起爐灶，成立一個社區發展協會，以與里長對抗；或者成立社區發展協會，拓展人際關係，準備選舉里長或其他公職。後面這種情況，容易引發社區權力結構的衝突，不是正常的社區發展，居民可能未蒙其利，先受其害。

無論是何種情況，成立社區組織，都是一種漸進的過程。但是，社區成員可能不知如何成立社區組織，而需要社區工作者提供協助。況且，一個稱職的社區工作者，必須具有組織的能力，也有協助社區成立組織的任務和角色（見第三章）。

布魯吉曼（Brueggemann, 2002: 211-212）認為社區工作者在協助社區成立組織的過程，有五個步驟：(1)了解那些有意成立組織的人（understanding the people）、(2)界定他們成立組織可能遇到的困境（defining the problems）、(3)積極協助社區（engaging the community）、(4)強化社區改變的力量（empowering forces of change）、(5)一起完成社區組織的成立（building an organization）。這五個步驟有一個共同的特徵，那就是：以社區為主體。

這個共同的特徵，在理論上，正如前一章所述樓斯曼的社區組織模式，是一種由下而上的過程：在實務上，臺灣現行的「社區發展工作綱要」（第2條），也強調透過「以民為主」的程序，由在地社區年滿20歲以上的居民，30個人以上發起，依規定程序向主管機關申請成立社區發展協會。

社區發展協會是臺灣普遍存在的社區組織，也是社區最重要的一個組織，其成立的流程，如圖7-2：

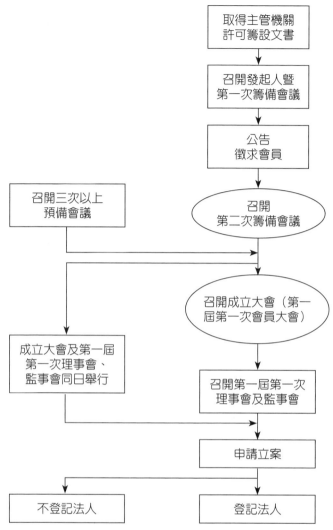

```
取得主管機關
許可籌設文書
      ↓
召開發起人暨
第一次籌備會議
      ↓
  公告
  徵求會員
      ↓
```

召開三次以上　　　召開
預備會議　　　　　第二次籌備會議

召開成立大會（第一
屆第一次會員大會）

成立大會及第一屆
第一次理事會、
監事會同日舉行

召開第一屆第一次
理事會及監事會

申請立案

不登記法人　　　　登記法人

圖7-2　籌備成立社區發展協會工作流程

資料來源：www.tycg.gov.tw/files, 2021/3/19

　　根據圖7-2的工作流程，社區可自行辦理籌組社區發展協會的相關手續，如果需要社區工作者的協助，則工作者可提供必要資訊，或者陪伴他們依照下列步驟處理：

一 發起與連署

依據現行「社區發展工作綱要」（第5條）之規定。每一個特定範圍內只能成立一個社區發展協會，這個特定範圍是由鄉鎮市區公所劃定的地區區域。因此，在成立社區發展協會之前，社區必須先向當地的縣市政府或區公所查詢，以了解該組織區域是否已有社區發展協會？如果沒有，就可取得主管機關許可設立的文件，開始籌組成立社區發展協會。

初期，發起籌組社區發展協會可能只有少數幾人，必須發動連署，達到30個人的最低門檻。同時，無論發起或連署，依規定必須年滿20歲、設籍於組織區域內的居民。如果這些發起人是個人，必須填寫個人名冊；如果發起人是團體的代表，則填寫團體名冊，以便報請主管機關准予籌組協會。

二 召開籌備會議與徵求會員

發起人收到主管機關同意籌組協會的文件之後，即可擇期召開籌備會議。通常，籌備會議分三次舉行。

1. 第一次籌備會議：討論如何公開徵求會員。
2. 第二次籌備會議：討論社區發展協會組織章程，決定會員入會的申請手續、申請書格式，並於會後公開徵求個人會員與團體會員。
3. 第三次籌備會議：審查會員資格，決定成立大會召開的時間及地點，並擬定成立大會會議手冊，其內容，包括：成立大會議程、協會組織章程草案、年度工作計畫、年度經費收支預算表、會員名冊等。

三 召開成立大會通過組織章程

依據籌備會議決定的開會時間及地點，通知已審查合格的會員，召開成立大會，通過社區發展協會章程、年度工作計畫、年度經費收支預算。其中，社區組織章程的內容，包括下列事項：

1. 總則：列舉協會名稱、成立宗旨、組織的區域、會址、任務等。
2. 會員：列舉會員種類（個人會員、團體會員、贊助會員）、會員

權利（選舉、罷免）、會員義務（繳納會費、遵守章程），因故除名、出會、退會之規定。

3. 組織及職員：界定會員大會的性質（為最高權力機構）、會員大會職權、理事會（含理事人數、理事長之選舉、理事會之職權）、監事會（含監事人數、常務監事之選舉、監事會之職權）、理監事之任期及解任、幹部之設置及人數等事項。

4. 會議：關於會員大會、理事會議、監事會議之次數及開會規範等事項。

5. 經費及會計：有關經費來源、會計制度、預決算書之備查、解散後財產及會員之處理方式等事項。

6. 附則：本章程經會員大會通過，報主管機關核備後施行，變更時亦同；訂定及變更本章程之會員大會年月日、屆次等事項。

四 設立內部分組

在社區發展協會內部，設立分組，配置工作人員，辦理相關事務。以某社區發展協會為例，在理事長、總幹事之下，設立六個分組：

1. 會務組：負責與會員聯繫、整理會員資料及協會各項會務的執行。
2. 財務組：負責協會預算收支及經費核銷事宜。
3. 活動組：負責協會各項活動的策劃及推展。
4. 研究組：對於社區內各項業務進行研究及推廣。
5. 專案組：專案計畫之提案及執行。
6. 志工組：支援協會各項活動。

此外，依據社區發展協會章程的規定：協會置總幹事一人，承理事長之命，處理本會事務；置社會工作人員及其他工作人員若干人，由理事長提名，經理事會通過後聘免之，並報主管機關備查。總幹事之解聘，應先報主管機關核備。前項工作人員，不得由選任之職員擔任。

五 向政府申請立案

以郵寄、親自辦理、網路申辦等方式，檢附相關文件向當地主管機關（縣市政府）申請立案（由鄉鎮市區公所轉送縣市政府），核定後發給立

案證書，正式成立。至於申請立案應備資料，包括：

1. 第一次會員大會、理監事會議紀錄（含簽到本）。
2. 選任職員簡歷冊。
3. 會員大會手冊（含組織章程、年度工作計畫、年度經費收支預算表、籌備期間經費收支報告表、會員名冊）。
4. 工作人員（總幹事、社會工作人員、會計、出納）簡歷冊。
5. 會址使用同意書（需同意人蓋章），並檢附房屋所有權狀影本或繳稅證明影本。
6. 移交清冊。
7. 理事長當選證明書申請表一份、理事長照片二張。

　　再者，社區發展協會除了向主管機關申請立案之外，亦可向法院登記為法人。法人登記之後，可直接申請政府補助（如果未登記法人，需經各級政府轉報申請上級政府補助）、對外募款，並享有稅捐減免的優惠。

　　在上述工作流程之中，大部分屬於行政程序，通常可按圖索驥，順利完成。

　　然而，有關「公告徵求會員」一項，居民自動報名者可能不多，反而需要發起人到處招攬，甚至代繳會費。這種情況，既非公眾參與，也缺乏代表性。此時，社區工作者不妨參考前述布魯吉曼（Brueggemann, 2002）的第二個步驟，協助籌組協會的領導者去界定所遇到的困境：可能是缺乏誘因，也可能是缺乏資訊。接著，參考他的第三、四個步驟，積極協助社區，強化他們的改變力量，例如：(1)主動提供資訊給居民，(2)加強與居民的溝通，(3)強化與居民的關係，(4)減少居民參與的障礙，(5)告知居民參與的好處（Green & Haines, 2016: 83-84）。

 第二節　調查社區的概況

　　成立社區組織（社區發展協會）之後，有許多工作可正式展開。首先要做的一件事，是進行社區需求評估，作為後續規劃社區方案的依據。

需求評估，也稱：需求預估。有關於「預估」（assessment）的過程，葛林與海尼斯（Green & Haines）在圖7-1的架構中，使用動詞的「願景」（visioning），以預估居民對於未來社區發展的期待，顯然是將「願景」視為一種需求評估。因此，我們將它納入「評估社區需求」項下，連同「調查社區概況」一併討論，並依邏輯順序，這一部分，先說明社區概況的調查。

如眾所知，社區是社區工作實務的基地，社區工作者在協助社區組織及社區居民進行需求評估之前，必先協助他們有系統地了解社區的概況。

也許，有些人認為：社區成員本來就住在社區，生活在社區，還需再認識自己的社區嗎？事實上，多數社區成員對於社區的認識相當有限。可能只知道住家附近的情形，或者只認識日常生活較常接觸的一些場所，例如：菜市場、便利商店、郵局、學校、公園，而缺乏社區概況的整體認識。因此，協助社區成員透過調查（包括：實地勘察、調資料查看）的過程，比較完整地認識社區狀況，仍有其必要性。

論及調查社區的概況，尼汀（Netting, et al., 2008: 173）等人曾設計一個指導綱要，可供參考。這個指導綱要有：目標人口群（target populations）、社區的特質（community characteristics）、社區的差異（community differences）、社區的資源（community resource）等四個面向。我們將前三個面向歸納為人文地產景，連同第四個面向：社區的資源，略述如下：

一 調查社區的人文地產景

在臺灣，對於社區概況的調查，習慣上區分為：人、文、地、產、景等五方面，進行描述：

1. 社區的人口結構：社區的人口總量，不同年齡、性別、教育程度、職業、族群等屬性的人口結構，以及主要的福利人口群。例如：處於不利情境的兒童、少年、婦女、老人、身心障礙者、低收入者的數量及百分比。這些人口群，可能需要社區優先提供協助。
2. 社區的文史特徵：在社區的歷史方面，包括：社區早期的人口，從哪些地區遷徙而來；居民共同分享的歷史事件、歷史建築物或設

施。在社區的文化方面，包括：社區居民的生活習慣、重要節慶、常用語言、居民之間建立關係的價值觀、居民對於新居民或來訪者，友善不友善？

3. 社區的地理空間：例如：社區涵蓋的地理範圍、進出社區的交通路線、社區內部的街道系統，以及社區空間的重要設施，包括：行政機關、教育機構、醫療院所、休閒娛樂設施及其他。

4. 社區的經濟產業：著重社區的經濟體系，包括：社區居民就業的主要型態、社區較大產業的類型及數量、現有產業是地方人士擁有或外來者經營？有無因應居民基本需求的雜貨店、合作社、超市、五金行？社區的勞動力如何？誰是社區的主要受僱者？他們對社區經濟發展的影響是什麼？

5. 社區的環境景觀：著重社區的地景及地貌，包括：社區座落的地形，是平地、山坡、山地、河畔、海邊？社區座落的位置，是接近市鎮區域、在街道的盡頭（死胡同）、到其他社區的必經之路？社區環境的景觀，有無綠化美化，或者髒亂不堪？

對於上述社區概況的調查，可以考慮的方法，包括：調閱地方政府的統計資料、社區實地踏查及觀察、訪視社區耆老及意見領袖、蒐集相關的調查研究報告，然後加以整理分析，以了解社區的基本概況。

二 調查社區現有的資源

前面引述尼汀（Netting）的指導綱要，除了調查社區的人文地產景之外，還有另外一項工作，就是調查社區現有的資源。

一般而言，凡是有助於解決社區問題，或者滿足社區需求的資源，都可稱為社區資源。以下將社會資源分為五類，說明調查社區現有資源的要點：

1. 人力資源：這是指運用相關人員的知識、體能、勞力、經驗、技術、時間，以協助社區工作的運作。因此，我們要調查的資源是：目前社區有無或有何專業人員、民意代表、學校教師、民間團體負責人、退休人員、家庭主婦及其他熱心人士，可幫助社區工作的運作。

2. 物力資源：這是指運用他人的空間環境及相關設施，或者提供某些物資，以支持社區工作之所需。因此，我們要調查的資源是：目前社區有無或有何機關、機構、學校、團體、企業，可出借場地、設備、器材，用以支持社區工作運作。或者社區有無或有何工商企業，可提供其庫存而堪用的物資，包括食物、衣服、日常用品，用以轉送有需要的弱勢居民，或者作爲鼓勵居民參與社區活動的禮物。

3. 財力資源：這是指社區外部提供經費的補助或贊助，以充實社區工作所需經費，促使社區工作的運作更加良好。因此，我們要調查的資源，是目前社區有無或有何單位可申請補助，或者提供贊助？例如：政府機關的補助、工商企業的贊助、慈善公益團體的捐助、社區熱心人士的捐獻。

4. 文獻資源：這是指提供相關文獻資料或實務經驗，作爲辦理社區工作時的參考。因此，我們要調查的資源，是目前社區有無或有何政府機關、學術單位、民間團體或專家學者的研究報告、調查統計、會議紀錄、工作實錄，可提供社區工作運作之參考？

5. 組織資源：這是指結合其他組織或團體的參與，共同推動社區工作或相關活動。因此，我們要調查的資源，是目前社區有無或有何可提供合作的其他組織或團體？例如：宗教團體（教堂、寺廟）、社會團體（青商會、獅子會、扶輪社、同濟會、崇她社）、職業團體（工會、商會）、政治團體、學術團體，以及各種基金會、工作室。至於合作的事項，可包括共同或協助辦理：專題演講、表演、展示、座談、競賽等類活動。

就特性而言，「組織資源」這一種資源，可視爲前面四種資源的綜合體，因爲社區內外其他組織或團體，也可能提供人力、物力、財力或文獻等資源。簡言之，對於上述五類社會資源的現況，社區工作者必須與社區居民一起進行調查，並且將現有資源建檔備用。不過，社區的現有資源可能隨著時空環境的變化而有增減，允宜掌握動態，定期更新。

第三節　評估社區的需求

　　有關於社區需求的評估，其所涉及的層面相當廣泛，想要進行整體的評估，必須有周延的準備，包括：界定你的社區（通常是地理社區，以便於確定評估的範圍）、成立一個需求評估小組（a needs assessment workgroup）、決定你想進行評估的項目（Wambeam, 2015: 9）。

　　其中，你想進行評估的項目，可從四個面向加以思考：(1)問題，指社區有待處理的問題，例如社區環境髒亂的問題。(2)議題，指社區有待討論的議題，例如強化社區安全的議題。(3)領域，指社區工作的實施領域，例如社區長期照顧的領域。(4)對象，指社區工作的實施對象，例如社區福利人口群。然後，由需求評估工作小組（必要時，邀請社區工作者提供協助）有系統地蒐集相關資訊或資料，進行需求評估。然而，各個社區的需求面向（問題、議題、領域、對象）不盡相同，此處乃將探討的重點，放在需求評估的取向及其方法上。茲分兩種取向，略作說明：

一　由硬體的資訊來評估社區需求

　　有關於社區需求的評估方法，德維夫斯（Twelvetrees, 2008：27）認為硬體與軟體（hard and soft）兩種資訊的蒐集、分析，都相當重要，不可偏廢。其中，硬體資訊（hard information）是對「物」蒐集資料，可從社區相關機構或組織進行書面資料的蒐集。對於社區硬體資訊的蒐集及需求評估，可整理如表7-1：

表7-1　社區硬體資訊的蒐集及需求評估

資料類別	資料蒐集途徑	需求評估舉例
1. 機構會議紀錄	向社區機構及相關單位洽借、影印、現場閱覽。	由機構會議中有關社區議題的事項，進行需求評估。例如：社區政策、居民福利、改善社區治安等需求。
2. 研究報告	在社區圖書館或典藏單位，館內閱覽。	根據社區相關研究報告，評估社區需求。例如：改善社區環境問題的需求。

資料類別	資料蒐集途徑	需求評估舉例
3.官方資料	閱讀人口普查資料、政府公報、統計要覽、施政計畫、施政報告。	從人口統計資料、官方報告資料，評估社區在該方面的需求。例如：社區中高齡就業需求。
4.服務案例	向服務輸送單位商請提供資料。	對於社區兒少、婦女、老人、障礙者等福利人口，進行服務使用者分析（analyzing user of service），以評估其需求。
5.地方性報紙雜誌	閱讀地方性的報紙、雜誌，收看社區電視報導。	根據相關議題之報導，評估社區需求。例如：解決社區遊民問題之需求。
6.網路資訊	利用圖書資訊網絡及其他資訊網路，以社區議題關鍵字，進行線上檢索。	針對社區議題相關資訊，評估社區需求。例如：社區防疫議題方面的需求。
7.其他	「社區通」、社區理事長聯誼會及其他社區相關機構。	針對相關單位的資訊，評估社區需求。例如：聯合社區設置食物冰箱的需求。

資料來源：參考Twelvetrees, 2008, pp.27-30的架構，加以整理及製表。

　　表7-1所列舉的硬體資訊，其原始設計並不是為了社區需求評估之用，因此社區需求評估工作小組在蒐集有關需求的硬體資訊之後，必須再經過考證、校勘、比對、驗證，加以篩選，去蕪存菁，藉以提高資訊的可信度。否則，「撿到籃子裡就是菜」，其所引用的資訊有誤，則社區需求評估的結果可能沒有什麼意義和價值。

　　同時，對於硬體相關資訊或資料的蒐集與評估，必須遵循社會工作倫理守則的規定。例如：知後同意、價值中立、據實分析、資料保密。此外，講究責信（accountability），遵守承諾，對於相關資料的借閱，有借有還，以後再借就不難，如果有借而不還，或者延遲還期，再借必定困難。

二　由軟體的資訊來評估社區需求

　　相對於前述由硬體資訊的蒐集、分析，這裡所要探討的是，由軟體資訊（soft information）進行需求評估，它主要是對「人」蒐集社區相關資訊，據以評估社區的需求。

有關於蒐集軟體資訊以進行社區需求評估的方法，為數甚多。以下僅選擇四種比較常見的評估方法，略述其要點：

1. 意見調查（survey）：通常採用問卷調查，蒐集意見。問卷設計，有兩種類型：一種是封閉式（closed-ended form）的問題：例如：你認為社區最需要增加雜貨店、便利商店、大賣場？另外一種是開放式（open-ended form）的問題：例如：你期待在我們的社區增加什麼商店？有時候，也可在封閉式問卷之後，增加「其他」，以蒐集設定選項之外的其他意見。至於問卷調查的實施方式，有當面調查、郵寄問卷調查、電話調查、電腦輔助電話調查（CATI）、委託調查。調查之後，可比照一般學術研究方法，篩選有效問卷，進行統計分析，據以了解社區的需求及問題。

2. 訪問重要人物（interviews with key informants）：訪問社區裡的「重量級」（heavy weight）人物，或者意見領袖（opinion leader）。例如：政府官員、政黨領袖、民意代表、神職人員、非營利組織負責人，以及長時間參與地方鄰里或社區相關活動的人。這些重要人物，對於社區的需求或問題，常有較多了解，常可提供重要的資訊。至於訪談方式，約有三種：(1)結構性訪談（structured interview），事先設定討論的議題，詢問與回答也有一定順序。(2)半結構性訪談（semi-structured interview），雖有一些引導性的議題，以對話方式進行，但應避免流於漫談。(3)非結構性訪談（unstructured interview），沒有特定的議題，討論過程較輕鬆，但容易失焦。此外，如果訪問的對象是不同政黨的領袖人物，或者不同政治立場的民意代表，他們可能故意批評或攻訐對手的作為，必須特別注意無論何種訪談方式，都要深入探尋問題，隨時做成紀錄，以利需求評估。

3. 焦點團體（focus groups）：設計一個特定的議題，邀請一些關心這個議題的居民，進行小團體的討論，並記錄他們的意見，作為需求評估的依據。這種以「焦點」（focus）為主的團體討論，有五項基本特徵（Krueger, 1998）：(1)成員的組合是小團體，通常由7至10位參與者及一位主持人（moderator）。(2)成員具有共同特質，

但彼此不熟悉，而有不同的見解。(3)蒐集多元的資訊，透過腦力激盪，開發更多元的答案。(4)重視質性的資訊，主持人開放式提問，進行開放式討論，並觀察參與者在團體進行過程的反應。(5)有焦點的對話，主持人針對事先設計的問題，依序帶領成員進行討論，對於成員是否獲得共識，不需有壓力（引自張英陣，2002：14）。一般而言，焦點團體的時間，可從40分鐘到3個小時不等。為了避免成員過度勞累而影響討論的效果，最好以2個小時為度。

4. 社區論壇（community forum）：透過公開會議的方式，針對一個社區問題的解決，或者一個社區議題的理念，由參與者陳述他們的偏愛，或者表達他們的需求，這是短時間之內，發現社區需求的一種方法。社區論壇的用意，在於傾聽社區居民與社區團體領袖的聲音，因而邀請來參加論壇的對象，通常有一定基準，使其具有代表性。表7-2是以團體／組織與個人／居民的分類，整理出邀請的對象，必要時可配合社區的問題或議題，酌予調整。

表7-2　社區論壇邀請對象之分類

團體／組織	個人／居民
1. 社區發展協會	1. 社區裡德高望重者
2. 村／里辦公處	2. 社區婦女代表
3. 地方文史工作室	3. 關心社區的青年朋友
4. 公寓大廈管理委員會	4. 與社區有關的兒童／少年
5. 關心社區的公會／工會	5. 有影響力的社區居民
6. 關心社區之私人企業	6. 社區實務工作者

資料來源：參考黃肇新等，2004，27頁，文字略有修改。

再者，評估社區需求的方法，除了上述四種之外，還可視實際情況，從下列選取適用的評估方法：(1)登門拜訪（door-knocking）、(2)針對補助項目詢問居民的需求、(3)由某些議題尋找社區的需求、(4)自己動手做社區需求剖面圖、(5)以滾雪球（snowballing）方式彙集社區的需求、(6)先撒播種子（sowing seeds）以引出社區的需求（Wambeam, 2015: 24-35;

Birkenmaier, Berg-Weger, & Dewees, 2014: 428-435; Twelvetrees, 2008: 32-34; Henderson & Thomas, 2002: 243-261）。

更進一步說，社區工作者與居民一起評估社區的需求，尚可參考下列五個基本原則（Ohmer, et al., 2013: 792; Mulroy, 2008: 385-386）：

(1) 肯定不同成員參與評估（Value participation from diverse constituencies）：例如：納入那些被排除或弱勢者的看法與經驗，包容各種不同的聲音。

(2) 使用多元評估方法（Use multiple methods）：例如：在量化評估，使用人口普查、行政資料；在質性評估，使用訪問、焦點團體、社區論壇，以了解社區及其居民需求的整體樣貌。

(3) 鼓勵公民參加評估技術的設計（Encourage civic participation and technical elements）：例如：評估項目的選擇、蒐集資料的方法、焦點團體的參與者、資料分析的方式，儘量鼓勵利害關係人與社區居民參與，在社區建立評估能力。

(4) 確保評估的實用性（Keep the assessment realistic）：例如：評估要對社區決策或社區改善有用，如果過於冗長或學術的評估，可能派不上用場。

(5) 重視資產的建立（Value asset-building）：例如：連同社區的需求，也記錄社區的優勢與資產，包括：宗教、地方企業、非營利組織、學校、財務機構，都可能影響潛在使用者的評估和資源。

一言以蔽之，對於社區進行需求評估，在取向上如能兼顧硬體資訊與軟體資訊的兩種面向，在方法上如能兼採兩種以上的評估方法。彼此相互驗證，將有助於比較精確地評估社區的真正需求（**見批判性思考議題7-2**）。

事實上，每一位社區居民都希望生活在一個親切、舒適、衛生、安全、快樂的環境，但是往往大部分的居民都覺得社區的問題很難解決，也不知道如何開始，所以當面對社區中較不迫切需要的問題時，居民往往容易採取「把自己顧好」的態度和作法。但是如果社區居民發現有很多居民都同樣感受到問題，有同樣的需求，也有意願解決問題，那「社區意識」就形成了（李瑞金，2007）。

1. **提問**：社區需求評估，直接詢問社區居民，就可得到最真實的答案？
2. **評估**：大多數的社區居民都抱著「把自己顧好」的態度和作法？也就是「各人自掃門前雪，休管他人瓦上霜」的概念。
3. **斷言**：只評估社區居民的需求，無法了解社區的實際需求，必須輔以其他適當的評估方式。對這個假設，你同意嗎？說說你的斷言及理由。

第四節　預估社區的願景

評估社區的需求，除了從硬體資訊與軟體資訊進行之外，還可進一步以資產為基礎的取向（asset-based approach），對於社區發展（或社區工作）必須往前走的方向，去評估社區居民的共同看法，以作為社區規劃及社區努力的著眼點，這就經常涉及一種預估社區願景的過程（a visioning process）（Green & Hainess, 2016: 89）。

願景（vision），是社區工作構成的要素之一，涉及社區為何而做（why）？這在第二章已經提及。這裡，「願景」（visioning）是動詞，它是一個社區想像未來他們想要的是什麼？以便規劃如何去達成。通常，社區可透過公共參與，預先估計他們的意圖、核心價值及未來的景像，然後轉而進入一種可管理及有可能的社區目的之設定與行動計畫（Green, Hainess, & Halebsky, 2000: 1-2）。

在預估一個社區對於未來願景的過程中，可能涉及那個區域的地理、

經濟、社會與財務等傾向。由於各個社區對於這些領域的傾向，可能各有其不同的願景，因而此處將著重於預估願景的步驟，如表7-3：

表7-3　一種預估社區願景的步驟

步驟	要素	說明
1	開始	以協調委員會（coordinating comittee）的型式，規劃第一次工作坊（workshop）。
2	社區願景工作坊	協調委員會促進一般願景說明及辨識關鍵性領域的準備過程。
3	建立任務小組	在工作坊之中，依據關鍵領域及因應行動計畫的設定，而組成任務小組（task force）。
4	關鍵領域的願景工作坊	每一個關鍵領域的任務小組，召開一次社區工作坊，去促進互動過程，以準備一個關鍵性領域的願景說明並辨識關鍵性次領域。
5	檢視相關計畫／方案	由任務小組檢視所有相關的、存在中的計畫、實施區域，以及細部的規定。
6	資料蒐集與分析	每一個任務小組蒐集與分析有關的資料及預定的策略。較大的任務小組針對一般性與關鍵性領域的願景，進行資料與策略的評估。
7	發展出目標與策略	任務小組立基於資料與願景陳述，而發展出目與策略。
8	社區回饋工作坊	協調委員會在全體社區的工作坊之中，有計畫地呈現一般性與關鍵性的願景及廣泛的策略。
9	社區回饋工作坊及行動計畫發展	每一個任務小組立基於已獲得同意的策略及目標，進而準備行動計畫。
10	執行	將行動計畫付諸執行。
11	監督、評量、修訂	協調委員會規劃及召開一次會議，用以檢視執行的活動與澈底完成的日期，以及後續年度將執行的活動。

資料來源：Green, Haines, & Halebskey, 2000, adopted from Green &Haines, 2016, p.91.

由表7-3顯示，預估社區的願景，可透過工作坊的方式，逐步完成。尤其，在預估願景的過程，強調公共參與，需要社區居民的積極參與，以獲得居民的共同意見，形成屬於他們的社區願景。而且，在預估社區願景（第1至第8步驟）的同時，必須一併思考後續的行動計畫（第9至第11步

驟），以期社區居民對於社區的願景，能夠付諸實施，讓他們對於社區的未來有明確的努力方向。

　　綜合言之，社區工作實施程序的首部曲，是在社區成立一個組織（例如：社區發展協會），並且著手調查社區的概況、評估社區的需求、預估社區未來的願景，以便提供比較完整的資料，作為後續規劃及執行社區工作計畫或方案的依據。

　　最後，必須再補充說明，本章所使用的「社區組織」（community organizing）、「願景」（visioning），都是動詞。在操作性定義上，「社區組織」是指成立社區組織（組成社區發展協會），與「組織社區成員」，標的不同。「願景」是指社區方案規劃前所實施的一種需求預估，也就是請社區想像未來他們想要的是什麼？與社區方案執行後所導出的「未來願景」，性質不同。

第八章
社區工作的程序
——二部曲

當社區的組織（或社區發展協會）已經成立，社區需求的評估也有了一定的結果，接下來的社區工作程序，就是社區方案的規劃與執行。

然而，社區工作方案的規劃，往往不是一次到位，必須有一些前置作業，並依據一定的架構進行撰寫。至於社區工作方案的執行，也是先要在社區成員之間形成共識，然後以集體行動，有效地執行。因此，本章將區分爲：規劃社區工作方案、檢視社區方案的整備程度、執行社區工作方案，逐一說明：

第一節　規劃社區工作方案

社區工作的方案，有時也稱爲社區工作計畫。一般而言，一次性活動或短期可以完成的社區措施，稱爲社區工作方案，例如：社區重陽節敬老活動實施方案、社區幹部精進訓練實施方案。至於執行時間在一年以上的社區措施，稱爲社區工作計畫，例如：社區發展工作年度計畫、推動福利社區化旗艦型計畫（爲期三年）。

在性質上，規劃社區工作方案或計畫是一種過程，一般稱爲方案規劃（program planning）或方案設計（program designing）。以下運用方案規劃的基本概念，略述規劃的前置作業、撰寫計畫的基本架構：

一　規劃方案的前置作業

成立社區的組織（社區發展協會）之後，爲了有效執行業務，必須著手規劃社區工作（或社區發展）方案或計畫。但是方案規劃之前，有一件重要的事情，是了解：什麼是你想要做的（what you want to do）？你打算如何去進行（how you intend to go about it）？這樣進行將如何產生你渴望的成果（how this will produce desired outcome）（Twelvetrees, 2008: 19）？簡言之，凡事，豫則立，不豫則廢，在規劃社區工作方案之前，必須先做一些準備工作。

華倫（Warren, 1971）曾經批評美國的示範都市方案（Model Cities Program）：沒有在規劃之前詳細認清問題的成因，跳過了應有的認清與分析步驟，直接進入規劃的階段，因此所有的方案都是針對問題受害者

（victims）提供補救性的服務，而不是針對問題而開立處方。這段話的重點指出，一個方案如果只是憑空想像或依樣畫葫蘆，其成功的可能性有限，因此規劃方案的先期作業顯得更加重要。德維夫斯（Twelvetrees, 2008：21-23）認為有效的社區工作方案，不能忽略下列準備工作：

1. 成立方案規劃小組（form a project team）：這個工作小組，可從社區組織（社區發展協會）原有人員抽調，進行任務編組，必要時也可成立新的小組。德維夫斯（Twelvetrees, 2008: 19）認為方案規劃工作小組起碼要有四個職員：一個執行祕書，綜理方案分析及規劃事宜；二個行政人員，負責協調、進行規劃及可行性評估；一個庶務人員，協助一般事務的處理。另外，還可設計一個工作小組的標誌（logo），發展一本小冊子，準備一個網站，用以協助小組成員有效運作。

2. 了解經費的來源（getting ownership）：實務上，方案規劃經常「以經費補助為導向」（funding led），而且要在一定期限提出計畫書，以便與其他競爭者參加「投標議價」（bid）。因此，方案規劃之前必須了解可能的經費來源。以臺灣為例，社區發展協會的財務來源，大部分依靠政府補助，甚至認為：「有多少補助，辦多少事，沒有補助，怎麼辦事？」即使這種觀念有待商榷，但是撰寫社區方案向政府或其他機構申請經費補助，也有實際需要。因此，社區工作者在協助社區（尤其是協會的總幹事）進行社區方案規劃時，對於衛生福利部的「推展社會福利補助作業要點」、中華聯合勸募協會的「方案計畫補助辦法」，以及其他政府單位、民間基金會或企業組織相關補助的規定，都應先予了解，避免盲目丟出計畫書，而徒勞無功，白忙一場。

3. 考量方案的成本（project cost）：事先考慮方案的相關成本，包括：場地租金、設備購置、工作人員的薪資、保險、交通、餐飲等費用，如果不能未雨綢繆，將來可能捉襟見肘，入不敷出。同時，為了有備無患，因應意想不到的支持，必須要有一定比率的「預備金預算」（support budget）。在臺灣，如果申請政府的經費補助，還要有一定比率的自備款。這些成本，都是跟著方案規劃必然發生

的，必須在方案規劃之前列入考量。

4. 處理一些實務細節（some practical details）：社區工作方案的規劃者，必須及早注意相關的事務性工作，例如：行政處理的流程（office procedures）、文書登錄的系統、符合會計制度的規定、掌握僱用人員的法規等等。通常，方案經費的補助單位並不喜歡申請者將經費用以支付員工薪資，而且傾向於支助創新的方案（innovative projects），他們沒有興趣支持那些已經過時、或者對他們沒有任何價值的方案。現在，一個方案大概三年就該退場了（Twelvetrees, 2008: 23）。因此，有一個招術，就是儘量創新方案規劃，以利申請經費補助。

簡言之，好的開始，是成功的一半。推究德維夫斯（Twelvetrees）之所以特別強調方案規劃的前置作業，就是期待社區工作方案規劃時，就將方案管理（project management）的概念帶出來，使方案規劃更具可行性。

二 方案計畫書的基本架構

原則上，社區工作方案或計畫，是公文書的一種，必須以書面的方式呈現，以便作為下列用途：(1)向政府申請經費補助，(2)對外募款或爭取資源的投入、(3)在組織內部進行溝通協調、督導、控管等措施的依據，(4)提供組織的決策者作為決策的藍本。

如果，沒有具體而周延的方案規劃，將很難期待有良好的實施成果，因而方案規劃者必須特別注意計畫書的基本架構。就社區工作方案而言，無論是年度計畫、申請補助計畫或一次性社區活動方案，其計畫書的基本架構，大同小異，通常包括：緣起、目標、執行單位、運作策略、附則等五大部分，每一大部分又涵蓋若干小部分（黃松林等，2020：56-58；鄭怡世，2015：101-104；賴兩陽，2009：44-46）。茲以社區活動方案為例，略述方案計畫書的基本架構：

1. 緣起：具體說明為何規劃此一社區工作方案？亦即回應「為什麼」（why）的問題。至於書寫的內容，可根據社區需求評估的結果，擇要提出社區特定人口群的需求，或者社區面臨的困境，以突顯滿足居民需求的重要性，讓有關人員對此社區方案的動機或用意，一

目瞭然，印象深刻。

2. 依據：任何社區工作方案規劃，必須有所依據，以彰顯該方案不是臨時起意，而是經過深思熟慮，以贏得有關人員的認同。至於社區工作方案的依據，可視其內容涵蓋的層面，分別引用國家的社區政策、法規、會議決議或機關首長的指示，作為依據。

3. 目標：通常採用條列方式，說明社區工作方案所欲達成的目標。對於目標的陳述，必須符合「SMART」的原則：簡單明瞭（simple）、可測量（measurable）、可達成（achievable）、有資源（resourced）、有時限（time limit）。如此，不僅可爭取相關人員對於方案的支持，而且可激發居民踴躍參與改變社區的行動。

4. 辦理單位：辦理社區活動的單位，通常可分為主辦單位、承辦單位、協辦單位，有時還有贊助單位，必須逐一列舉，避免遺漏。如果是接受政府委託辦理的社區工作方案，應該將政府列為主辦單位；如果是接受政府全額補助的方案，可將政府列為指導單位或主辦單位；如果是由企業組織或民間團體提供經費、器材或人力的協助，基於榮譽歸於資源提供者的原則，應將其列為贊助單位。至於共同參與辦理的單位，則列為協辦單位。

5. 實施時間：說明社區工作方案預定開始與結束的時間。如果是一系列的活動，必須說明實施的期間。有關於方案的實施時間或期間，可將其實施時程表或實施進度表，以附件方式，放在計畫書的後面。如果是年度計畫或中長程計畫，亦可按年度列出其實施的期間。

6. 實施地點：依據社區工作方案的實施項目或活動內容，安排適當的實施地點或場所。通常，社區的幅員不大，空間有限，不易找到適當的地點，這幾乎是辦理社區活動經常遇到的問題。有些地點交通便捷，但租金昂貴，不是社區所能負擔；有些地點租金便宜，甚至免費借用，但是地點偏遠，可能影響居民參與的意願。因此，方案規劃工作小組的成員平日就要留意，社區有無適當的場所可供辦理活動之用，隨時記錄，建檔備用。社區工作方案的規劃，如果能事先洽定一個地點適中、交通便利、環境舒適的場所，不僅受到參與者的歡迎，而且有助於提高方案執行的預期效益。

7. 實施對象：社區工作方案的服務對象或參加對象，必須依據社區需求評估的結果，界定最需要提供協助的目標人口群，或者需要參與行動的居民，並且列出他們的年齡、性別、教育、職業等屬性，以及預定人數，以便於相關事務的安排。如果社區工作方案的規劃，涵蓋各種不同的活動，可能各有特定的服務對象或參加對象，必須規劃一定的數量。因為，人數過多，人多嘴雜，秩序紊亂，影響效果；人數過少，場面冷清，資源浪費，不符成本。另外，有些社區工作方案為了建立公共關係，而規劃邀請達官貴人蒞臨指導，然而這些「政治人物」往往蜻蜓點水，作秀居多，除非是贊助單位的代表，否則能省則省，不如把方案的主角還給社區居民。

8. 實施內容與實施流程：這是社區工作方案的核心，也是方案實際操作的綜合性規劃，包括：實施期程及其時間配置、各個期程的實施內容與實施方式，通常採用圖表方式，具體說明方案的實施流程（如圖8-1）。對於社區活動方案的規劃，其實施內容應以生動活潑為原則，藉以誘發社區居民參與的意願，而其實施流程，則循序漸進，逐步完成。

	第一個月	第二個月	第三個月	第四個月	第五個月	第六個月	第七個月	第八個月
1. 調查意願	＊＊＊							
2. 申請經費	＊＊	＊＊＊						
3. 洽供應商		＊	＊＊＊					
4. 宣導		＊	＊＊＊	＊＊				
5. 招募志工		＊＊	＊＊＊	＊				
6. 志工訓練				＊＊＊				
7. 實施送餐				＊＊＊	＊＊＊	＊＊＊	＊＊＊	＊＊＊
8. 意見調查							＊＊＊	
9. 期末檢討							＊	＊＊
10. 核銷								＊＊＊
完成率	5%	10%	30%	40%	50%	70%	80%	100%

圖8-1　○○社區低收入獨居老人送餐實施方案之實施流程

資料來源：筆者自編。

9. 人員的分工：依據社區工作方案的實施內容，配置適當的工作人員。這些工作人員可能包括：社區組織（或社區發展協會）的成員、社區的志工，以及臨時支援的社區居民或其他熱心人士。對於社區組織成員與社區志工的工作配置，必須配合他們的專長、興趣、經驗或意願，適度進行分工，以便協力合作，共赴事功。其他居民或熱心人士，則因事擇人，有計畫地運用他們協助事務性工作，增進執行的人力，但非來者不拒，打亂原有的規劃。

10. 經費的編列：依據社區工作方案的實際需要，選擇預算編列的方式。對於單項方案，以支出項目編列；對於綜合性方案，分別列出單項支出的經費，或者以收支並列的方式，逐一列舉（如表8-1），而且收入與支出必須平衡。如果經費預算表二個以上，不妨以附件方式處理。再者，社區工作方案所需經費的規劃，應該核實編列，不宜以少報多，虛應故事，否則缺乏責信，嗣後再向政府申請補助，或者再度尋求相關單位的贊助，難免啟人疑竇，甚至被列為拒絕往來戶。

表8-1　社區低收入獨居老人送餐服務方案預算表　　　　　單位：元

收入		支出		
項目	金額	項目	金額	說明
政府補助	90,000	餐費	28,800	60元×40人×12月
社區自籌款	10,000	志工訓練	12,000	2,000元×6小時
寺廟贊助	10,000	志工保險	4,800	20元×20人×12月
捐款	5,000	印製意見調查表	800	20元×40份
		郵費	5,000	
		電話費	12,000	1,000元×12月
		烹飪耗材及維修	36,000	3,000元×12月
		雜支	15,600	
總計	115,000	總計	115,000	

資料來源：筆者自編。

11. 預期效益：必須列出社區工作方案的評估項目及評估方式，並且具體陳述方案實施之後，預定產出的成果。例如：規劃社區獨居老人關懷方案，預期實施三個月之後，將有社區低收入獨居老人多少人可獲得全人、多元及連續性的照顧服務。

12. 附則：說明規劃社區工作方案的條件限制，或者未盡事宜的補充方式。例如：本方案經○○核定後實施，修正時亦同。或者，註明：本方案如有未盡事宜，由相關單位以協商方式辦理之。

不過，對於社區工作方案的規劃，其指涉規模有大有小（一次性活動方案、年度計畫、中長程計畫），實施內容有繁有簡，實施期間有長有短，適用範圍可能是整個社區居民或特定的目標人口群，因而計畫書的內部結構，必須審視實際情況而適度調整。其中，年度計畫必須涵蓋一個年度的工作項目、經費預算、每一月份的實施進度。至於向政府或相關單位申請補助的方案或計畫，則應按照受理單位規定的格式，撰寫工作計畫書。表8-2是某縣市社區發展協會辦理活動計畫書的參考格式：

表8-2　社區發展協會辦理活動計畫書

○○縣○○鄉○○社區發展協會辦理○○○活動計畫書（範例）

一、計畫源起：○○○○○○○○

二、計畫目的：○○○○○○○○

三、主辦單位：○○縣○○鄉○○社區發展協會

四、活動時間：○○年○○月○○日〈星期○〉

五、活動地點：○○○○○○○○

六、參加對象及人數：參加對象以○○○○為主，共計○○人

七、計畫內容（活動流程）：

時間	活動內容	備註（內容說明）

八、預期效益：
    (1) ○○○○○○○○
    (2) ○○○○○○○○
九、活動經費概算：

項目	單位	數量	單價	金額	備註
○○費					
餐費					本會自籌款
礦泉水					
○○費					
○○費					
宣導品					本會自籌款
雜支					
總計	○○○○○元				

以上各項經費依實際支出狀況核實報支
十、經費來源：總經費合計新臺幣○○○○元，向○○縣政府申請補助新臺幣
    ○○○○元，不足部分由本會自籌（包含參加人員部分收費）辦理。
十一、其他

　　綜合言之，社區工作方案的計畫書，是一種公務文書，其撰寫格式必須符合一般公務文書的要求，也就是：(1)目標明確：對於方案的目標，力求具體化、數量化和行動化。(2)考慮周延：在縱向方面，此一方案能與上年度方案前後連貫；在橫向方面，此一方案能與社區其他方案相互搭配。(3)文字簡潔：方案計畫書的書寫、經費預算表、工作流程圖或實施進度表，都能綱張目舉，言簡意賅。然而，多數社區發展協會對於撰寫社區方案或計畫的文書作業，相當困擾，有待化解（見**批判性思考議題8-1**）。

批判性思考議題8-1

　　一些社區發展協會選擇以社會福利為中心，就社區裡的需求和資源，試辦志願性的非機構式服務。然而在政府納編為一般政策之後，服務內容趨於規格化和標準化，結合經費補助的績效管理，也讓民間團體

覺得文書負擔大，成本效率重於公共理念執行任務，而離決策越來越遠（陳怡伃、李宜興、黃焌愷，2021：3）。

部分社區在SWOT分析劣勢、威脅均提及文書撰寫人才。此部分建議縣府列入社區人才培育項目之一，協助社區培育人力，與附近學校合作辦理資訊課程，培育文書與資訊能力，連結方案補助，列入未來發展工作（王秀燕，2019：11）。

1. **提問**：多數社區發展協會缺乏撰寫社區發展相關計畫的文書人才，如何協助他們改善這個問題？

2. **評估**：目前，社區年度工作計畫、社區各項補助案申請計畫書，已採標準化的格式，且須電腦處理（填寫、上傳）。這些文書作業，對於社區發展協會幹部的年齡偏高、資訊能力不足，常造成困擾，也可能失在文書處理而放棄或失去獲獎、獲補助的機會，進而影響社區信心、財務、榮譽、公平性。

3. **斷言**：依你的了解或想像，要協助社區改善文書人才缺乏的困擾，最有效的方法是：辦理培育課程？招募具文書專長的社區志工？改變社區計畫格式？其他？

第二節　檢視社區方案的整備程度

依據方案計畫書的基本架構，撰寫社區工作方案之後，有些社區的居民已有一定程度的準備，也許可直接付諸實施。但是，有些社區的居民可能準備程度不足，需要再強化某些面向的準備，以便社區工作方案在該社區能有效地實施。

為了檢視或評估社區居民對於方案的整體準備程度（簡稱整備程度），此處運用「社區整備程度模式」（Community Readiness Model, CRM）（黃肇新、邱靖媛、朱宏漢譯，2009），作為檢視的一種工具，並提出強化準備程度的相關策略。以下就此模式的測量面向、階段劃分、檢視方式，擇要說明：

一 社區整備程度的測量面向

社區整備程度模式（CRM）是美國科羅拉多大學三種族中心（Tri-Ethnic Center）於2005年開發的一種測量工具，原本為社區藥物的防治而設計，後來逐步擴展為處理各種社區議題的評估模式。

所謂「整備程度」（readiness），是指社區對某一個議題採取行動之前的準備程度。這個測量工具，是針對某一個議題（例如：社區工作方案），從六個面向進行測量。這六個面向（p.7），包括：

1. 社區（領導者）對此一議題既有的努力：社區領導者（例如：社區發展協會理事長、總幹事）對於此一議題（社區工作方案）已做了哪些努力？計畫與實施方法，進行到什麼程度？
2. 社區（成員）對既有努力的認知：社區成員對於社區領導者的各種努力及其成果，知道了多少？有多少比率的居民知道？
3. 領導：主責的社區領導者與有影響力的社區成員，對此一議題（社區工作方案）的支持情形，達到哪一個程度？
4. 社會氣氛：社區成員對此一議題（社區工作方案）支持與團結的程度。
5. 社區對此一議題的相關知識：社區成員對此一議題（社區工作方案）形成的目標、策略及實施技術之了解，達到哪一個程度？
6. 社區獲得及運用此一議題相關資源的情形：社區現有的資源（尤其是人力、物力、財力）對此議題（社區工作方案）能提供支持的程度。

必須注意的是，每一個社區在不同面向的整備程度，可能有所差異；每一個社區的不同部門／次級組織的整備程度，也可能有所差異。

二 社區整備程度的階段劃分

社區整備程度模式（CRM）將社區成員（領導者與居民）對於某一議題（例如：社區工作方案）的六個面向之整備程度，劃分為九個階段（pp.13-15），如表8-3：

表8-3 社區整備程度的階段

階段	說明
1. 尚未覺察階段	社區多數人尚未將某議題視為問題，仍視其為可接受的狀態。
2. 否認／抵抗階段	居民不認為社區有問題，或者不認為問題有改變的可能性。
3. 模糊的覺知階段	居民開始感到社區有問題，但沒有感到採取行動的必要性。
4. 計劃前階段	居民認知社區問題的存在，並開始認同採取行動的必要性。
5. 準備階段	積極的社區成員或社區組織開始準備進行相關行動的計畫。
6. 開始階段	社區開始動員、執行計畫，並感受到動員與改變的成效。
7. 穩定階段	計畫及行動能穩定地推展，相關的動員也有分工與角色任務。
8. 確認／拓展階段	計畫仍在穩定執行中，而行動主義者在運作過程中，逐漸發現推展上的限制，進而嘗試修正或更新計畫。
9. 社區高度主導階段	社區對於議題有深入的理解，能透過持續性的訓練，以及有效地評估，以維持計畫的運作，而且有能力將特定議題的工作經驗，轉化於其他議題的因應。

資料來源：參考Plested, Edwards, & Jumper-Thurman著，黃肇新、邱靖媛、朱宏漢譯，2009，pp. 22-23整理而成。另見Stanley, 2014，引自陳君儀，2018，p. 6，11。

表8-3所列社區整備程度的九個階段，有助於社區方案規劃工作小組（或社區工作者），依據社區居民對於議題（社區工作方案）的覺知、投入及改變的不同準備程度，進行評估（或評分），以便於提出具體的因應策略。

三 社區整備程度的檢視方式

如何進行社區整備程度的評估或檢視？可分為三個實施步驟來說明（黃肇新，2020：47-49）：

1. 訪問社區的代表性人物：在社區裡找到關鍵性的受訪者4-6人，針對前述六個面向的分類問題（黃肇新、邱靖媛、朱宏漢譯，2009：

12-15），每一面向設計4-8題，進行大約30分鐘的訪談。至於受訪者的人選，可由社區選定可代表社區的意見領袖。

2. 為整備程度打分數：依據訪談者對每一個面向的意見表達，在前述社區整備程度的九個階段，進行等級評量。第一階段（尚未覺察）為：1.09-1.99；第二階段（否認／抗拒）為：2.00-2.99；第三階段（模糊的覺知）為：3.00-3.99，以此類推。分數後面的小數點，採取無條件捨去法，不同於一般四捨五入法。

3. 評估社區整備程度的階段：這4-6個受訪者，對於每一個面向的評分，加總再除以受訪人數，即為該面向的分數（總分／訪問人次＝面向分數）。然後，再將六個面向的分數加總／6＝社區整備階段的分數。茲假設4個受訪者對六個面向的評分，如表8-4：

表8-4　社區整備程度評分表

面向＼受訪者	一	二	三	四	總分
A	6	7	5	6	24
B	3	4	3	4	14
C	7	6	7	5	25
D	4	5	5	4	18
E	5	4	5	6	20
F	5	4	5	4	18

資料來源：參考黃肇新、邱靖媛、朱宏漢譯，2009，pp. 22-26，設計及評分。

由表8-4可知，某社區訪問4個人，其第一個面向總分24分，平均為6.0分，第二面向平均3.5分，第三面向平均6.25分，第四面向平均4.5分，第五面向平均5.0分，第六面向平均4.5分，六個面向的總平均分數為4.95分，換算此社區整備程度的等級，為第四階段。

經過上面三個程序的檢視之後，得知社區對於特定議題（社區工作方案）整備程度為第四級，處於「計畫前階段」，表示：居民認知社區問題的存在，並開始認同採取行動的必要性。

就此而言，該社區的整備程度還有所不足，至少實務工作者要鼓勵或協助他們提升到第五級，達到：積極的社區成員或社區組織開始準備進行相關行動的計畫。

再者，經過檢視的程序，亦可得知社區在每一個面向的分數，進而針對分數較低的面向，加強提升其整備程度。就上例而言，該社區的第二面向（社區成員對既有努力的認識）3.25分最低，必須加強提升：社區成員對於社區領導者的各種努力及其成果的認知人數及比率。以此類推。

綜合言之，每一個社區對於某個議題（此處為社區工作方案）的整備程度，無論處於哪一個階段（或等級），或者在不同面向的得分，都可能有所差異。這些差異，是社區工作方案執行之前，必須有自知之明，並且設法提升到可開始執行計畫的階段。一言以蔽之，每一個社區的情況不一，對於社區工作計畫的執行，必須量身打造，循序漸進，既不好高騖遠，也不高階低就。

 ## 第三節　執行社區工作方案

方案規劃，貴在執行。當一個社區工作方案已規劃完成，而且經過整備程度的檢視，也達到開始準備進行相關行動計畫的階段，就是執行社區工作方案的適當時機。

通常，社區每年規劃的方案或計畫，都在一個以上，因而執行的時候，必須考慮各個方案之間的輕重緩急，依其優先順序，付諸實施。如果是新成立的社區組織（或社區發展協會），可由較小的方案（small projects）著手，比較容易成功，讓參與的居民快速看到具體成果，進而建立他們繼續參與的信心及動力（Green & Haines, 2016: 85）。

至於社區工作方案的執行，大致上有兩個重要的步驟：一是將參與執行的人員適當分工，二是依據規劃的進度，逐一實施，直到完成為止。其中，有關人力分工與工作進度，通常在方案規劃書已經確定，到了執行階段，最重要的工作，是社區動員（community mobility）與集體行動（collective action）。茲就召開行前社區說明會、動員社區內外資源、集

體行動，略述之：

召開行前社區說明會

在執行社區工作方案的前幾天，擇期召開行前社區說明會，其目的在於確認社區工作方案的項目、人力的分工、責任的歸屬，並且對於社區願景形成共識，使參與者了解辦理活動的目標與功能。更明確地說，是要讓社區工作方案的主辦單位與協辦單位相關成員充分了解方案、修正方案，或了解執行方案可能遭遇的問題，然後付諸行動。

至於行前說明會的召開，如同其他會議，必須注意開會的效率與效益，避免浪費參與者的時間，甚至影響往後參與的熱忱。一個有效開會的要素，可整理如表8-5：

表8-5　有效開會的要素

階段	要素	要點
開會前	目的	每次開會都有特定目的。
	時間	為參與者方便，設定一個日期與時間。
	地點	熟悉、近便、感覺安全、有停車位。
	議程	議程或提案，由易到難，準備議案相關背景資料。
	設備	空間清潔、AV設備、投影機、螢幕、麥克風。
	工作人員	司儀、接待人員、時間控制、記錄、後勤助理。
開會中	準時	準時開會。
	歡迎	以溫暖的歡迎詞開始，以正向的語氣介紹與會者。
	會議規則	先檢視議程，必要時調整順序；說明討論的規則。
	討論	鼓勵不同觀點的討論、鼓勵沉默者發言、限制壟斷發言者的發言時間、引導失焦的討論回到議題。
	結論	摘述開會結論，感謝與會者對於會議的貢獻、鼓勵與會者以行動承諾決議事項，準時結束會議。
開會後	記錄	開會結束，隨即完成記錄。
	追蹤	將決議事項分送權責單位辦理，列入管制、追蹤。

資料來源：Birkenmaier, Berg-Weger, & Dewees, 2014, p.470.

在表8-5的要素之中，與行前社區說明會密切相關者，包括：(1)開會目的，聚焦於執行社區方案的說明。(2)開會議程，以討論社區方案之執行為優先，並準備社區方案的背景資料。(3)開會結論，鼓勵與會者以行動承諾有關社區方案的決議事項。

簡言之，會議最忌諱「會而不議、議而不決、決而不行、行而不澈底」，行前社區會議的用意，在於動員社區組織的成員，投入社區工作方案的執行，會議之後必須付諸「行動」，才有意義。

二 動員社區內外資源

社區工作方案的執行，除了動員社區組織的成員之外，還必須動員社區內外的資源，藉以強化方案執行的力量。有關於社區內部的資源，前述社區現有資源的認識已經建檔備用，至於社區外部的資源，則視社區工作方案執行的需求，在社區資源網絡（包括：政府部門、企業、非營利組織、非正式部分）之中，加以連結與運用。

無論社區內部或社區外部的資源，各類社區資源的特性及功能不盡相同，因而我們在實際動用社區資源之際，必須掌握要點，有效動員。逐步運用，例如：

1. 人力資源的動員：必須按照參與執行者的專長、才能及經驗，安排他們擔任適當的執行項目，以期各安其位，各盡所能。

2. 物力資源的動員：必須把握經濟原則與重點原則，依據執行項目的輕重緩急，彈性地動員物力資源，使所有投入的物力，都能發揮極大化的效用。

3. 財力資源的動員：必須將財力資源納入社區組織（或社區發展協會）既有的財務管理制度，並依法定程序與實際需求申請動支，以發揮其經濟效益。

4. 文獻資源的動員：必須審視社區工作方案執行項目的需要，適當地採借社區內外的參考文獻，而不宜毫無評估或考量，就照單全收或全盤移植。

5. 組織資源的動員：必須透過溝通與協調的過程，爭取相關組織或團體的了解、支持與合作。

無論如何，動員社區內外的各類資源，必須有一些積極的作為，包括：主動搜尋、隨時留意、廣結善緣、穩紮穩打、細水長流。反過來說，應該避免一些消極的態度，例如：光說不練、有名無實、虎頭蛇尾、曇花一現、無疾而終。

三 集體行動

社區對於問題解決或需求滿足的工作方案，大致上有三種取向：(1)服務（service）、(2)倡導（advocacy）、(3)動員（mobilizing）（Green & Haines, 2016: 80）。這三種取向，都涉及居民社區生活的改善或改變，除了動員社區組織成員與社區內外的資源之外，更重要的是集體行動，由社區組織（或社區發展協會）與外在的組織或團體，以協力合作的方式，一起投入社區工作方案的執行。

這種協力合作的集體行動，可依社區工作方案的性質，以及行動的層次，區分為兩種形態：

1. 聯合行動：有些社區工作方案所涉及的層面較廣，無法由單一組織自行處理，必須與外在的組織一起聯合行動。例如：建立社區老人關懷網絡方案，可能需要與社區附近的老人福利機構、老人會、樂齡學習中心等外在組織，聯合行動。通常，聯合行動在實際運作上，有一些必要的考量（Craig & Manthorpe, 2000，引自黃彥宜，2020：156-157）：

   (1) 了解有哪些人關心，且可能參與（聯合行動）。

   (2) 聯合行動是一種自利的過程，其他組織覺得適合，才會參加。

   (3) 聯合行動不能純以公共利益作為訴求，自利可促進聯合行動的熱忱。

   (4) 成功的聯合行動，在於組織能於利益與限制之間取得平衡。

   (5) 組織爭取利益是理性的，因為組織必須生存與保住會員。

   (6) 聯合行動可能改變組織的業務劃分，組織通常擴大自主性而減少依賴。

2. 社會運動：有些社區工作方案涉及社區問題或困境的改善，必須組織社區居民，採取社會運動的方式，向有關當局施加壓力，始能獲

得適當的處理。例如：改善社區防火巷安全方案，端賴社區居民自己的努力，成效可能有限，而必須動員那些深受到影響的居民，以集體行動促使有關當局正視問題的嚴重性，而不得不回應居民的強烈要求而加以改善。由社區啟動的社會運動，包括但不限於下列幾種方式（Green & Haines, 2016: 80; 莫慶聯、甘炳光，2016：144-146）：

(1) 對話性行動：這是比較溫和的社會行動，由社區居民組成一個團體，向官員或議員表達意見，說服他們支持社區的方案。例如：呼籲（appeals）、請願（petitions）、遊說。

(2) 抗議性行動：採取對抗的行動，引發媒體的注意，爭取市民同情，迫使有關當局接受社區的訴求。例如：靜坐（sit-ins）、放哨（picketing）、抵制（boycotts）、一人一信、記者招待會、示威遊行、絕食。

(3) 暴力性行動：社區在無計可施之下，以激烈的行動，進行抗議。例如：衝撞（strikes）、投擲廢棄物、潑灑汙水、揮動武器。這類行動，在社區較少使用。

雖然，集體行動的原意是透過社會運動的方式，尋求政治、經濟或文化的改變（Barker, 2014: 89）。但是，將集體行動運用於社區工作，比較傾向於結合不同的組織，形成夥伴關係，爲執行社區工作方案而採取聯合行動。

最後，再回過來觀察整個社區工作方案的執行，除了動員組織、動員資源、集體行動之外，還有一些庶務性的工作，包括：工作進度的掌握、經費預算的管控、工作記錄的建立，以及實施策略、方法、步驟的適度調整，甚至危機事件的預防與處理，也不宜忽略。這些工作，可在社區工作者的協助之下，由社區組織（或社區發展協會）的領導者及重要幹部，依行政權責執行之。

第九章
社區工作的程序
——三部曲

社區工作方案或計畫執行之後，必須將執行的過程與結果，加以記錄與整理，一方面作為評量方案或計畫執行績效的依據，另一方面進行整體的檢討及改進，以便於往後的社區工作規劃及執行，得以不斷精進，進而永續發展。

基於這種體認，本章將針對社區工作有關紀錄整理、績效評量、永續發展等三個面向，進行探討。

 ## 第一節　整理社區工作紀錄

有一句話，說：「凡是走過，必留下足跡；凡是做過，必留下成績；凡是住過，必留下鄰居。」同樣的情形，凡是執行社區工作方案或計畫之後，必然也會而且也要留下紀錄，包括：文字、照片、影音的紀錄。因為，留下紀錄，經過整理之後，可作為事後檢視之用。否則，事過境遷，逐漸淡忘，不復記憶，也難以補救。

一般而言，社區工作的紀錄，主要是指社區組織（社區發展協會）對於社區工作方案或計畫的執行紀錄。再者，社區實務工作者（例如：專業的社區工作者、政府的社區業務承辦人）有關於協助社區執行方案或計畫的工作紀錄，也彌足珍貴，一則提供後續追蹤輔導的依據，二則符應社區工作專業的規範。因此，以下將這兩方面有關社區工作的紀錄及整理，略加說明：

一 社區工作方案的執行紀錄

記錄及整理社區工作方案或計畫的執行情形，其主要目的是為了事後檢討改進，以及社區組織的領導人（理事長）的交接得以傳承經驗，不致中斷。如果，將記錄的工作，配合社區工作績效評鑑或績優社區選拔的需求，則其所需記錄的內容將更明確，而且紀錄的整理也將更有系統。

就此而言，臺灣自2018年起，在政策上將實施多年的社區評鑑，併入中央政府對縣市政府執行社會福利績效考核之中，而另行開辦金卓越社區選拔。在這項績優社區選拔的過程，社區必須辦理自我評鑑，再接受鄉鎮市區公所初選、縣市政府複選、衛生福利部決選。茲以金卓越社區選拔為

例，略述社區工作計畫（最近三個年度）執行情形的紀錄要點：

1. 社區基本資料：指社區人、文、地、產、景等資料的紀錄，著重於：社區的地理位置、社區的歷史演變、社區的人口總數及福利人口數、社區內部的機關團體、公共設施等資料。

2. 社區會務資料：著重於社區發展協會的組織，包括：理事長、總幹事、內部各分組的工作職掌；理事會、監事會、會員大會的開會次數、重要決議事項及其處理情形；協會會員人數（入會、出會、總人數）的成長等資料。

3. 社區經費收支：著重於經費的收入、經費的支出、經費的成長等資料。

4. 推展福利社區化工作：包括：
   (1) 提供福利措施，例如：辦理老人福利措施、兒童及少年福利措施、婦女福利措施、身心障礙者福利措施。
   (2) 提供支援性福利措施，例如：辦理社區支持性服務（日間托兒或托老居家服務、喘息服務、長期照顧等）、建構社區福利網絡、協助兒童及少年保護、家庭暴力與性侵害事件宣導及通報等資料。

5. 推展社區發展工作：包括：
   (1) 社區活動中心興（修）建與各項公共設施之維護及管理。
   (2) 社區綠化及美化。
   (3) 鄉土文化、民俗技藝維護及發揚。
   (4) 辦理社區藝文活動。
   (5) 推動社區守望相助。
   (6) 辦理社區教室成長活動。
   (7) 設置福利服務工作小組、運動社區資源辦理社區福利服務工作。
   (8) 運用志願服務推動社區建設工作。
   (9) 社區環境衛生改善及處理。
   (10) 推展社區全民運動。
   (11) 社區防災備災等資料。

6. 社區配合政策（或方案）推展工作：包括：

　　(1) 志願服務推動方案、高齡志工推動方案。

　　(2) 福利社區化旗艦計畫。

　　(3) 社區防災備災相關推展工作等資料。

7. 社區創新或自發工作：例如：辦理社區菜園體驗活動、推動社區居家安全方案等資料。

　　上述第5-7項屬於社區發展的「業務」方面，社區發展協會在參加金卓越社區選拔時，除了在第5項之中必須選取一個工作項之外，還要在第6、7項之中，自選二個工作項目，合計三個工作項目。這三個項目都必須詳加記錄，妥善整理，以備評審。當然，不是參加選拔的社區才需要記錄與整理，即使不參加選拔或評鑑，也同樣需要記錄及整理，其目的已如前述。

二 社區工作者的工作紀錄

　　在社區工作方案或計畫執行的過程中，可能有社區工作者從旁提供協助。作為一個專業人員，他們必須隨時撰寫工作紀錄，作為工作上的自我評量，或對社區實施輔導的依據。

　　在臺灣，1998年4月2日公布實施「社會工作師法」，中央社會福利主管機關針對該法第15條之規定（撰寫社會工作紀錄），於1998年10月頒訂「社會工作紀錄內容撰製注意事項」，主要內容包括：社會個案工作、社會團體工作、社區工作紀錄。其中，有關「社區工作紀錄」的內容，至少包括：

1. 社區基本資料：記載社區的名稱、位置、人口、政府行政區分、經濟型態等資料。

2. 社區居民需求：記載訪視或調查所得社區居民對社區問題的看法，解決問題的優先順序。

3. 社區問題：記載社區不同年齡層、族群、經濟等方面已呈現或潛在的問題。

4. 社區可運用資源與社區評定：登錄社區內或社區外可運用之福利、教育、醫療、文康、宗教等設施及其他公共設施之位置、限制、容

量及異動等資料。社區評定，包括：社區的靜態與動態分析、社區價值觀、社區自治程度、居民參與能力。

5. 社區工作計畫：記載目標、方案、工作方法、進行步驟、資源運用等資料。

6. 社區行動紀錄：記載執行計畫之過程，包括：會議、協調、人事、財務及宣導等實際施行之資料。

7. 評估：用以檢討計畫、方案之規劃及實施過程之進行、得失、可用技巧等事項，對社區工作服務之達成度判斷及其判斷依據。

這七項社區工作紀錄的內容，是針對參與社區工作的社會工作師而言。事實上，其他的社區實務工作者（例如：政府的社區業務承辦人、社區行動主義者、社區發展協會總幹事），即使他們不具備社會工作師的資格，仍可比照辦理，應該有益無害。而且，上述社區工作紀錄的內容是「最低」限度的要求，社區實務工作者可視實際情況，酌予增加。

無論如何，社區組織（社區發展協會）必須記錄社區工作方案或計畫的執行情形，而社區實務工作也必須記錄他們協助或參與社區工作的情形。這些社區紀錄及整理的資料，都是評量社區工作績效的重要資料。

 ## 第二節　評量社區工作績效

在社區工作方案執行之後，根據相關紀錄資料，對於執行成果進行客觀地的評量，一般稱為績效評量或績效評鑑（outcome evaluation）。

何以社區工作方案或計畫的執行必須進行績效評量？其主要理由：(1)經由評量，顯示社區成員共同努力的成果，以維持他們繼續投入社區發展的過程。(2)經由評量，顯示地方政府、基金會與其他財務支持者，對於社區的補助或贊助，已有效地被運用於社區。(3)經由評量，建立一種確實可監視及回應社區進步的系統，以持續改善社區的努力。(4)由於在社區場域有一種有效的評量系統，可促使社區擴大發展的層面，並獲得更多支持（Green & Haines, 2016: 97）。

在臺灣，針對社區工作領域，實施績效評量的場合，至少包括：(1)

社區工作方案或計畫執行成果評量、(2)社區發展協會工作績效自我評鑑、(3)縣市政府對社區之績效評鑑（評鑑對象：鄉鎮市區公所、社區發展協會）、(4)鄉鎮市區公所對社區之績效評鑑（評鑑對象：社區發展協會）、(5)縣市政府對社區之認證（評量對象：自動申請認證的社區發展協會）、(6)中央政府對縣市政府執行社會福利績效（社區發展工作組）實地考核（評量對象：縣市政府）。

由於本節篇幅有限，此處先說明社區工作績效評量的共通設計，然後擇要以社區發展協會為評量對象，略述縣市政府對社區的績效評鑑、縣市政府對社區的認證：

一 社區工作績效評量的共通設計

實施社區工作績效評量，必須考慮的因素很多，其重點是：評量的指標、評量的基準、評量的方式、評量的步驟、茲扼要說明如下：

1. 評量的指標：可由兩種面向，列出評量項目（Green & Haines, 2016: 97）：

    (1) 過程的評量（evaluation of process）：例如：計畫是否如期完成？經費配置是否適當？分工是否適當？員工是否像團隊？優先順序是否顧及？工作的總數是否達標？學習某些事務是否分享？還需要再做些什麼？

    (2) 成果的評量（evaluation of outcome）：例如：社區居民的工作機會是否增加？收入是否提高？貧窮人數是否減少？社區環境是否改善？社區網絡是否建立？是否更多人認同社區？

2. 評量的基準：社區工作著重社區情境的改變，對於評量的基準有多種選擇（Twelvetrees, 2008: 37-42），例如：

    (1) 基準線（baselines）：以工作開始之前作為基準線，評量往後某一特定時間的改變情況。

    (2) 百分計量（the percentage meter）：以百分比率，評量居民社區參與的程度，或者評量居民對於社區活動的滿意度。

    (3) 縱貫研究（a longitudinal research）：每間隔一定時間，對相同的樣本或其替代樣本實施調查，以評量社區的改變，進行「前

測」、「後測」之對照。

(4)替代性測量（proxy measures）：對於難以評量的項目，選擇其他適當的替代項目，以獲得「相近」（closely）的評量結果。例如：老人的孤獨感是否減少，不易評量，可改由老人是否擔任志工，得到接近的答案

(5)「目標」模式（the "goals" model）：進行大量的準備工作，及早確認贊助者對於社區工作方案目的的要求，再評量他所要求的目的是否達成，這樣的評量，贊助者比較能夠接受。

(6)三角檢定（triangulation）：組合各種評量方法，用以評量社區工作方案。例如：採用社區研究報告，並與方案管理者、受益者、贊助者及相關機構，進行面談，將他們對社區工作方案的影響情況或意見，連結起來，以呈現方案實施結果的真實面貌。

3. 評量的方式：依評量者的身分，有兩種方式：

(1)內部評量（internal evaluation）：由社區工作方案執行單位的成員，進行社區工作績效評量。通常，規模較小的社區方案，適宜採取內部評量。

(2)外部評量（external evaluation）：由社區工作方案執行單位以外的專家學者，進行社區工作評量。通常，規模較大的社區方案，可能內部人力不足以因應評量所需，必須動用到外部評量。再者，如有初評、複評，則初評，採取內部評量；複評，採取外部評量。另外，還有一種折中的作法，是由內部成員與外部成員組成評量小組（work team），一起進行社區工作績效評量。必要時，可由外部評量的成員與內部評量的成員組成小組，共同進行評量。

4. 評量的步驟：在實施社區工作績效評量之前，先有一些準備工作，包括：確定實施評量的時間、地點、參加人員，然後參照一般評量的步驟，依序進行（Tschirhart & Bielefeld, 2012，引自黃源協，2014：447-449）：

(1)確認方案的目標：找出社區工作方案的最初目標，重新確認在

執行過程有無增減目標？以便了解實際目標達成的情況。

(2) 確定評量的變項：確定社區工作績效評量的對象、評量指標、資料來源等層面的變項。

(3) 蒐集評量的資料：如果是量化資料，可透過問卷調查、訪問等方式進行蒐集；如果是質性資料，可查閱相關文件，取得所需的資料。

(4) 分析評量的資料：依據蒐集到的資料進行分析，以評量規劃的項目是否完成？完成的程度如何？

(5) 提出評量的結果：對照社區工作方案的目標，說明方案實施的結果是否符合預期的目標。對於正向的結果，可作為規劃後續方案的基礎，而負向的結果，則是社區必須檢討改進的部分。

二 縣市政府對社區的評鑑

理想上，社區組織基於社區自主原則，允宜自行設計及實施社區工作績效評量。然而，臺灣大多數社區發展協會的經費有限，人力不足，常需仰賴政府的補助，同時也接受政府的輔導，包括：被指定或「推薦」參加政府辦理的社區發展工作績效評鑑。況且，參加社區績效評鑑，尚可獲得地方政府「評鑑準備費用」的補助，如獲績優獎項，又可得一筆獎金，對於社區財務不無小補。

無論如何，中央政府雖已停辦社區評鑑（併入社福考核），多數縣市政府仍然對其所轄社區辦理績效評鑑。茲以某縣市為例，略述社區評鑑的實施情形：

1. 評鑑的指標：依據該縣市2019年度社區發展工作評鑑計畫之規定，分為績效組與卓越組，評鑑項目均包括：會務、財務、業務等三項，其評鑑指標的主要內容及配分，如表9-1：

表9-1　社區發展工作績效評鑑的指標

評鑑項目	主要內容	配分
1.會務（含行政管理）	社區調查資料、協會沿革、組織章程、會員成長、會議及記錄、運用社會資源、幹部研習訓練等。	10分

評鑑項目		主要內容	配分
2. 財務		年度收支預算、社區建設基金、經費收支報告、會計帳冊、補獎助社區發展經費核銷情形等。	10分
3. 業務	績效組	社區發展工作綱要規定之工作項目、政策或方案配合項目、社區自創項目之中，自選三項，至少有一項福利社區化工作項目（即第一項），並敘明：工作的內容、辦理程序及推動方法（結合社區資源的情形，含社區志工之運用）、辦理成效（含是否符合民眾需求、居民反應情形、創新業務特色等）、經費使用情形。	80分（第一項40分，第二、三項各20分）
	卓越組	卓越組除比照績效組自選三項及其工作績效說明之外，另增卓越特色為第四項，並說明其近三年業務永續推動之成長績效、陪伴其他社區成長、社區居民參與、社區資源開發及世代共榮展現之具體成果。	80分（四項各20分）

資料來源：筆者整理。

2. 評鑑的基準：此項社區工作績效評鑑係採百分計量，由評鑑小組評定受評單位之成績：

(1) 優等：85分以上為優等社區（發獎牌1座及獎金6萬元，以四名為限）。

(2) 甲等：80分以上未達85分為甲等社區（發獎牌1座及獎金新臺幣3萬元，以四名為限）。

(3) 單項特色獎：75分以上未達80分之社區，得視辦理情形，評定為單項特色獎（發獎牌1座及獎金新臺幣1萬元）。

3. 評鑑的方式：此項評鑑係取外部評鑑的方式，由縣市政府邀請專家學者組成評鑑小組，進行書面資料審查，並實地查證接受評鑑之社區。

4. 評鑑的步驟：分三個階段進行：

(1) 社區自評：參加評鑑之社區發展協會，依會務、財務推動績效評鑑表及社區發展協會業務績效評鑑表之考評項目，先作自評，並於規定期限送鄉（鎮、市）公所。

(2) 公所初評：鄉（鎮、市）公所依實際輔導情形及社區發展協會彙送之自評表，辦理初評，並於規定期限報請縣市政府複評。

(3) 縣市政府複評：由縣市政府邀請專家學者組成評鑑小組，進行複評，就受評單位之簡報、書面報告及實地查證等資料詳加審核，召開決審會議，評定受評單位總成績。複評時，應由各公所相關業務人員陪同，協助及輔導受評單位準備各項資料及簡報。

在此，必須補充說明，有些縣市在社區發展工作績效評鑑計畫中規定，發給獲獎社區之獎勵金，應作為推動社區發展相關業務之用；評鑑成績優等社區得由縣市政府指定辦理示範觀摩，以供學習；並依「衛生福利部社區發展工作——金卓越社區選拔計畫」之規定，薦送衛生福利部參加金卓越社區選拔。這些配套措施，尚屬合情合理。但是，少數縣市參採金卓越社區選拔計畫的選拔項目，僅評鑑社區發展的「業務」部分（即：社區發展工作綱要規定之工作項目、政策或方案配合項目、社區自創項目之中，自選三項），而未將「會務」、「財務」一併列入評鑑。至於衛生福利部選拔金卓越社區的指標，則完全不看社區的會務及財務。這樣的改變，是否適當，似有待進一步討論（見**批判性思考議題9-1**）。

批判性思考議題9-1

在社區發展工作金卓越社區選拔報告中，評審委員對於選拔項目不再列入社區發展協會的「會務、財務」，有正反意見：

甲委員認為：新的選拔方式簡化很多項目，例如會務、財務授權在地的主管機關依權責辦理，這樣的突破，對以志願性人力組成的社區組織而言，確實大大的減輕壓力，也較能夠足全力放在重要的社區發展項目（王秀燕，2018：9-10）。

乙委員認為：會務、財務管理是社區工作的重要基本功夫，也是核心靈魂之所在，在缺少會務、財務佐證之業務活動內容中，實無法全盤了解社區發展協會在這些業務發展背後的脈絡與成效（鄭夙芬，2019：37）。

1. **提問**：金卓越社區選拔指標中，將社區的「會務」與「財務」精簡，不必在選拔現場呈現，是否造成社區的「業務」不知為何要辦？

2. **評估**：甲委員的意見比較有道理？抑或乙委員的意見比較合理？
3. **斷言**：社區的會務、財務，由縣市政府依權責掌握之外，有無其他適當方式可讓現場選拔委員了解「業務」辦理的根據？

三 縣市政府對社區的認證

　　長久以來，各縣市辦理社區發展工作評鑑，係參採中央政府（衛生福利部）訂定的評鑑指標，據以評鑑各社區發展協會的工作成果，而未考量各個社區之間的差異性，以及社區的自主性或主動性。因此，有關於改變「推薦」或「指定」績優社區參加評鑑的作法，轉而由社區主動「申請」評鑑的呼聲，已時有所聞，且日臻成熟。

　　2018年5月，臺北市首開風氣之先，將原來的社區評鑑計畫，修改為「咱ㄟ社區」臺北社區認證計畫，據以辦理社區認證。凡是立案滿二年且近二年會務、財務運作正常，自願參與認證之社區發展協會，均可主動申請認證。後來，屏東縣於2020年起，辦理「安居大社區好讚認證暨選拔」；基隆市也於2020年起，辦理社區認證。瞻望未來，可能有更多縣市辦理社區認證。

　　社區認證是社區評鑑的另類方式，由社會處局辦理，不同於其他單位辦理的「書香社區」、「健康社區」、「低碳社區」、「生態綠化社區」、「自主防災社區」、「國際安全社區」、「國際慢活社區」之認證。茲以某縣市為例，依其社區認證計畫及筆者實地參與認證的經驗，略述社區認證的辦理情形：

　　1. 評量的指標：包括四個面向，其評量指標之摘要，如表9-2：

表9-2　某縣市社區認證指標之摘要

評量面向	指標說明	協會發展情形
社區認識	協會能認識社區，指認優勢與劣勢，包括： 1. 社區地理人文資料。 2. 社區人口結構及福利需求。 3. 各項社區資源。 4. 社區特色。 5. 社區有待處理的議題。	0-5分

評量面向	指標說明	協會發展情形
民主共好	1. 社區志工團隊有組織架構及分工模式，且能透過討論，共同決定服務措施。 2. 協會能依居民的不同屬性，提供社區參與的機會，針對社區措施、公共議題，交換意見。 3. 協會提供的服務及方案，能回應社區生活的需求。	0-5分
學習成長	1. 協會能善用及累積社區的人力、物力、環境與文化特色。 2. 協會對社區議題能持續進行討論，並發展成為方案或行動。 3. 協會能善用創意方法、多元素材，或與其他專業團隊、工作夥伴，協力合作，發展創新方案。	0-5分
生活願景	1. 協會能持續發掘社區各類居民的生活需求，針對既有服務進行反思及調整，並積極推動各項社區友善方案，例如社區照顧關懷據點、社區互助方案。 2. 協會有社區發展願景，並嘗試透過各種策略性方案，朝著願景邁進。 3. 協會為使社區永續發展，對社區資源及工作經驗的傳承，有具體策略及實踐措施。	0-5分

資料來源：摘自某縣市社區認證計畫。

2. 評量的基準：此項社區認證，係採基準線（baselines）為評量的基準，對於「社區認識」、「民主共好」、「學習成長」、「生活願景」四個面向，各配置0-5分。以1分為基準線，依序遞增，高度發展者5分，無發展者0分。四項總分需達12分，始獲得認證（證書），未達認證標準的社區，列為「認證中」，藉以鼓勵社區繼續努力，更求精進。

3. 評量的方式：採取外部評量，由縣市政府（社會處局）邀集（並得由社區發展協會推薦）社區工作專家學者及社區實務工作者，組成認證小組（成員人數視認證社區之數量另訂之），進行社區訪視及評定。

4. 評量的步驟：分三個階段進行：

(1) 公所初步審查：由立案滿二年且近二年會務、財務運作正常，自願參加認證的社區發展協會，填寫報名表，送交所在地公所

進行初步審查。經審查符合規定標準（近二年定期開會及會議紀錄函報備查、會務正常、申請政府補助案件之核銷案件達100%），將相關資料及社區自薦表（描述：我們的社區、我們的團隊、我們的夥伴、我們的行動、我們的反思及願景），函送社會處局。

(2)社區訪視及初步評定：由認證小組到受評的社區發展協會進行訪視（含社區簡報、踏察環境、訪談幹部、查閱資料、意見交流，時間約二小時），並依認證標準評量該社區平時運作及發展情形，作成紀錄及初步評定。

(3)認證小組複評：召開認證小組複評會議，確認評定結果。連續二年獲認證者，第三、四年免認證，第五年需重新報名參加社區認證。

本來，縣市政府辦理社區認證的用意，是為了摒除社區之間的相互比較，強化社區的自主意識，提供社區自我反思與持續成長的機會，發展適合社區需求的方案或措施。然而，辦理初期，可能基於鼓勵的考量，縣市政府對於通過認證的社區，仍舊發給獎勵金，並得優先獲得社區發展經費補助，優先推薦其參加中央社區選拔。這樣的設計，似未完全擺脫傳統社區評鑑或社區考核的窠臼，允宜逐步改變。

不管怎樣，政府辦理社區工作績效評鑑或社區認證工作，乃在於協助社區進行自我檢視及自我改進，進而促進社區的永續發展。

 ## 第三節　促進社區永續發展

前述社區工作績效評量，曾提及參加評鑑的卓越社區必須說明其卓越特色，包括最近三年業務永續推動的成長績效。這意味著成為卓越社區的條件之一，是社區在永續發展方面，有亮麗的表現。

如眾所知，永續（sustainability）已引起全球共同關注。例如：氣候變遷、全球暖化、資源耗竭、環境汙染、物種滅絕、貧富不均、社會不平等、社區失落，都是世界各國的熱門議題。

1987年，聯合國世界環境及發展委員會（World Commission on Environment and Development, WCED）提出「我們共同的未來」（Our Common Future）的報告，該委員會主席布魯德蘭（Brundtland, 1987: 24）將「永續」（sustainability）定義為：「一種發展，能滿足現在的需求，而不危及未來世代有能力去滿足他們的需求」（adopted from Green & Haines, 2016: 58, also see Gamble & Hoff, 2013: 215）。

　　此後，聯合國又多次發表永續發展相關報告，並於2015年，聯合國大會通過「2030年永續發展議程」，提出17項全球邁向永續發展的核心目標（SDGs），其中，第11項核心目標與社區有關：永續城市與社區（Sustainable Cities and Communities）。

　　臺灣也不落人後，於1997年成立「行政院國家永續發展委員會」，先後訂定「永續發展政策綱領」、「臺灣21世紀議程」、「臺灣永續發展宣言」，並於2018年11月，參考聯合國「2030年永續發展議程」，訂定臺灣永續發展18項核心目標。其中，第11項目標與社區有關：建構具包容、安全、韌性及永續特質的城市與鄉村；而第18項目標則是臺灣特有的本土目標：逐步達成環境基本法所訂非核家園目標。

　　由此顯示，永續發展必然涵蓋社區的永續，這不僅基於「全球思考，在地行動」（think globally, act locally）的理念（Gilchrist & Taylor, 2016: 170），而且必須從社區著手，其主要理由：(1)在地居民與自然環境的互動，更加時常與直接；(2)以社區行動去回應環境、經濟與社會的問題，更加有效；(3)個人生活選擇消費什麼與如何消費，常受特定場域的影響，當他們覺知不良影響，即可就地行動（例如家長覺知塑膠餐具有礙健康，即可改用玻璃產品）（Green & Haines, 2016: 61）。

　　現在，我們將永續的概念，導入於社區場域。所謂「社區永續」（community sustainability）或永續的社區發展（sustainable community development），可視為一種觀念、一種方法、一種生活的方式，社區可視其發展情況，自由選擇分類的方式，去納入在地社區的經濟、環境、社會等特徵，而且平衡考量，以達成永續發展的目標（Green & Haines, 2016: 58）。以下綜合相關文獻，略述社區永續發展的主要層面、促進策略及促進技巧：

一 社區永續發展的主要層面

一般而言，有關永續發展的討論，大多數優先納入環境（environment）、經濟（economic）、平等（equity）或社會平等（social equity）等層面（合稱為3Es）的考量，並且強調這些層面之間的交互關係與相互平衡。

例如：伊思提斯（Estes, 1993）針對永續發展如何轉化進入社區實務，他運用「人在環境中」（person in environment, PIE）的架構，提出一種社會系統、經濟系統、環境系統連結運作的巢狀模式（adopted from Gamble & Hoff, 2016: 216-217），如圖9-1：

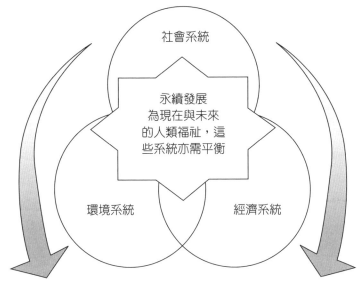

聚焦於社會正義、人權、多樣性、人道、倡導，並由社區
引導居民，以平等、機會、負責任的原則，達致永續。

圖9-1 永續社區發展的主要層面

資料來源：Gamble & Weil, 2010, adopted from Gamble & Hoff, 2008, p. 218.

由圖9-1顯示，永續發展的社區實務，是為了促進現在世代與未來世代社區居民的福祉，而致力於環境、經濟、社會三個層面的永續。舉例來說：

1. **環境的永續**：這個層面的社區實務，著重於社區環境與自然生態的維護或改善。例如：有計畫地保護老樹，增加樹蔭，減少冷氣使用及廢氣排放；維護濕地或生態池，豐富社區生物多樣性；倡導「節能減碳」，包括3R：減量（reduce）、再生利用（reuse）、重複使用（recycle）。

2. **經濟的永續**：這個層面的社區實務，著重於發展社區產業，增加居民就業機會及社區財務收入；鼓勵社區居民（尤其社區青年）共創社會企業，投資綠色產品的產銷，並善盡企業責任，回饋辦理社區服務。

3. **社會的永續**：這個層面的社區實務，強調所有居民都有平等參與社區事務的機會；尊重社區居民的多元文化，在社區方案或活動之中，包容不同族群、性別、年齡的居民意見；重視弱勢居民的照顧服務。

抑有進者，上述三個層面的永續發展，彼此之間可能潛藏一些衝突：(1)發展的衝突（development conflict），例如：為了環境保護，可能限縮貧苦居民的工作機會；(2)資源的衝突（resource conflict），例如：以採礦維生的社區，為了短期的工作與收入，可能影響長期的水資源供應；(3)財產的衝突（property conflict），例如：要求社區居民出借土地，提供公共利益（common good）使用，可能影響個人資產的運用（Green & Haines, 2016: 59）。因此，工作於社區永續的實務工作者必須考量環境、經濟與社會之間的交互關係與平衡發展，並聚焦於社會正義（social justice）、人權（human rights）、多樣性（diversity）、人道（humility）、倡導（advocacy）的信念，逐步引導社區居民以平等（equality）、機會（opportunity）與負責（responsibility）的原則，致力於促進社區永續發展。

有時候，我們也可用不同的顏色，來形容社區永續發展的三個層面：「綠色」（green）代表環境的永續、「金色」（gold）代表經濟的永續、「彩虹」（rainbow）代表社會的永續（Gamble & Hoff, 2013: 228）.。試想，這樣的社區，有綠地，有財源，有彩虹，任由居民共享，而且世代傳承，這不就是一種夢寐以求、令人嚮往的永續社區？

二 促進社區永續發展的策略

即使永續社區，令人嚮往，然而社區永續，斷非心想事成，一蹴可幾，仍然需要社區實務工作者運用適當的促進策略，引導居民以行動達成社區永續發展。

在這方面，伊思提斯（Estes, 1993）曾規劃七個實務層次，用以協助社區實務工作者針對各個實務層次的目標、成果或過程，以平等、機會、負責的原則，去促進社會、經濟、環境的永續發展（adopted from Gamble & Hoff, 2013: 222）。其中，與社區發展直接有關的層次描述，如表9-3：

表9-3 促進社會、經濟與環境永續發展的策略

實務層次	目標、成果或過程	基於平等、機會、負責的促進策略
1. 個人與團體充權	透過意識覺醒，協助個人與團體學會如何發覺社會、政治、經濟結構失衡，並採取行動。	當社區成員有機會參與他們的生活品質、資源取得、潛能發展的分析，他們將更能為他們的需求而倡導，且能展現他們的潛能、履行保護社區的角色。
2. 衝突解決	(1) 減少個人或團體之中的不滿因素。 (2) 降低擁有權力者與缺少權力者之間不對稱的權力關係。	針對各種型態（貧窮、種族主義、壓迫）產生的暴力，以及各種層次（個人、團體、社區）引發的暴力，以平等、機會與負責的原則，支持他們，藉以減少衝突。
3. 強化社區活力	強化全體居民的參與機會與社區活力，促使社區對居民的需求，更平等地回應。	將地理社區與利益社區聯結在一起，並且在每一社區提供一個空間，讓參與的成員以平等、機會及責任的原則，對經濟的、生態的、社會的方案，進行規劃、促進、評量。
4. 制度建立	透過現有的社會制度，或建立新的制度，以便更有效地回應已出現或新出現的需求。	有關社區經濟與社會的制度，必須精心設計，以滿足所有居民（尤其脆弱者）現在與未來的需求。且在社區方案中，納入居民能力與參與機會的考量，讓所有居民的福祉都能獲得改善。

資料來源：Gamble & Hoff, 2013, p.223.

表9-3對於促進社區永續發展的策略，已有相當詳細的描述，茲彙整其要點如下：

1. 個人與團體充權（individual and group empowerment）：喚醒個人與團體的道德良心（conscientization），協助他們學會如何發覺社

區有關社會、政治、經濟結構的失衡，並提供機會讓他們參與社區行動，善盡維護社區永續發展的角色。

2. 衝突解決（conflict resolution）：支持社區成員針對各種型態與各種層次的暴力，發展一種平等、機會與負責的關係，以減少個人與團體之中的不滿因素，降低有權者與少權者之間的權力衝突。

3. 強化社區活力（community building）：強化社區居民的參與意願，激發社區居民的積極行動，並且在每一個社區提供平等的機會，讓所有居民參與經濟、生態、社會等社區方案的設計、促進及成果評量。

4. 制度建立（institution building）：考量居民能力及參與機會，精心設計有關社區經濟、社會與環境的制度，以便有效地回應所有居民（尤其脆弱者）現在與未來的需求，改善他們的福祉。

除此之外，表9-3雖然沒有列舉國家（nation）、區域（region）、世界（world）等層次對於永續的促進策略，但是這三個層次的作為，對於社區永續也有間接的促進作用。例如：就國家層次而言，由國家建立社會、經濟、環境整合發展成果的評量指標，有助於引領社區的發展方向，社區也可據以評量他們的社區永續發展在全國之中的表現情況；就區域層次而言，一個國家與鄰近國家締結社會、經濟、環境領域的互助契約，社區可據以協助跨國移民尋求人身與經濟的安全；就世界層次而言，國際之間建立跨國社區網絡（networking across global communities），有助於各國同步推動他們所轄社區的環境保護、降低衝突、減少貧窮（Gamble & Hoff, 2013: 224）。

一言以蔽之，想要促進社區永續發展，必須立基於社區情境，結合多種層次的策略，整合運用，庶幾有成。

三 促進社區永續發展的技巧

前述促進策略，已為社區永續提供可行的方向。如今，為了更有效地促進社區永續，社區實務工作還須運用適當的技巧，引領社區居民一起促進社區永續。

至於促進社區永續發展的重要技巧，可包括但不限於下列四種

（Gamble & Hoff, 2013: 224-227）：

1. 以參與的方式介入（participatory engagement）：社區實務工作者
   不以指導者的身分自居，而以參與的方式，介入社區永續發展的
   工作。首先，與居民一起評估社區永續發展層面（經濟、環境、
   社會）的需求及其優先順序。然後，與居民一起設定永續發展的
   目標，一起為滿足目標而規劃及行動，並且一起評量執行的成效
   （Gamble & Weil, 2010）。

2. 強化社會資本（strengthening social capital）：這裡，社會資本
   （social capital）的操作性定義是：社區成員之中，有一種相互信
   任與相互負責（mutual obligation）的規範，並能結合來自社區調停
   制度（community mediating institutions）的支持（Couto, 1999）。
   因此，社區實務工作者必須視社區為一個整體，強化成員之間互信
   與互助的關係，並以集體行動為社區永續而一起努力。

3. 交插式規劃（intersectoral planning）：社區永續發展方案的規劃，
   可能涉及社會主要機構的相關部門，包括：政府、企業、勞動、教
   育（例如公立學校、大學）、民間團體（例如環境保護組織、青年
   團體、宗教團體），因而社區實務工作者必須擴大覺察的範圍，邀
   請或加入相關部門，交插規劃有利於社區永續的方案。尤其是鼓勵
   青年團體的成員，在社區一起規劃、一起運作社區永續方案。

4. 永續社區指標的使用（use of sustainable community indicators）：
   有些社區已開始編製生活品質指標（quality-of-life indicators）或生
   活福祉的判準（benchmarks of well-being），以測量社區活動的成
   效，並以「前測」與「後測」比較社區永續的進展。例如：美國
   西雅圖的永續社區指標（indicators of sustainable community），包
   括：參加投票、參加成人教學、鄰里親切程度（neighborliness）的
   比率；佛羅里達州（東北部）傑克森維爾社區協會（Jacksonville
   Community Council）的生活品質指標，除了參與投票者的比率，
   還包括：能說出社區成員二人以上姓名者的比率（Wheeler, 2012:
   181）。

無論如何，採借其他社區設定的永續發展指標，或者引導社區成員編

製一種適合於本土社區歷史、文化及環境脈絡的指標，都有助於了解永續社區發展的成效，並且針對指標較差的部分，檢討改進，持續努力。

　　總而言之，我們再度強調：社區工作（或社區發展）是一種有組織、有計畫、有步驟、持續改變的過程。本章是社區工作程序的整理與評量階段，對於社區工作方案或計畫的執行過程與結果，加以記錄及整理之後，進行社區工作績效評量（包含政府對於社區卓越特色中永續發展情況的評鑑），其主要目的無非在於協助社區檢討過去（review the past），策劃未來（plan the future）（麥克里等著，李淑君譯，2000：258），進而促使社區不斷精進，永續發展。

第十章
如何運用社區工作
方法推動社區業務

前面一章提及社區工作程序三部曲的最後階段，是促進社區永續發展，且包括：經濟的永續、環境的永續、社會的永續。觀察這三個層面的永續，幾乎與臺灣現行「社區發展工作綱要」（第12條）的「三大建設工作」，不謀而合，如出一轍。

例如：在「社區發展工作綱要」的公共設施建設項下，「社區環境衛生與垃圾之改善及處理」、「社區綠化及美化」，是環境永續的部分；生產福利建設項下，「社會福利之推動」、「推動社區產業發展」，是社會永續與經濟永續的部分；至於精神倫理建設項下，「社區長壽俱樂部之設置」、「社區災害防備之演練、通報及宣傳」，是社會永續與環境永續的部分。

接下來的問題，是如何運用社區工作方法，來推動社區發展業務，以促進社區永續發展？本章將從社區發展的三大建設之中，選取社區產業發展（經濟的永續）、社區照顧服務（社會的永續）、災後社區重建（環境的永續及其他）等三項社區業務，扼要陳述：

 ## 第一節　如何推動社區產業發展

社區產業發展，是社區工作的重要項目之一。何謂「社區產業」（community-based industries）？它是立基於社區，以人為本，並以永續發展的角度投入於經濟活動，為社區永續，創造社會、環境、文化、財務等多重效益（高永興，2015：103）。

由這個定義，可知社區產業是由社區居民自主投入的一種經濟活動，具有充實社區財務與增進居民福利的雙重效益。但是，社區產業並不等同於社會企業，因為兩者的設立基礎、業務範圍，以及運作條件都有所不同，即使將社區列入社會企業的範疇內，也不適合。尤其，臺灣目前尚無類似英國於2005年建立的社區利益公司（community interest company, CIC）的機制，以期許社會企業投入於社區發展，因而社區產業的推動，仍須由社區組織來主導（高永興，2015：104）。換言之，比較務實的作法，是由社區組織依照本身的資源及能力，先行推動小型的產業，行有餘力，再逐步擴及地方產業（local enterprise）、社區企業（community enterprise）或社會企業（social enterprise）。

　　就臺灣當前的情況而言，大多數社區發展協會的財務狀況，並不充裕，甚至拮据，必須向政府申請補助。即使，政府提供補助，金額有限，也不穩定。因此，許多社區有意推動產業發展，以便充實社區財務，促進社區永續發展。以下參考社區工作的方法，由評估社區需求、規劃社區方案、執行社區方案、評量執行績效等程序，略述如何推動社區產業發展：

一　評估社區的概況及需求

　　一個社區有意推動社區展業，可能是為了增加社區的財務收入，提供居民的就業機會；也可能是參觀某些推動社區產業有成的社區之後，起心動念，擬以參照辦理。然而，社區的範圍不大，資源有限，不一定具有發展社區產業的條件。因此，在推動社區產業發展之前，必須進行下列評估：

1. 評估社區的概況：社區組織的領導人（例如：社區發展協會理事長、總幹事、專案組幹部）結合社區居民代表，透過實地踏查、觀察或調查，了解社區的人、文、地、產、景，共同思考或討論：社區既有產業可否擴大推展？社區的歷史建築、地理空間、自然景觀或其他設施，可否開發成為新產業？

2. 評估社區的需求：社區組織（社區發展協會）的領導人或幹部，透過口頭或書面，向居民說明推動社區產業的構想之後，調查及評估居民對於推動社區產業的需求或意見，藉以了解多數居民的意向，作為是否推動或推動何種產業的參據。

　　再者，社區本身有無足夠的人力、財力、設備等必要資源，可用於推動社區產業？是否需要外界提供支援或合作辦理，也可一併進行評估，以使社區產業的推動有更周延的準備。

二　規劃社區產業發展方案

　　經過評估的程序，確定社區有發展產業的需求及可能之後，可由社區發展協會邀請居民代表及相關人士（例如：社區工作者、其他社區對推動產業有實務經驗者），共同參與規劃社區產業發展方案或計畫，其要點包

括：

1. 設定目標：可根據社區居民對於發展社區產業的需求或意見，來設定社區產業方案的目標。例如：

   (1) 增加社區組織的自主財源，降低對政府經費補助的依賴，進而促使社區得以永續發展。

   (2) 針對社區需求，研發具有創意、經濟效益的產業策略，並落實於就業及教育領域（技能訓練）（洪德仁，2005：5）。

   (3) 招募及訓練社區居民參加社區產業相關活動，藉以擴大居民社區參與的機會，提高居民的社區意識。

   (4) 呈現社區的特色產業與精神，吸引社會大眾前來社區參訪、體驗、和購買在地農產品或特殊社區產物，增加社區的收入及知名度（廖淑娟、蕭至邦，2016：172）。

   當然，上述目標不可能一次到位，也不必照章全收，可斟酌社區實際需求，從中選擇一、二項為主要目標，其餘為次要目標，以便逐步達成，增加居民參與推動的信心。

2. 決定實施的內容：可參考常見的社區產業類型，搭配先前社區需求評估的結果，選擇一、二種適合於社區推動的產業項目，作為方案實施的內容。大體上，社區產業的類型可分為五種（許世雨，2008：5-6）：

   (1) 農特產品類：農業生產的生鮮蔬果及其加工品、再製品。例如：苗栗縣南庄鄉東河社區的甜柿、臺中市東勢區大茅埔社區的客家美食、南投縣魚池鄉山楂腳社區的紅茶產業等。

   (2) 手工藝品類：運用在地原料或社區勞動力，以手工的方式做出深具社區、在地特色的工藝品。例如：南投縣水里鄉上安社區的梅枝工藝品、苗栗縣泰安鄉象鼻社區的泰雅—賽德克編織品等。

   (3) 休閒產業類：運用在地的自然景觀、人文資源，開發社區旅遊、休閒文化相關的遊程或服務。例如：臺中市石岡、朴子、梅子等社區，串連形成東豐自行車綠廊之旅；苗栗縣南庄鄉東河社區的多元族群文化山水之旅。

(4) 社會福利照護類：因應高齡社會與雙薪家庭的增加，開辦社會福利照護機構，提供照顧或照護服務，酌收費用，合於人文地產景有關於「產」的面向。例如：南投福龜社區辦理兒童日托服務，社區安養機構。

(5) 社區小企業：都市社區大部分沒有農特產品與特殊的手工藝產品，為因應人口聚集、消費需求、就業機會，而出現產業群聚的情況。例如：臺北市北投區奇岩社區發展協會在社區設置共同購買站，推廣健康食材，目前約四、五百戶定期到站取貨，前三年累積了一百萬基金，撥一定比率用以提供獨居老人送餐服務，儼然成為一種社區小企業。

上述五種類型的社區產業，可再加入文化、生態、生活、生命等元素，從傳統的、初級的產業，轉型為二級或三級的產業，或者發展為多樣的複合式產業。例如：嘉義縣大林鎮明華社區將竹筍加工產品、竹筍風味餐，結合生態池與太陽能重電設施，成為觀光旅遊的景點，每年接待二百輛以上遊覽車，為社區財務及在地居民帶來不少收入。

除此之外，2008年臺中市南屯區干城六村88歲老兵黃永阜（人稱：彩虹爺爺），在眷村社區的牆壁、窗戶、地面、水溝鐵蓋，隨意彩繪各式人像、花、鳥、牛，並加上一些「平安」、「富貴」的吉祥話。這些奇特圖案與瑰麗色調，經網路迅速傳播，吸引大批遊客前往朝聖，臺中市政府並將「彩虹村」規劃為公園用地，免予拆除。近年來，「彩虹村」吸引來自香港、日本、韓國、新加坡、英國、德國、法國等地媒體及觀光客，成為另類的社區產業。自此之後，在臺灣掀起一股社區彩繪的風潮，從北到南幾乎每一個縣市都有彩繪社區，例如：新北市三芝區三臺社區（海洋生態）、臺中市霧峰區五福社區（農村四季）、臺南市七股區龍山社區（蚵農生活）、高雄市永安區鹽田社區（童年回憶）、金門縣烈嶼鄉西方社區（親子彩繪）（顏新訓，2018：71-77）。這種社區彩繪是否適宜發展為一種社區產業？見人見智，值得探討。（**見批判性思考議題10-1**）

　　目前，國內有彩繪社區數量過多、同質性高且原創性不足，並可能產生侵權等種種問題；而受訪居民多數認為彩繪對整體觀光產業發展是有所效益的：在社區環境方面，雖因遊客使社區多了垃圾，但社區整體環境有所提升；彩繪更讓當地居民提升在地的認同感，對地方產生情感，進而有助於社區發展（顏新訓，2018：2）。

1. **提問**：在你的學校或住家附近，有無彩繪社區？如有，這些彩繪圖案的特質是什麼？如無，可能的原因是什麼？

2. **評估**：針對附近的社區彩繪，評估其對社區發展的優點與缺點，並評估有無必要將社區彩繪形成該社區的社區產業？

3. **斷言**：依你的判斷，將社區彩繪進而發展成為臺灣的社區產業，其可能性如何？並思考再注入什麼元素，始能成為一種成功的社區產業？

三 執行社區產業發展方案

　　在規劃社區產業的推動方案之後，不能急就章或者遷就經費補助作業而草率投入，也不能只顧短期的利益，而不思考產業的長期運作和發展（高永興，2015：127）。因此，執行社區產業發展方案，必須考慮實施的策略與技術：

1. **實施的策略**：綜合相關文獻的論述，推動社區產業發展的策略，可包括：

    (1) 設立一個正式的組織：在社區組織（社區發展協會）內部設置一個正式的次級組織，負責推動社區產業發展。例如：以任務編組方式，設立專案組或產業組，進行產業相關事務的宣導、訓練、分工、協調等工作。

    (2) 當地居民的充分參與：發展社區產業是社區工作的重要項目，需要社區居民的充分參與，而且一開始就要鼓勵居民參與，包括：參與生產、行銷、收益配置及相關福利服務。

    (3) 主動尋求合作的機會：透過社區的會議，主動尋求產業合作的

對象，讓社區能量源源不絕。例如：花蓮縣瑞穗鄉東豐社區的文旦產業，與當地農作物產銷班合作進行產銷作業。

(4) 加強社會資本的投入：一個社區如果有比較好的社會資本，在建置與維繫社區產業的過程中，社區內部的人際關係，與在地團體之間的互動，也會比較好，將有助於社區資產的長遠發展（Midgley, 2010: 15）。

(5) 將產業收益用於社區：理想的社區產業，是藉由產業的生產來獲利，並將利潤嘉惠於社區居民的生活，特別是發展社區照顧服務事業（廖淑娟、蕭至邦，2016：171），

簡言之，在執行社區產業方案的過程中，必須採取適當的實施策略，動員居民的集體力量，結合社區內外資源，並兼顧經濟與社會的效益，以期極大化社區的共同利益。

2. 實施的技術：本質上，社區產業的發展，是一種商業模式，可運用社會企業已經發展出來的技術，從「產、銷、人、發、財」的角度，制定營運計畫及實務操作（高永興，2015：118）。 以下從這五個角度，扼要申述實施社區產業方案的相關技術：

(1) 產品：在規劃推動的社區產業項目之中，選擇社區最優勢的一、二種產業，精心設計產品，打造獨特「品牌」，建立良好「口碑」。例如：宜蘭縣蘇澳鎮白米社區利用附近林場的木材，推出「木屐」產品DIY，形塑「白米心，木屐情」的形象，一炮而紅，且歷久不衰。

(2) 行銷：社區的範圍不大，推出的產品不多，為了節省行銷成本，適合採用聯合行銷或網路行銷。例如：高雄市鳳山區境內各社區居民的有機蔬菜、小點心、手工藝品，定期在婦幼青少年館廣場的小市集聯合展售，空曠的廣場，掛著七彩染布，音樂陣陣飄來，多采多姿的產品就在裡面大大地進行交易（陳怡旋，2009，引自羅秀華，2012：255）。

(3) 人文：無論何種類型的社區產業，最好能加上人文的元素，賦予歷史、文化、故事性，使產品更具生命力。例如：南投縣埔里鎮長青村（九二一震災安置無家可歸老人的社區），村長陳

芳姿與張子華夫婦以其在日月潭經營陶藝館的專長，教導社區老人製作陶器，販賣「半杯咖啡」（老人走路不穩，端到顧客面前，只剩半杯），自力更生，名聞遐邇。

(4)開發：社區產業如同一般商品，必須不斷地研究、發展、創新，以保持生機與活力。例如：臺北市北投區奇岩社區的社區產業，最初的共同廚房是提供社區老人送餐服務，後來轉型為烘焙教室，由社區居民共同經營，由於真材實料又有健康概念，產品經常供不應求，目前每月產值約有7、8萬元（高永興，2015：120）。

(5)財務：社區產業的財務收支，最好另設專門帳戶，避免與社區組織（社區發展協會）的財務混淆不清，而且必須定期公布，以昭公信。如果，社區產業的產值超過營業稅徵收門檻，還有課稅問題，必須有避稅技術。因為，社區產業所獲利益，不是分配給個人，而是為了社區的公共利益。

簡言之，社區產業的營運，透過「產、銷、人、發、財」的技術，讓社區的特色產品，銷出去，錢進來，社區所有的人都可發大財，也可用以推動更多的社區公益服務，何樂而不為？

四 評量社區產業發展績效

固然，推動社區產業，可增加社區的財務，用以辦理更多的社區公益。但是，社區產業如同一般商業活動，也有一定的風險，甚至可能血本無歸，反而造成社區財務的負擔。因此，社區組織（社區發展協會）必須定期評量社區產業發展的績效，作為檢討改進的依據，或者據以修正社區產業方案，調整推動社區產業的策略及技術。

論及績效評量的方式，不僅著重於發展社區產業的成果，而且兼顧推動社區產業的過程。因為，推動社區產業的目的，除了增加社區的自主財務與就業機會之外，也不能忽略社區居民的共同參與，以及社區意識的凝聚。苟能如此，將有助於社區的永續發展。

至於社區工作者在推動社區產業發展過程的角色，他們可能經常被社區詢問有關社區產業的議題，尤其是社區產業如何規劃及推動？事實上，

社區產業並沒有一定的推動模式，而且社區產業的類型很多，社區工作者通常扮演促進者與媒介者的角色，一方面促進居民以行動參與社區產業的營運，另一方面媒合社區與相關單位的合作機會，包括：引介產業技術、提供訓練及合作行銷。

　　一言以蔽之，社區工作者在協助社區推動產業的過程中，必須先取得社區的信任，展現自己的誠意和能力，給予社區真切的了解和關心，成為彼此的工作夥伴。

 ## 第二節　如何推動社區照顧服務

　　前述社區產業的推動，兼具社區經濟發展與社區公共利益的雙重目的，也就是以社區產業獲得的利益，用來辦理社區福利服務，對社區之中處於不利境遇的兒童、少年、障礙者、老人，提供必要的照顧及服務。

　　尤其，在現代社會，老人越來越多，也越來越老，對於照顧的需求，更加殷切，而且適合於社區式的照顧服務。因為，社區是他們熟悉的生活環境，如果能將老人留在社區裡照顧（care in the community），由社區的人來照顧（care by the community），他們有許共同的記憶可以回味往事，也有許多認識的人可以談天說地，快樂過日，頤養天年，這就是福利社區化的一種具體作為。

　　臺灣有關老人社區照顧的發展，溯其源流，是以2002年臺南縣在各鄉鎮設立的「村里關懷中心」為其濫觴。這些村里關懷中心，運用在地人力及志願服務人員，為老人提供關懷訪視、量血壓等服務。可惜，由於經驗缺乏，有些關懷中心只為了申請補助，並非有心經營，後來多數剩下館室開放休閒設施，提供老人使用，其他服務近乎停擺（傅從喜，2012：317-318）。

　　受到臺南縣「村里關懷中心」實施經驗的影響，內政部於2004年開始討論老人社區照顧的議題，並於2005年提出「建立社區照顧關懷據點實施加計畫」，預定三年（2005-2007）期間，在臺灣地區成立2000個關懷據點。2007年12月，實施期限截止，中央政府將其列為一般性社會福利補助項目，每年編列經費補助地方政府及民間單位申請辦理。

依照規定，適合於申請政府補助、成立社區照顧關懷據點的單位，包括：(1)立案之社會團體（含社區發展協會）。(2)財團法人社會福利、宗教組織、文教基金會捐助章程中明訂辦理社會福利事項者。(3)其他社區團體，例如社區宗教組織、農漁會、文史團體等非營利組織。(4)村里辦公處。依據衛生福利部的統計資料，截至2020年12月，全臺灣（包括金門、馬祖）共成立4,305個社區照顧關懷據點，其中由社區發展協會申請成立者3,067個，占總數的71.24%。

由此可見，社區照顧關懷據點是當前社區發展工作的重要業務之一，尤其在縣市政府對社區發展協會實施績效評鑑，以及全國金卓越社區選拔，都將「社區照顧關懷據點」列為必要項目。茲以社區照顧關懷據點為例，從評估社區需求、規劃社區方案、執行社區方案、評量執行績效等步驟，略述如何運用社區工作方法推動社區照顧服務：

一 評估社區照顧服務需求

再列舉衛生福利部另一項統計資料，截至2020年12月，全臺灣（含金馬）的社區發展協會總數為6,918個。其中，申請政府補助辦理社區照顧關懷據點的社區，計有3,067個，占社區發展協會總數的44.04%，顯示有一半以上的社區尚未辦理關懷據點，因為申請補助、成立關懷據點必須具備一定的條件。例如：有空間（場地）、人力（含志工），以及65歲以上長者（含獨居長者、失能者、低收入者）等資料。因此，在成立社區照顧關懷據點之前，必須評估社區的量能，包括：

1. 調查社區的概況：了解社區的福利人口與現有資源。在福利人口方面，著重於65歲以上老人、失能者、低收入者的人數；在現有資源方面，著重於人力資源（社區幹部與社區志工）、物力資源（方便老人進出的場所、安全防護的設施）、財力資源（一定比例的自籌款及相關業務費用），以及社區境內或附近有關老人照顧的設施（含使用情形），以便評估社區成立關懷據點的必要性及可能性。

2. 評估社區的需求：透過問卷調查或實地訪問，了解社區老人或其家人對於社區提供照顧服務的需求，著重於老人有無接受社區照顧的意願，以及期待社區提供照顧服務的項目。必要時，也可進一步評

估老人的健康狀況或行動能力，作爲規劃老人參加活動或者提供到宅服務之參考。

簡言之，社區必先評估長者對於關懷據點的需求量，以及社區的供給能力，然後進行規劃。否則，貿然申請補助經費，購置了老人休閒器材、餐食設備，結果沒有老人前來使用，投閒置散，成爲「蚊子館」。

二 規劃社區照顧服務方案

依據衛生福利部「社會福利補助項目及標準實施要點」之規定，民間團體（含社區發展協會）申請辦理社區照顧關懷據點補助，必須依照計畫書格式填列相關資料，送請地方政府進行初審後，彙送衛生福利部核定。此項計畫書，除了填寫社區的資料之外，必須著重於計畫目標與服務項目：

1. 設定目標：可參考「建立社區關懷據點實施辦法」揭示的目標，轉化爲本社區規劃社區照顧關懷據點服務方案的目標，例如：

   (1) 落實福利社區化措施，由社區提供在地服務，以因應老人的需求，打造一個自主、活力、幸福、永續的社區環境，達成衛生福利部揭示的社區發展共同願景。

   (2) 結合照顧管理中心等相關福利資源，爲社區長者提供多元照顧服務，進而建立社區照顧的支持體系。

   (3) 發揚社區參與的精神，鼓勵居民擔任社區志工，就近照顧社區長者，減輕家庭照顧者的負擔，提供適當的喘息服務。

   這些目標，也可結合前述社區產業發展的目標，使兩者相輔相成，相得益彰。必要時，還可搭配社區照護型的產業，增加照顧服務的供給量，讓社區所有老人（包括有經濟能力或經濟弱勢者），都能得到他們所需要的照顧服務。

2. 決定實施的內容：依照「建立社區關懷據點實施辦法」之規定，社區照顧關懷據點的服務項目有四種，至少辦理其中三種，並將預定的服務項目列入方案規劃之中，作爲實施的內容：

   (1) 關懷訪視：對於有關懷訪視需求的服務對象，由志工定期進行訪視，關懷生活起居、量血壓及體溫，了解身體狀況，提供情

緒支持。

(2) 電話問安、諮詢及轉介服務：對於有電話問安需求的服務對象，由志工定期電話問安，提供諮詢服務，必要時轉介適當單位，給予更佳服務。

(3) 餐飲服務：對於有餐飲服務需求並符合一定條件（例如低收入、獨居、自願付費）的服務對象，由志工定期提供送餐服務或共餐服務。

(4) 健康促進活動：結合衛生所及醫療機構，提供衛教宣導、體適能活動、醫療諮詢、篩檢服務、疫苗注射及其他醫護服務。

　　此外，有些縣市政府要求在申請補助計畫書列入「館室服務」一項，並說明：關懷據點館室的開放時間、休閒設施（例如：運動、下棋、泡茶、唱歌、書報雜誌）及其他相關服務（例如：辦理文藝、聯誼、聚餐等類活動）。

三 執行社區照顧服務方案

　　社區提出申請補助的社區照顧服務計畫書，經主管機關核定之後，必須按照計畫書的實施內容及其實施期程，切實執行，始能撥補經費與檢據核銷。

　　對於社區照顧服務方案（或計畫書）的執行，可在社區組織（社區發展協會）的內部成立一個任務小組（例如：據點組或專案組），再結合相關資源，共同推動，並著重於實施的策略與技術：

1. 實施的策略：可由任務小組的成員透過會議，共同討論實施的策略，或者參考其他關懷據點成功的經驗，運用適當的策略，進行照顧服務，例如：

(1) 結合家庭照顧：社區照顧並非取代家庭照顧，因而鼓勵家人共同照顧長者。例如：假日暫停送餐或共餐，由家人奉養長輩、克盡孝道。

(2) 老人服務老人：同樣是老人，較能同理，鼓勵社區裡身體健康的初老（65-74歲）擔任志工，為中老（75-84歲）及老老（85歲以上）提供服務。

(3) 建構社區資源網絡：運用社區既有的聯繫管道及支持網絡，可促進社區照顧績效（Henderson & Vercseg, 2010）。為充實照顧服務，關懷據點可連結社區內外資源，例如衛生所、學校、醫院、廟宇、行政單位等，形成社區資源網絡中心（蕭文高，2010：12）。

2. 實施的技術：可審視社區長者的生活習慣及價值觀念，並針對服務項目的特質，而採取適當的實施技術，例如：

(1) 電話問安的技術：配合老人早睡早起習慣，選在早上打電話，問候是否起床、用餐？以了解當天狀況，必要時即時訪視或轉介就醫。並且，避免在11點前後打電話，因詐欺集團經常挑選老人獨自在家的時段，進行電話詐騙，家人已告知老人這個時段不接電話。

(2) 關懷訪視的技術：依約定時間前往，以免老人久等。同時，配合老人的步調，放慢說話速度，而且不干預隱私，也不推介秘方。

(3) 餐食服務的技術：配合當地老人的口味，並針對老人慢性病（例如高血壓、糖尿病）的個別情況，調配適當的營養餐食，定時送餐或共餐。

(4) 健康促進的技術：運用老人自助團體，相互勉勵，相互打氣，養成有規律的休閒運動。

(5) 館室服務的技術：提供適合於老人使用的空間、設備或設施，並注意安全防護及無障礙環境。

簡言之，社區照顧服務方案的執行，應以居民參與和方便使用為原則，有時候不妨因地制宜，量身打造，彈性處理，不拘形式。如果提供服務，不能方便老人使用，則關懷據點可以考慮關門大吉，何必再浪費資源？

四 評量社區照顧服務績效

為了確保社區關懷據點方案的執行績效，各縣市政府大都依據衛生福利部所訂「直轄市及縣市政府辦理社區照顧關懷據點考核（評鑑）指

標」，聘請專家學者及縣市政府相關業務人員，組成考核小組，每組三人，進行社區照顧關懷中心考核工作，一年書面考核，一年實地考核。

社區照顧關懷據點的年度考核指標，包括六個項目：(1)據點空間規劃與運用（10分），(2)據點宣導與資源管理應用（10分），(3)志工人力運用與管理（15分），(4)服務項目執行績效（45分），(5)行政作業配合情形（10分），(6)永續創意與發展（10分）。經考核評定成績達90分以上，為優等；80分以上，未達90分，為甲等；70分以上，未達80分，為乙等；70分以下，為丙等。其獲得優等、甲等的關懷據點，頒給獎牌與獎金，並優先申請政府補助；獲得乙等者，頒給特色獎；丙等者，加強輔導。

至於社區工作者在推動社區照顧關懷據點實施方案中的角色，可分兩方面說明：一是縣市照顧管理中心的社會工作者，依規定扮演輔導者、考核者的角色。二是少數關懷據點結合其他補助案（例如：勞動部多元開發就業方案、衛生福利部福利化旗艦計畫）而任用的社區工作者，經常扮演促進者、陪伴者的角色。

復有進者，2016年7月，政府公布實施「長期照顧十年計畫2.0」，衛生福利部為配合長照2.0的實施，於2019年12月訂頒「提升社區照顧關懷據點服務量能計畫」，凡是具有服務量能的社區照顧關懷據點，可向所在地的縣市政府申請成為「C級巷弄長照站」（長照柑仔店），參與辦理65歲以上衰弱（frailty）老人與失能者的照顧服務。

此外，衛生福利部社會及家庭署自2015年起，辦理社區金點獎的選拔及獎勵表揚，包括三種獎項：金點之星（團體獎）、金點英雄（個人獎）、年度特別獎（卓越公所），分別頒給獎金、獎座、獲獎證書，以資鼓勵。這項選拔及獎勵措施，對於推動社區照顧關懷點，具有正向的促進作用。

本來，長期照顧服務是政府的政策，如今採用經費補助，以吸引社區發展協會申請成立社區照顧關懷據點（或含C級巷弄長照站），以老人為服務對象，運用社區工作方法，推動社區照顧服務。而且，經過定期考核關懷據點的績效，以及社區金點獎選拔及表揚，顯示大多數關懷據點都有亮麗的成績。然而，社區有無推動照顧服務的能量？政府應如何協助社

區？都值得深入探討（見**批判性思考議題10-2**）。

批判性思考議題10-2

　　在「讓社區來照顧」的策略中，社區被當成是個被設定（default）存在（只要地方政府多成立幾個社區關懷據點就好了），且無須質疑其執行能力的給定（given）照顧機制。另方面，地方政府仍然必須面對要如何讓社區能量建置和社區參與賦能（或充權、培力）的提升與改變問題。這樣的兩頭為難，其實正是二十五年來臺灣社區工作發展的內在緊張和結構性矛盾所在（張世雄，2018：8）。

1. **提問**：在你的學校或住家附近，有無社區照顧關懷據點（或C級巷弄長照站）？如有，其營運的能量是否足夠？如無，找一位社區發展協會理事長，問他對於地方政府多設立幾個社區照顧關懷據點的看法。

2. **評估**：依你的觀察或了解，為了推動社區照顧服務，地方政府多設立幾個社區照顧關懷據點就夠了嗎？

3. **斷言**：為了確保有效推動社區照顧服務，政府對於社區照顧關懷據點之設立，除了提供經費補助之外，還必須做些什麼？

第三節　如何推動災後社區重建

　　以社區工作方法推動社區環境維護，不僅在於改善社區景觀，而且有助於保障居民安全。否則，發生重大天然災變，對於居民生命財產的傷害，可能更加嚴重。

　　最近二十餘年，全球各地，災變不斷，在國外，1995年日本阪神地震、2004年南亞海嘯、2005年美國紐奧良卡翠娜颶風（Hurricane Katrina）、2008年中國汶川大地震、2010年海地大地震、2011年日本福島地震及海嘯；在臺灣，1999年「九二一」大地震、2009年莫拉克颱風引發「八八」水災、2016年高雄美濃地震（臺南市維冠大樓倒塌）、2018年花蓮地震（統帥飯店倒塌）。

重大災變發生,首當其衝的是社區,嚴重受創的也是社區。而且,災變波及的範圍,往往牽連數個社區,必須動員消防、警察、軍隊、醫療、工程等第一線應變人員(the first responders),進行緊急救援。至於社區組織能夠著力之處,則聚焦於災變的重建階段,投入社區重建工作。

基於此種體認,並且考量各個社區遭受災變傷害的情況不盡相同,其重建工作也有不同的重點,這裡僅以莫拉克颱風的重災區——屏東縣萬丹地區為例,從評估社區需求、規劃社區方案、執行社區方案、評量執行績效等步驟,略述如何運用社區工作方法推動災後社區重建工作:

一 評估災後社區概況及需求

2009年8月8日凌晨,莫拉克颱風橫掃南臺灣,伴隨著滂沱大雨,在山區帶來大量土石流及嚴重坍方。屏東縣萬丹地區頓時成為重災區,隨即依據「莫拉克颱風災後重建特別條例」第9條規定:「中央政府應於各災區(鄉、鎮、市)設立生活重建中心,提供生活、心理、就學、就業及各項福利服務」,於2010年3月10日成立「屏東縣萬丹鄉生活重建服務中心」,並由內政部委託屏東縣慈善團體聯合協會負責辦理災區社區重建工作。重建中心成立之後,首先進行災區概況調查及需求評估:

1. 調查災區概況:經過重建中心實地調查結果,萬丹鄉30個村落之中,有19個村落嚴重受創,計有2,789戶淹水。尤其,香社村、灣內村、後村村、崙頂村,淹水幾達一層樓高,是最嚴重受害的災區。

2. 評估災民需求:重建中心運用莫拉克颱風臨時工作津貼人員,針對已向社會處領取八八水災救助金的災民清單,挨家挨戶進行訪視及需求調查,為期三個月,完成2705戶災民調查。經過統計,災民的需求,以就業服務最多,占42%,其餘依序為:老人服務占16%;身心障礙服務占15%;婦女服務占9%;生活服務占9%;就學服務占8%(倪榮春,2010:90-93)。

由於災後社區重建計畫,為期三年,災民的需求可能有所變化。因此,採取不同的需求評估方式,於2010年採用全面普查,2011年採用公聽會,2012年採用焦點團體,藉以了解災民需求的變化情形(臺灣兒童家扶

基金會，2012：38）。

二 規劃災後社區重建方案

萬丹鄉生活重建服務中心依據災民需求的評估結果，以及委託辦理事項之規定，擬定三年服務計畫。

第一年計畫，著重於辦公室硬體設備之建構，與社區相互融合，確實評估社區及民眾之需求。

第二年計畫，著重於個案、團體、社區之專業服務及生活服務，協助災區社區創造就業機會，促進社區產業發展，以及社區人力之培力。

第三年計畫，著重於退場機制之準備，完整地將生活重建中業的軟硬體，交棒給在地組織，以辦理後續重建工作。

茲綜合萬丹鄉災區生活重建中心為期三年的業務推動重點，略述其災後社區重建計畫的要點：

1. 設定目標：設定整個生活重建的目標為：社區互助照顧、「志工萬丹」、發展產業、促進就業、災後生活要比災前更好。

2. 決定實施內容：除了建構生活重建中心的硬體設備設施、建立人力資源管理、行政管理、財務管理的制度之外，對於災後社區的服務提供及協助，包括：

   (1) 心理服務：為災民提供心理諮商輔導，協助醫療轉介。

   (2) 就學服務：協助災區學生就學之扶助及輔導。

   (3) 就業服務：協助失業災民申請失業給付，參加職業訓練及推介就業。

   (4) 福利服務：對災區老人、兒童及少年、身心障礙者、變故家庭、單親家庭、低收入家庭、原住民或其他弱勢族群之生活需求，提供預防性、支持性及發展性之服務。

   (5) 生活服務：協助災區創造在地就業機會，並促進地方產業發展。

   (6) 其他轉介服務：提供法律、申訴、公共建設、產業重建、藝文展演與其他重建相關資訊之轉介。

再者，此項計畫係採目標管理方式，定期檢視服務工作是否達成預期

目標，據以修正後續計畫。例如：第二年開辦兒童課後照顧、獨居老人送餐服務；第三年促成社區聯盟、輔導社區守望相助隊、倡導志願服務。

三 執行災後社區重建方案

萬丹鄉生活重建服務中心設有主任一人，工作人員六人，在承辦單位屏東縣慈善團體聯合協會的督導之下，依據災後社區重建計畫的實施內容，逐項執行，其主要的實施策略與實施技術如下：

1. 實施的策略：在執行重建方案的過程中，採取的策略，包括：

    (1) 開辦一系列產業研習班：與萬丹鄉農會合作研發紅豆酒（相思酒），與萬丹采風社合辦「檳榔子」創意工藝研習班，並媒合家庭代工。

    (2) 在重建中心附設就業服務臺：作為災區居民就業媒合的平臺，並輔導成立「萬丹鄉井仔頭清潔環保勞動服務社」，推介災區居民至公司行號擔任臨時清潔工作，按時計酬。

    (3) 將社區培力納入永續發展的概念：分別陪伴崙頂社區建立木工坊、井仔頭社區成立幸福廚房、廈北社區成立老人照顧關懷據點、水泉社區研發紅豆食譜、四維社區建立社區導覽組織。

    此外，在重建期間，配合每年農曆9月18-19日赤山巖觀音佛祖聖誕日，辦理生活重建創意產業成果展示，以增進民眾對於社區重建的了解及支持。

2. 實施的技術：對於重建方案的執行，使用的技術，包括：

    (1) 運用「工作執行檢核表」：對於年度計畫執行的進度，定期實施檢核、滾動式修正及列管追蹤。

    (2) 建構行銷聯合平臺：萬丹紅豆產業已進入量產，乃將分散在社區、社團、個人等販售管道，連結形成一個行銷網絡，以強化產業行銷。

    (3) 製作社區防災地圖：以社區小區塊為範圍，由志工協助當地居民，繪製防災社區地圖，並辦理實地演練，以提高社會參與及防災效果。

    再者，三年期間，工作人員的更替，在所難免，萬丹重建中心對於新

進工作人員，訂有訓練計畫及學習檢核表，可使其在結構式的安排下，快速地熟悉工作內容。

四　評量災後社區重建績效

在莫拉克颱風受災區成立生活重建中心之後，內政部委託民間單位（兒童暨家庭扶助基金會），辦理27個生活重建中心巡迴輔導及考核專案。其中，有關工作績效的考核，包括：

1. 內部評量：由萬丹重建中心採用「背景、輸入、過程、成果」的評量模式（Context, Input, Process, Product, CIPP），對於計畫的執行過程，進行評量與管制，屬於內部評量。

2. 外部評量：由接受專案委託的單位，聘請大學社會工作領域學者、會計事務所的會計師（財務查核），組成考核小組，每年定期考核重建中心的工作績效。此項考核的指標，分為五項：(1)社區／部落調查，20分；(2)中心建構（設備、管理），35分；(3)服務提供與協助，40分；(4)災難應變宣導，5分；(5)服務創新與特殊貢獻，10分），總分90分以上為優等。萬丹重建中心於2010-2012年，連續三年，獲得優等。

至於社區工作者在災區社區重建中的角色，可分為兩方面：一是重建中心的社會工作者，負責社區／部落的需求調查、社區培力、社區服務工作，扮演使能者與充權者的角色；二是接受專案委託單位聘請的巡迴輔導及績效考核委員，定期進行輔導及考核，扮演指導者與促進者的角色。

綜合上述萬丹重建服務中心對於災後社區重建工作，大致上符合社區工作的程序，依照評估社區需求、規劃社區重建方案、執行社區重建方案、評量社區重建績效等過程，循序漸進，次第完成。尤其，在重建服務的過程中，訓練在地志工，參與各項服務，並且將社區培力納入永續發展的概念；開辦創意產業研習班，培力在地社區具備發展特色產業的能力，亦能符合社區工作鼓勵居民參與及永續發展的原則。

然而，「得人者昌，失人者亡」，社區組織如此，重建中心亦然。萬丹重建中心得天獨厚，慶幸找到前社會處長負責領導，其經驗豐富，人脈

又廣，該中心營運順暢，屢獲佳績，功不可沒。相對的，有一、二重建中心，領導者經驗不足，管理不力，績效欠佳，並不意外，甚至因此終止委託，以免影響災民權益（兒童暨家扶基金會，2011：16）。由此可知，政府對於災後社區重建工作之委託辦理，必須遴選適當的委辦單位，並加強督導及考核，使其順利運作，達致災後社區重建的最終目標。

第十一章
社區工作如何與其他
社區方案交互運用

社區工作方法不僅可運用於推動社區組織本身的業務，而且對於那些使用社區發展元素的一般性社區方案，也能透過「輕輕接觸」（light touch）（精巧地、圓融地處理事情），而加以運用，不一定要僱用社區工作者去為每一個領域爭取利益（Gilchrist & Taylor, 2016: 25）。

基於此種理念，英國在大地區計畫（Big Local Program）之中，採取來自國家智庫指派「代表」（reps）的模式，為社區相關領域的方案提供輔導與支持，以協助他們認清地方的優先順序，發展一種行動計畫，進而形塑一種居民引領的策略性夥伴關係（a resident-led strategic partnership）。他們（國家智庫指派的代表）曾將社區發展的策略與技術，運用於各種不同的專業服務。例如：公共衛生、住宅管理、青年工作、鄰里決策、社會照顧、更生保護（regeneration）等領域（Gilchrist & Taylor, 2016: 25）。並且，將社區發展的運用，聚焦於它對四個特定政策領域的貢獻：(1)環境的行動、(2)經濟的發展與減少貧窮、(3)健康與福祉、(4)藝術與文化活動（Gilchrist & Taylor, 2016: 107）。

相對上，臺灣以社區為基礎的社區方案或政策領域，至少有八個：(1)福利部門的社區發展工作、(2)衛生部門的社區健康營造計畫、(3)文化部門的社區總體營造計畫、(4)農業部門的農村再生整體發展計畫、(5)教育部門的社區大學、(6)經濟部門的商圈競爭力提升計畫、(7)內政部的社區治安工作實施計畫、(8)環保部門的社區環境改造計畫（李美珍、王燕琴，2016: 11-12）。其中，社區總體營造計畫著重於文化領域，類似英國的藝術與文化活動；社區健康營造計畫著重於健康領域，類似英國的健康與福祉；農村再生計畫著重於農村經濟領域，類似英國的經濟發展與減少貧窮，都是社區發展可與之交互運用的領域。

而且，這三個以社區為基礎的社區方案，也是我國社區發展協會經常接觸的策略性夥伴。因此，這一章將從發展的脈絡、社區工作能給予什麼、社區工作能取得什麼、面臨的挑戰等面向，略述社區工作如何與這三個社區方案，進行交互運用：

第一節　如何與社區總體營造交互運用

　　1990年代，臺灣在政治、經濟、社會、文化，處於轉型時期（例如：總統直選），因而帶動社區政策的重大變化。尤其，1994年，行政院文建會（文化部前身）從日本引進「社區總體營造」（community building），有前總統李登輝背書，對於原有的社區發展造成衝擊。雖然，社區發展與社區營造分屬於社政部門與文化部門，但是兩者的服務對象都是社區居民，目的都在改善社區生活，彼此之間或可交互運用。茲分四個面向略述之：

一　發展的脈絡

　　社區總體營造的理念，源自於日本的「造町」與「造街」的運動。1994年，行政院文建會仿照日本社區營造的理念，從社區找出一個特色項目，它可能是街道景觀的整理、地方產業的包裝、民俗活動的開發、演藝活動的提倡，然後帶動其他相關項目，整合成一個總體的營造計畫。這種社區總體營造，不只在於營造一個社區，實際上，它已經在營造一個新社會，營造一個新文化，營造一個新的「人」（曾旭正，2005：23）。

　　自從1994年文建會提出「社區總體營造政策」之後，對於推動社區總體營造的發展脈絡，大致上可分為四個階段（參考文化部社區通，2021）：

1. 「點的示範」：從1994年到2001年，以單一據點的地理範圍或團體組織（例如老街、文史工作室），作為推動的目標對象，期待經由示範性社區，建立一種運作的典範，提供其他社區進行觀摩、經驗交流與模式建構的參考。

2. 「線的聯結」：從2002年至2008年，文建會配合行政院2002年提出的「挑戰2008：國家發展重點計畫」，推動「新故鄉第一期社區營造計畫」，將社區營造政策擴及相關部會（例如教育部、內政部、農委會、經濟部、原民會及客委會），進行政府資源的整合及協調，促使個別社區在執行不同政府部門的計畫時，進行整體性思考，避免彼此牽制或浪費資源。

3. 「面的擴散」：從2008年至2015年，以「地方文化生活圈」的區域發展，規劃及推動「地方文化館第二期計畫」與「新故鄉社區營造第二期計畫」，以期從軟體的「社造觀念培育」及硬體的「地方文化設施」，雙管齊下，提升社區文化生活。

4. 「社造3.0計畫」：從2016年起，提出「社區營造三期及村落文化發展計畫」（簡稱社造3.0計畫），是立基於既有的社區總體營造的基礎上，為了厚植多元文化能量，營造協力共好社會，訂立三大執行主軸：(1)擴大藝文扎根，建構文化價值；(2)促進多元參與，創新城鄉發展；(3)分層輔導培力，強化行政動能。

在上述階段之中，第一階段，有當時總統的鼎力支持，勢如破竹，暢行無止；第二階段，將「新故鄉社區營造計畫」提升為國家的重點計畫，也有龐大經費（三年171億），可擴大辦理。可惜，2008年政黨再度輪替，政策上對於社區營造的支撐力度明顯弱化了（曾旭正，2018a：6）。到了2012年，文化部成立，於2016年開始推動「社造3.0計畫」，並訂定「文化部社區營造三期及村落文化發展補助計畫」，鼓勵民間團體（含社區發展協會）提案申請補助，共同推動社區營造及村落文化發展工作。

由此顯示，文化部門的社區總體營造計畫，與社政部門的社區發展協會，一直是重要的夥伴關係，如果「輕輕接觸」（light touch），巧妙處理，兩者之間可以交互運用。

二 社區工作能給予什麼

社區總體營造係以社區為對象，以社區為基地，進行社區營造工作。那麼，社區營造如何運用社區工作的方法？這可能要看社區工作有何優勢？能夠給予什麼？例如：

1. 強化社區組織的力量：參加社區營造的單位，通常以個人工作室或文史工作室居多，往往是一個人獨當一面，或者少數人運籌帷幄，決行千里，少有組織可言。如有這種情況，可運用社區工作對於社區組織的豐富經驗，結合一些相關人士，例如社區意見領袖、社區志工，組成一個工作團隊，分工合作，更有效地推動社區營造工作。

2. 運用社區工作的程序：從文化角度出發，進行社區營造，有其特定的實施程序。例如：中華民國社區營造學會將社區營造實施步驟分為：(1)組織化與法人化，(2)重新認識地方，(3)構想、規劃、設計與執行，(4)尋找整合專業、行政與企業之人力、物力和財力，(5)經營管理制度與社區憲章之建立，(6)社區之間的資源整合與協作（林清文，2006：40）。這些實施步驟，對照社區工作的程序，大同小異，但可再增加社區工作有關「需求評估」與「績效評量」的運用，使社區營造的實施步驟，更加周延，更合邏輯。
3. 增加民間資源的運用：文史單位辦理社區營造，可能比較重視相關部會「行政資源」的整合，相對較少注意民間資源的連結，因而可運用社區工作開發及運用民間資源的經驗，透過協力合作的過程，增加社區營造的量能。

當然，社區營造單位各有其專業性與自主性，對於社區工作方法的運用，必須依據本身需求，適當地選擇，以截長補短，發揮效益。

三 社區工作能取得什麼

依據「文化部社區營造三期及村落文化發展補助計畫」之規定，社區發展協會是民間團體，可向文化部提案申請經費補助，一起參與社區營造工作。那麼，社區工作如何運用社區營造的作法？也就是從社區營造取得什麼？這可能要看社區營造對於社區工作的運作，有何助益？例如：

1. 自主提案：長久以來，社區工作（尤其社區發展）係透過年度計畫或單項方案的規劃，作為實施社區活動的依據。相對上，文化部要求申請社區營造補助的單位（含社區發展協會）必須自主提案，再經專家審查通過，始予經費補助。為了落實公民社會（civil society）與社區治理（community governance）的理念，社區工作可運用社區營造自主提案的作法，鼓勵社區幹部或社區居民自主提案，再透過社區會議審查通過，成為社區方案或計畫的一部分，並付諸實施，將更符合社區工作以「社區為主體」及「居民共同參與」的實施原則。
2. 推動文化產業：基於社區的經濟永續，推動社區產業已成為當前社

區工作的重要業務。前一章曾提及社區產業的五種類型。其中，手工藝品與休閒產業兩種，與社區營造息息相關。因此，社區工作可運用社區營造的資源，加強文化產業的推動。例如：宜蘭縣白米社區的「白米木屐村社區營造」、臺北市吉慶社區的「吉慶社區聖誕巷案例」、宜蘭縣珍珠社區的「社區產業體驗館」（柯一青，2018：140-162）。如此，社區產業的內容，將更充實，社區發展的財務，將可增加，對於社區的永續發展也有助益。

3. 申請社區營造補助：一般社區發展協會，財務拮据，常需仰賴衛生福利部門的經費補助，以維持社區正常運作。如今，文化部門開放社區營造申請補助的管道，社區發展協會自當運用機會，提案申請。例如：2021年度，社區發展協會申請並獲得文化部推動社區營造及村落文化補助的案件，計有29件。其中，補助金額最高45萬元，為嘉義縣梅山鄉太和社區發展協會（案件：太和茶屋生活美學共創營造計畫）；補助金額最低2.5萬元，為臺中市大肚區大肚社區發展協會（案件：莫忘初心柑仔店）。另有原住民社區，屏東縣牡丹鄉高士社區發展協會（案件：我們一起動手做家事），獲得補助23萬元。社區發展協會獲得這項補助，一方面可擴大辦理社區文化活動，增加居民參與機會，另一方面可增加社區財務收入，何樂而不為？

然而，利之所在，弊亦隨之。有些社區對於文化部門社區營造（尤其文化產業）的高額補助，趨之若鶩，處心積慮，勢在必得，甚至得意忘形，言必稱營造，在社區評鑑時如此，在金卓越社區選拔時亦復如此，不免讓人懷疑這些社區已經轉換跑道，遠離了社區工作（見**批判思考議題11-1**）。

批判思考議題11-1

當各部會紛紛搭上社區營造的列車，編列為數龐大的社區環境整備及地方經濟發展經費之後，過去以基礎工程、生產福利及精神倫理建設，作為社政部門職掌的社區發展內容，已然不合時宜。社政部門應該

勇敢地將全面性的社區發展（營造）工作送給行政院，將實質環境建設的任務交給工務部門，而以福利服務社區化為主張（黃肇新，2006）。

1. **提問**：社區營造上來之後，社區發展的內容如同夕陽產業，已無利可圖，該「打包回家」或「另起爐灶」？

2. **評估**：是否風水輪流轉？2012年文建會改為文化部，社區營造的資源再次縮減，更確定了社區協力政策自2009年實已進入頓挫期（曾旭正，2018：28-29）。

3. **斷言**：未來，社區發展工作何去何從？繼續推動三大建設？還是「另起爐灶」？你所持的理由是什麼？

四 面臨的挑戰

也許，社區總體營造計畫涉及的層面較廣，補助的金額較多，因而經常引起各界關注及評論。其中，監察院曾於2001年與2005年兩度針對政府推動社區總體營造工作進行專案調查研究，提出報告書。

這兩件報告書，對於政府推動社區總體營造的政策及成效有所肯定，但也發現社區總體營造面臨許多問題，需要檢討改進。其中，與社區工作相關的問題及挑戰，可歸納為下列五項：

1. **缺乏營造人才的培育**：多數偏遠或離島地區，同時面臨專家學者參與度不高、社區居民對社區營造的認知及能力不足、社區發展協會的專業能力良莠不齊等問題（黃煌雄等，2001：250-251）。

2. **傳統文化產業的困境**：傳統農村地區的地方產業，僅限於國內推廣，未具知名度，若僅透過社區總體營造的工作，舉辦活動，也僅能喚起許多人的關懷，但不免有力不從心之感（黃煌雄等，2001：253）。

3. **單一社區申請的侷限**：現在的計畫都是由單一社區提出來申請，一年大概只補助幾十個，常常是一個社區提很多案子，因為它越來越有經驗，到後來會變成所謂「明星社區」，但很難從這個點擴散到線到面（林將才等，2005：21）。

4. 社區疏於扎根的工作：部分社區發展協會比較喜歡辦活動，對於扎根工作興趣不高，遇到有經費補助（尤其在原住民部落裡頭），往往為了爭取經費弄得相當不愉快，某些奇奇怪怪的人都會出來搶資源，原來他們想要做的工作就會被扭曲了（林將才等，2005：26）。

5. **整體評估的機制不足**：文化是百年大計，社區工作是世紀工程，但是政府除了提供經費補助，對社區營造成效的整理評估，仍有不足，需考量：(1)社區社區居民對社區總體營造各項事務及對社區各項事務的滿意度有無改善？(2)社區總體營造促使社區居民想像生活的願景嗎？或僅是爭取經費來辦活動？(3)社區是否一直依賴公部門經費挹注，才會進行社區總體營造？(4)社區總體營造改善了社區文化樣態與促進文化扎根嗎（林將才等，2005：61-61）？

儘管監察委員對社區總體營造的調查報告，至今已有一段時日，但是問題似未顯著改善，挑戰仍然存在。至於2012年文化部成立之後，對於社區總體營造的推動，也有一些新的問題及挑戰。例如：社區營造的行動主體類型出現變化，在早期的文史工作室與社區發展協會之外，近年出現社區合作社、基金會、社會企業，以及透過網路號召來的社群，如何藉由組織合作，凝聚行動，是下一階段社區營造要面對的挑戰（曾旭正，2018b）。

無論如何，文化部門對於社區總體營造仍會持續推動，社區發展協會也有機會繼續透過申請補助而參與推動，兩者之間仍可交互運用，不僅各取所需，而且同蒙其利。

 # 第二節　如何與社區健康營造交互運用

以社區為基礎的社區方案之中，社區健康營造是由衛生部門推動的方案。社區健康營造計畫，包含：社區、健康及營造三個要素，係以「社區」作為服務的對象，以「營造」作為推動的方法，以「健康」作為切入的議題，而其目的則在促進社區居民生理、心理、社會等層面的健康。

就此而言，社區工作與社區健康營造，都是以社區為服務對象，且以增進社區居民的健康福祉為共同目標，甚至可以說：社區健康營造就是透過社區介入的過程，以達到健康社區的一種手段，其運用的方法與技巧，都是一種社區工作的理念，只是以「健康」作為介入社區的議題（陳宇嘉、南玉芬，2002：5）。因此，本節將從發展的脈絡、社區工作能給予什麼、社區工作能取得什麼、面臨的挑戰等面向，略述社區工作如何與社區健康營造交互運用：

一　發展的脈絡

　　1978年，世界衛生組織（WHO）於阿瑪阿塔宣言（Declaration of Alma-Ata）中，倡導「全民健康」（Health for All）的理念，清楚地指出政府對於促進人民健康的責任。

　　1986年，世界衛生組織（WHO）於渥太華健康促進憲章（Ottawa Charter for Health Promotion），提出「健康城市計畫」（Healthy City Project），希望藉由市民參與和公私協力，將健康城市計畫落實於地方社區的層次。自此之後，全世界各國即陸續展開健康城市的營造工作。

　　在臺灣，行政院衛生署為呼應世界衛生組織的議題倡導，於1999年，開始推動「社區健康營造」計畫，其後不斷更新及精進。有關社區健康營造的發展，大約可分為三個階段：

1. 推動「社區健康營造三年計畫」：行政院衛生署於1999年開始推動此項計畫，希望在每一鄉鎮區內至少立一家社區健康營造中心，第一年共輔導成立51個社區健康營造中心，推動的項目包括：健康飲食、健康體能、個人衛生。2000年第二批承辦單位87個，2001年第三批承辦單位18個。此外，為因應偏鄉地區民眾健康的特殊性與醫療資源的有限性，於這三年期間，在原住民部落及離島地區成立35個部落健康營造中心。

2. 將社區健康營造併入國家計畫：2002年，行政院頒布「挑戰2008國家發展重點計畫」，並將「健康生活社區化計畫」列為第十項「新故鄉社區營造」重點計畫之一，計畫期程為2002-2007年。2005年行政院改組，並將社區健康營造納入「健康社區六星計畫」的社福

醫療面向，作為行政院重要施政計畫之一。2008年政黨輪替，2009年起，社區健康營造回歸衛生部門辦理。

3. 推動「健康促進社區認證」：2009年，行政院衛生署訂定「健康促進社區認證標準」，鼓勵衛生所、醫療機構、民間團體（含社區發展協會）等三種不同型態之社區健康營造單位，提出計畫，申請認證。至於提出計畫的內容，必須包括：(1)組織面、(2)訂定健康的公共政策、(3)創造支持性的環境、(4)發展個人技巧、(5)調整服務方向、(6)強化社區行動、(7)永續發展、(8)結果面，並經專家審查通過之後，始予認證。

2013年7月，衛生福利部成立，每年持續公開徵求社區健康營造的承辦單位、辦理原住民部落及離島地區部落及社區健康營造計畫之申請補助，並定期辦理健康促進社區之認證。這些工作，社區發展協會都有機會應徵承辦或申請補助。

簡言之，臺灣的社區健康營造工作，自始以來即強調以社區為平臺，運用社區工作的方法，結合社區與民間的資源，推動各項社區健康促進計畫。

二 社區工作能給予什麼

一般而言，衛生所、醫療機構、社區發展協會，是承辦社區健康營造的主要單位，進而在促進社區健康上，形成一種夥伴關係。

在這些承辦單位之中，醫療機構與衛生所，對於醫療保健知識的專業性無庸置疑，但是投入社區健康營造之後，在作法上必須調整，以儘快融入社區。相對的，社區發展協會對於社區發展（或社區工作）有較多認知及經驗，可提供給其他承辦單位作為運用的參考，例如：

1. 補強社區健康營造推動程序：衛生福利部國民健康署於2011年更新公布「社區健康營造工作手冊」，引用美國「健康人民2010」（Healthy People 2010）的指南，對於如何推動健康社區，提出MAP-IT方法：動員（Mobilize）、評估（Assess）、計畫（Plan）、執行（Implement）、追蹤（Track）（趙坤邦等，2006：10）。這些推動方法，與社區工作的程序大同小異，但是在

「動員」項下，可轉化爲動員社區中的個人與組織，去關心社區的健康議題，進而發展一個執行的任務小組；而在「追蹤」項下，亦可融入「績效評量」，先行評量社區健康營造的執行成果，再據以檢討改進，然後長期追蹤其改進情形。

2. **協助社區志工的招募及訓練**：社區發展協會是一個自助性團體，本身已擁有一定的志工人數，並能有組織地動員志工，共同參與社區活動。同時，「志願服務法」強調聯合招募及訓練志工，並統整民間人力資源之運用，因而社區發展協會在招募及訓練本身志工之時，可協助其他承辦單位一起辦理志工的招募及基礎訓練。至於志工的特殊訓練，仍應由各運用單位依其特定需求，自行辦理。

3. **協助社區健康營造外展服務**：社區發展協會是社區的主要組織之一，多數設有社區活動中心，也經常邀請社區居民參與各項社區活動。因此，當醫療機構或衛生所承辦社區健康營造計畫而需實施外展服務，例如：菸害宣導、防疫宣導、疫苗注射、防癌篩檢，可運用社區活動中心的場地設備，並洽請社區發展協會支援志工人力，且動員居民參與，使任務得以順利達成。

簡言之，社區健康營造的不同承辦單位，立基於夥伴情誼，如果對方有所不便或不足，則社區發展協會應該義無反顧，劍及履及，運用所長，鼎力相助。

三 社區工作能取得什麼

社區發展協會對於社區健康營造有關醫療保健的工作，既不熟悉，也不具專長，必要時，可運用其他承辦單位的相關資源，使社區發展協會本身的社區健康營造工作做得更好。例如：

1. **運用健康促進的專業人員**：許多社區設有社區照顧關懷據點，在辦理健康促進活動或餐食服務之時，可運用衛生所或醫療機構承辦社區健康營造中心的專業人員，就近提供諮詢、指導或現場協助。

2. **運用醫療機構的轉介系統**：社區發展協會經營社區照顧關懷據點，在關懷訪視過程，對於有需要轉介醫療機構進行治療的老人，可運用承辦社區健康促進中心的醫療機構，就近提供轉介資訊或接受

轉介。

3. **運用衛生部門的認證機制**：社區發展協會可運用衛生福利部國民健康署的認證機制，按照「健康促進社區認證標準」之規定，提出計畫，申請認證，藉以檢視推動社區健康營造的績效，進而提高社區居民的榮譽感與向心力。

簡言之，在社區健康營造計畫的承辦單位之中，社區發展協會與其他承辦單位，各有所長，也各有所短，倘能交互運用，可截長補短，而獲得雙贏。

四 面臨的挑戰

目前，有關社區健康營造的實證研究，為數不多。對於社區工作（或社區發展）與社區健康營造關聯性的論述，更屬少見。不過，從有限的文獻中，仍可看到社區工作與社區健康營造方案交互運用時，可能發生一些困難或挑戰。例如：

1. **健康並非居民優先關心的問題**：健康，是衛生專家認為最重要的問題，卻不是社區居民認為最重要的問題，居民關心的是眼睛看得到的東西，例如環保、治安，因而需要透過社區志工加強宣導（陳毓璟、黃松元，2008：195）。

2. **健康難以成為社區共同的議題**：健康屬於個人的行為，由個人自我裁量，很難變成社區共同的議題，也很難找到共同推動的著力點。因此，需要透過社區會議（或社區論壇），凝聚居民對於健康議題的共識（陳毓璟、黃松元，2008：196）。

3. **社區健康營造在社區不易永續**：社區健康營造是必須持續推動的工作，而且需要政府政策的持續性與財務的穩定度，政府提供經費補助是否足夠且有效，亦值得關切（許世雨，2006：27）。

綜言之，社區健康營造計畫係以社區為平臺，並且結合社區的資源與政府的補助，共同促進居民的健康。因此，承辦社區健康營造的單位，彼此支援，交互運用，乃屬天經地義，理所當然，無庸置疑，更不容遲疑。

第三節　如何與農村再生計畫交互運用

　　近年來，臺灣受到工業化與都市化的影響，農村年輕人口大量移居都市，導致農村人口嚴重老化，各項公共設施相對落後，農村文化特色亦逐漸流失。

　　政府為促進農村永續發展及農村活化再生，改善基礎生產條件，維護農村生態及文化，提升生活品質，建設富麗新農村，於2010年8月公布實施「農村再生條例」，並設置1,500億元之農村再生基金，於十年內分年編列預算，以有秩序、有計畫地推動農村活化再生，照顧我國農村及農漁民。

　　依據「農村再生條例」之規定，農村再生計畫係指由農村社區內之在地組織及團體，依據社區居民需要所研提之農村永續發展及活化再生計畫（第3條）。由此可知，農村再生計畫的實施對象是農村社區，而研提計畫的單位是在地組織及團體。雖然，這裡所言「在地組織」，依「農村再生條例施行細則」之規定，包括：基層農會、區漁會、公益社團法人、財團法人及其他立案之非營利團體。其中，社區發展協會是立案的非營利組織，在臺灣農村普遍存在，具有一定的代表性，因此大部分農村再生提案單位，仍以社區發展協會為主（黃肇新，2020：258）。

　　基於此種體認，社區工作（尤其社區發展）與農村再生計畫之間，不僅密切關聯，也可交互運用，以下從發展的脈絡、社區工作能給予什麼、社區工作能取得什麼、面臨的挑戰等面向，略述之：

一　發展的脈絡

　　農村再生計畫的中央主管機關是行政院農業委員會（簡稱農委會），業務主管單位是水土保持局（簡稱水保局）。依據農委會水保局訂定的農村再生實施計畫，共分三期進行：

1. **第一期實施計畫**：實施期間為2012至2015年度，其重點工作：(1)強調執行策略，由下而上、計畫導向、社區自治、軟硬兼顧（例如重視在地文化，維護生態環境）。(2)加強培育及輔導新世代農業經營者。(3)推動傳統農產業精緻化，形塑地方品牌特色。(4)定位

臺灣農村發展，北部發展都市農園環帶、中部建構都會樂活農村、南部建構國家農糧專區、東部營造優質生活廊道。

2. 第二期實施計畫：實施期間為2016至2019年度，其重點工作：(1)加強農村再生規劃及人力培育，(2)推動整體環境改善及公共設施建設、產業活化、文化保存與活用、生態保育、個別宅院整建，(3)改善農村產業條件與生活機能，(4)活化農村社區農糧產業，(5)推動農村休閒產業發展及活化。

3. 第三期實施計畫：實施期間為2020至2022年度，配合行政院自2018年推動的「地方創生」政策，而擬定農村再生整體發展目標，其重點工作，在於推動：(1)工作的農村，能提供多元就業機會的環境；(2)生活的農村，能提供宜居、便利及科技之生活空間；(3)守護的農村，能守護各類農村文化資源；(4)生機蓬勃的農村，能成為一個自然資源豐饒，並充滿活力、洋溢希望的社會環境。

綜言之，農村再生計畫聚焦於推動：農村人力培育、農村產業條件與生活機能改善、農村社區農糧產業活化、農村休閒產業發展與活化等項目，藉以促進農村生活、生產、生態之三生整體發展與建設。

二 社區工作能給予什麼

農村再生計畫的實施範圍，是「農村社區」，類似本書第一章提及的「鄉村社區」（rural communities），它的人口密度較低，與大都市中心有一定距離，居民集中於農耕、漁業等活動。

不過，依據「農村再生條例」、各期農村再生實施計畫，對於如何推動「農村社區」的整體發展，描述不多，而且分散。在這方面，社區工作（或社區發展）的實務經驗及技術，可提供農村再生計畫作為推動之運用，例如：

1. 協助相關調查及分析：「農村再生條例」第7條規定，農村再生基金之用途，包括：辦理農村調查及分析（第5項）；第24條規定，中央主管機關應對現有農村進行全面調查及分析；第26條規定，直轄市或縣市主管機關應對轄區內之農村社區，進行農村文物、文化資產及產業文化調查。這些調查分析，可運用社區工作的調查方法

及分析技術，使其更加精確地進行。

2. **引領計畫的討論提案**：「農村再生條例」第9條規定，農村社區內之在地組織及團體應依據社區居民需求，以農村社區爲計畫範圍，經共同討論後擬訂農村再生計畫，並互推其中依法立案之單一組織或團體爲代表，將該農村再生計畫報直轄市或縣市主管機關核定。衡諸實際，在農村社區內的在地組織，依法立案的組織相當有限，可運用已立案的社區發展協會，引領社區居民共同討論農村再生計畫，並代表社區向政府提案。

3. **統整計畫的執行程序**：有關於農村再生計畫的實施程序，散見於「農村再生條例」的相關條文之中。例如：辦理農村調查及分析（第7條）、擬訂農村再生計畫（第9條）、農村活化再生之推動（第4條）、建立獎勵及績效評鑑制度（第31條）。如果要有計畫、有秩序地推動農村活化再生，可運用社區工作程序，按照：建立組織（互推其中依法立案之單一組織或團體）、評估需求、規劃方案、執行方案、績效評量等步驟，循序漸進，以抵於成。

簡言之，推動農村再生的目的，在促進農村永續發展及農村活化再生，在性質上可視爲農村的一種社區發展，因而可運用社區工作方法來推動調查分析、計畫研提、計畫實施，以期增進農村再生活化的效能。

三 社區工作能取得什麼

觀察「農村再生條例」的條文，以及各期農村再生實施計畫的內容，可看到其中許多措施具有特色，且與社區工作（或社區發展）密切關聯。這些具特色的措施，是社區工作可加以運用之處，例如：

1. **擬定計畫之前先接受訓練**：依據「農村再生條例」之規定，農村在地的組織及團體擬定農村再生計畫前，應先接受培根計畫之訓練（第30條）。究其用意，是藉由四個階段的訓練課程（關懷班、進階班、核心班、再生班），讓農村居民了解農村社區需求，據以研擬各項對農村社區有助益的建設項目，避免少數人的意見主導社區的發展（蔡必焜，2011：1-3）。這項措施，不僅社區發展協會在擬定農村再生計畫補助方案前必須遵照辦理，而且可運用於其他方

案之規劃，也就是先辦理成員之訓練，以凝聚規劃之共識。

2. **運用農再補助來發展產業**：依據「農村再生條例」第7條之規定，農村再生基金之用途，包括：具有保存價值之農村文物、文化資產及產業文化所需保存、推廣、應用及宣傳等支出（第4項）；推動休閒農業及農村旅遊相關支出（第6項）。具體的說，社區發展協會可運用農村再生基金的資源，擬定計畫，申請補助，將農村的特有文物、文化資產、休閒農業、農村旅遊等，發展成為社區產業。

3. **運用農再補助來改善社區環境**：依據「農村再生條例」第12條之規定，主管機關（農委會）得對農村社區整體環境改善及公共設施建設予以補助，其種類包括11項。其中，與社區發展三大建設密切關聯的項目，包括：農村社區照顧服務設施（第2項）；防災設施（第4項）；環境綠美化及景觀維護等設施（第6項）；社區道路及簡易平面停車場（第7項）；公園、綠地、運動、文化及景觀休閒設施（第8項）；垃圾清理及資源回收設施（第9項）。這些設施，是社區發展協會可擬定計畫，運用農村再生基金的補助，來改善農村社區的整體環境。

簡言之，座落於農村的社區，可用的資源較少，各項建設也較為不足，如今農村再生計畫釋出利多訊息，農村社區正可把握機會，提出計畫，申請補助，運用這項資源，強化社區建設，增進居民福祉。

四 面臨的挑戰

農村再生計畫自2010年實施之後，農委會水保局對於第一期、第二期、第三期（2019年度）的實施成效，已呈現於水保局官網「農村再生」專區，顯示申請且獲得補助的農村社區，不僅硬體建設有所改善，而且軟體方面也增加農村居民的自尊、自信及向心力。

然而，就社區工作（或社區發展）而言，對於農村再生計畫的運用，難免還是會遭到一些挑戰。例如：

1. **申請補助的手續相當煩瑣**：提出計畫前，需完成96小時培根訓練課程；擬定計畫中，需與社區境內相關組織進行討論且取得共識；提出申請後，需接受現場會勘及修正計畫。全程手續煩瑣，必須耐心

處理。

2. 社區對硬體建設較為生疏：即使在培根訓練之中，有操作「僱工購料」的實務課程，但是對於年齡老化的農村居民，如何有效學習及應用於硬體設施，是一項挑戰。

3. 政治人物藉以攬功的困擾：根據一項研究，農村再生計畫的執行，被批評只重硬體建設，未能在人力與組織成長上有所幫忙，更甚者，它還成了政治人物攬功為促進地方的建設，未來農村再生的執行，應從社區組織強化、輔導團隊角色及政府部門說明溝通三方向調整（黃世雄、王志華，2015：43-44；黃肇新，2020：259）。

　　無論如何，社區工作與農村再生計畫都著重於農村社區發展的強化，兩者之間如能「輕輕接觸」（light touch），精巧地、圓融地處理事情，可交互運用，相輔相成，獲得雙贏。況且，農委會水保局已指出：行政院宣示2019年為臺灣地方創生元年，將由國家發展委員會統籌規劃，各部會共同辦理，積極推動「地方創生」政策，農村再生第二期實施計畫（105至108年度）亦列為部會創生資源之主要計畫。據此推測，農村再生計畫基金使用至2023年到期之後，可望繼續擴展計畫，將地方創生資源加以融入，持續推動農村社區發展。如此，社區工作將與調整後的農村再生計畫，持續進行交互運用。

　　在這裡，扼要補充說明「地方創生計畫」的要點，它是賴清德擔任行政院長期間，揭示「安居樂業」、「生生不息」及「均衡臺灣」三大施政方向，在「均衡臺灣」政策方面，針對非直轄市的縣市，缺人、缺經費，人口不斷流失的問題，由國家發展委員會（簡稱國發會）統籌規劃，提出「地方創生國家戰略計畫」，並經行政院2019年1月核定。此項地方創生計畫，在全國368個鄉鎮市區之中，選定居民經濟較弱勢與地區資源較不足的134個鄉鎮市區，作為優先推動地方創生的地區，並且提出六個戰略：(1)企業投資故鄉；(2)科技導入；(3)整合部會創生資源；(4)社會參與創生；(5)品牌建立；(6)法規調整。其中，在「社會參與創生」項下，政府於2020年4月訂定「大學社會責任實踐計畫」（USR），透過大學鼓勵青年下鄉協助地方創生，這可能是大學社區工作課程的師生較常接觸的一項，至於其他項目，社區工作似乎很難找到著力點。

再者，被地方創生選定的鄉鎮市區，有些正在進行社區總體營造，有些已納入農村再生計畫；如果社區居民根本不了解正在進行的是何方案？只知道有錢進來要做事，恐怕很難將地方發展內化為社區內大家的事（林萬億，2020：274）。

綜言之，上述社區總體營造、社區健康營造（由健康議題切入的一種社區總體營造）、農村再生計畫，以及地方創生計畫，都是從日本引進臺灣的社區方案。另外，還有日本的「共生社區」方案（以社區為基礎的整合性老人照顧），也開始被討論。凡此種種，不免讓人懷疑臺灣的社區工作只是「移植」日本的社區方案；或者淪為日本社區方案的「複製品」，已喪失臺灣社區工作的主體性及獨特性，是耶？非耶？（見批判性思考議題11-2）。

批判性思考議題11-2

　　大致可說，臺灣早期的社區發展是採借自聯合國在發展中國家推動的經濟、社會與文化整體發展計畫，而1990年代的社區總體營造則採自日本的造街經驗。之後不管是農村再生、地方創生、共生社區也都借鏡日本1970年代以來「故鄉運動」的一系列轉型經驗。而就社區發展方法論來說，除了國情差異之外，其本質還是遵循社區組織、社區發展或社區工作的基本原則（林萬億，2020：288-289）。

1. **提問**：這樣看來，臺灣的社區發展工作，好像都是採借自聯合國、日本的「舶來品」，難道臺灣目前的社區發展工作裡頭，都沒有本土的元素嗎？

2. **評估**：社區發展或社區工作已是一種普世價值？或者還保有不同國家的草根特質？

3. **斷言**：有一種可能，當今臺灣重視本土運動，愛臺灣，將會逐漸「長」出本土的社區工作？另一種可能，臺灣是移民社會，有「崇洋（西洋、東洋）媚外」的劣根性，將會持續向外國「買辦」社區工作方案？對這些可能，你有何看法？理由何在？

第十二章
思考臺灣社區工作
的下一步

臺灣，自1965年將「社區發展」（community development）列為國家的重要社會政策之一。大約在1970年之後有越來越多人使用「社區工作」（community work）一詞，來稱呼社區發展工作（李增祿，2012：175）。這樣的轉變，一方面是順應國際社區工作的發展趨勢，另一方面是因應國內社區工作的政策要求。

　　從1965年起算，臺灣推動社區工作（或社區發展）超過半個世紀，已累積許多具體的成果（李美珍、王燕琴，2016：16），對於社區居民生活品質的改善，也產生正向的影響（莊俐晰、黃源協，2016：159-160）。然而，社區工作是一種有組織、有計畫、繼續改變的過程，未來仍需百尺竿頭，更進一步。以下讓我們從「對象」、「領域」、「問題」、「議題」等四個面向，共同思考臺灣社區工作的下一步要怎樣走？

 # 第一節　社區工作「對象」的拓展

　　社區工作的對象，是社區。依照常理，只要社區居民有意願改善自己的社區，政府基於行政職責，就應給予適當鼓勵，並提供必要協助，包括：經費補助與技術指導。

　　但是，長久以來，臺灣社區工作的實務，好像集中於「明星社區」的培力，在社區工作評鑑只挑選績優社區，在旗艦社區選拔、金卓越社區選拔、社區認證，也是績優社區才有機會參加，他們一再得獎，成為「明星社區」。至於其他一般社區，尤其是經濟處於弱勢或座落於偏遠、離島的社區，相對少有機會被看見、被輔導、被推薦參與績優社區選拔。因此，基於維護社會正義的原則，臺灣未來社區工作的對象，允宜優先拓展下列三種社區：

一　貧困社區

　　經濟處於弱勢的區域，當地社區資源較為不足，社區人才較為缺乏，而且居民可能忙於生計而較少參與社區活動，這是政府當局與社區工作者應該優先協助的標的對象。

觀察英、美先進國家，無不重視貧困社區的發展。例如：英國1970年代的國家社區發展方案，鎖定利物浦（Liverpool）等12個貧困區域（deprived areas）為優先協助的對象，以降低貧困社區與其他社區之間的差距（Popple, 2015: 33）。又如：美國柯林頓（Bill Clinton）政府，於1993年將巴爾的摩（Baltimore）等11個經濟弱勢的區域，列為充權區域（empowering zone），由政府提供租稅優惠與績效補助，以鼓勵當地居民尋找工作（Green & Haines, 2016: 43）。

至於臺灣社區工作未來的拓展策略，不妨參考英、美國家的先例，或者比照我國教育優先區的規劃，找出經濟處境不利與／或社區資源不足的區域，列為社區工作優先區的清單，逐步協助這些貧困區域內的社區，積極推動社區發展工作。

二 部落社區

臺灣原住民族有16族，分布在30個山地鄉，25個平地鄉，748個部落。山地鄉境內的部落多數為海拔500公尺以上的丘陵地，耕地有限，山林產值不多。即使平地鄉的部落，也是處於偏遠地區。同時，由於地理環境特殊，幅員遼闊，交通不便，社區工作（或社區發展）的推動，千辛萬苦，困難重重。

無論如何，為了因應部落社區的特殊情況，也為了尊重部落居民的基本權益，政府的社政部門與原住民族部門，應加強聯繫與合作，將部落列為優先推動社區工作的社區，協助族人排除困難，以行動改善社區條件。

那麼，如何協助部落推動社區工作？初期也許可由政府聘僱外部（平地人）的社區工作者進入部落，協助族人推動社區工作，其優點：中立客觀，可跳脫部落既有的派系而開展工作；其缺點：不了解部落，容易造成部落依賴（黃盈豪，2020：355）。至於長久之計，必須強化部落社區人才的培力，改由部落內部（原住民）的社區工作者，與族人一起推動社區工作。這樣，族人協助族人，不僅了解部落，而且使用族語，容易獲得居民的認同感及向心力。

三 離島社區

臺灣有一些離島地區，位置較偏遠，交通較不便，長住的居民較少，青壯人口外出謀生較多。這些地區，如同前述貧困社區與部落社區，都有社區資源不足、社區人才缺乏的困境。

就此而言，臺東縣的綠島（火燒島）、蘭嶼；屏東縣的琉球（小琉球）等偏鄉地區，以及澎湖縣的七美、望安；金門縣的列嶼（小金門）；連江縣的東莒等離島中的離島，不但社區發展協會的數量寥寥無幾，即使政府有意提供協助或輔導，也常感鞭長莫及，緩不濟急。

舉例來說，2015年，衛生福利部社區發展評鑑小組到澎湖縣最南端的七美鄉進行社區評鑑，評鑑委員搭乘縣政府安排的遊艇，乘風破浪，歷經兩個小時到達西湖社區，有些委員一路暈船，不斷嘔吐，抵達社區已頭昏眼花，天旋地轉（許慈創，2015：30）。由此可知，政府對於離島社區的輔導工作格外艱辛，而離島社區的領導幹部及社區居民也需要付出更多的努力，始能獲得一定的績效。

不管怎樣，離島社區的社區發展工作真的有必要加把勁，至少當地縣政府及鄉鎮公所基於職責，應加強偏鄉社區的輔導工作，協助他們如何規劃社區方案？如何連結及運用社區內外資源？如何喚醒居民社區意識，「輸人不輸陣，輸陣歹看面」（面子掛不住）？進而一起以行動投入社區發展工作。有政府，能做事，總不能對離島社區視而不見，置若罔聞，讓他們自求多福、自生自滅吧？

簡言之，社會工作是協助弱勢者的專業，而社區工作是社會工作三大方法之一，其服務對象也應以弱勢者為優先（見**批判性思考議題12-1**），未來必須拓展服務對象，將貧困社區、部落社區、離島社區列為優先協助的社區。

批判性思考議題12-1

當前政府或民間對社區經費補助都集中方案計畫撰寫能力高者，資源集中，發展越來越好，造成許多「明星社區」。對於方案撰寫能力不佳的社區，既缺輔導，亦乏人才，形成貧者越貧的惡性循環（賴兩

陽，2016：41）。

1. **提問**：「明星社區」只是方案撰寫能力較高，獲得政府或民間的補助較多，還有沒有其他特徵？

2. **評估**：政府推動社區發展工作，目的是要捧出幾個「明星社區」，以突顯政府施政的成績？那麼「弱勢社區」就不需給予補助，提供輔導，讓他們越來越窮，自生自滅？

3. **斷言**：依你的看法，政府對於「弱勢社區」，應提供什麼輔導措施，以避免他們越來越弱？

 # 第二節　社區工作「領域」的開發

自從1968年行政院頒布「社區發展工作綱要」，提出基礎工程（1983年改為公共設施）、生產福利、精神倫理等三大建設之後，已然成為臺灣的社區工作（尤其是社區發展）的主要領域。

觀察臺灣推動社區發展歷經五十多年，在工作領域及工作內容，似乎陳陳相因，代代相傳，少有改變或增減。事實上，五十年來，社區環境已不同往昔，社區需求也不斷更新，社區發展工作豈可墨守成規，率由舊章，以不變應萬變？

因此，為了順應時空環境的變遷，也為促進社區工作的創新，臺灣未來的社區工作至少可開發下列三個領域：

一　社區經濟發展

在臺灣，除了少數社區由於附近有嫌惡設施，例如：核能發電廠、垃圾焚化爐、飛機起降區域、汙染性或噪音性工廠，可獲得「回饋金」而有較充裕的財源之外，大部分社區的財務都相當拮据，必須開發其他財源，例如：推動社區產業。

不過，社區型或地方型的社區產業，往往受到一些限制，例如：(1)小規模生產，無大量資金；(2)無法在一般通路上市、上架；(3)高人力成

本，產品無法大量複製；(4)處於手工階段，難以突顯藝術價值；(5)價格策略難以擬定，面臨市場同質性產品的強力競爭；(6)未做好社區整備，急於商品化行銷，反而斷喪持續發展的根基（盧思岳，2006：104-106）。

近年來，歐美國家開始重視以社區為基礎的經濟發展。例如：英國波普羅（Keith Popple）於2015年修訂他的著作「解析社區工作」（Analysing Community Work）時，新增一種「社區經濟發展」（community economic development, CED）的實務模式，並指出美國與加拿大，係透過社區與非營利組織及社會團體的夥伴關係，設計與輸送社區發展方案，協助社區建立社會資本，以促進社區的經濟發展。至於英國，則針對處境不利的區域，由地方權威當局與政治領導者說服銀行提供信用貸款給那些以社區為基礎的非營利組織，用以支援社區推動經濟發展方案（Popple, 2015: 105-106）。

再者，吉克里斯特與泰勒（Gilchrist & Taylor, 2016: 113-114）認為，對於那些惡性循環產生不利狀態（spiral of disadvantage）的社區，必須採取一種整體的方案（holistic programmes），以促進社區經濟發展，包括：

1. 增加收入（increase income）：例如：促進企業前來社區投資、改善社區居民接受訓練及就業的可近性、增進社區居民的工作條件及工作安全、繼續增加給付（increasing benefit take-up）。

2. 減少支出（reduce expenditure）：例如：社區財務量入為出、絕不寅支卯糧（debt advice）、實施能源節約計畫、社區交通運輸、使用地方生產的食物。

3. 資源分享與重新分配（share and redistribute resources）：例如：相關單位共用場所、成立信用合作社（credit unions）、地方性互換有無計畫（local exchange trading schemes, LETS）、大量購買（bulk-buying）、時間銀行（timebanks）、再生利用方案（recycling projects），以及社區分享（community shares）。

就此而言，社區經濟發展的策略，好像與個人經濟發展（理財）的方法，同條共貫，如出一轍？的確，兩者都從「開源」與「節流」著手。事實上，社區工作的目的，就是要協助社區居民追求幸福，過更好的生活。

因此，在社區經濟發展過程中，如果能引進企業投資，協助居民就業及增加收入，藏富於民，整體社區的經濟也將獲得改善。有時候，居民有錢之後，還可贊助社區。

同時，社區經濟與個人經濟的發展，必須緊密結合，始能相輔相成。換句話說，社區可鼓勵企業或社區的個別居民在社區裡投資，但是必先了解你的社區（understanding your community），且不忘與你的社區進行整合（integrating with your community）（Frenkel, 2015: 3-41）。

無論如何，社區經濟發展之後，社區自有財源增加，自然可降低社區對於政府經費補助的依賴，也更有自主性推動社區自己想要做的事。不過，必要時，政府仍應對社區提供適當的補助。因為，政府本來就負有維持人民生活福祉的責任，不管是機構式或社區式福利，處理上仍常須運用公權力或者需要公部門的補助。這種政府支持社區發展的角色，未來不宜萎縮（劉鶴群，2014：39）。

二 住宅與社區工作

住，是人類的基本權利之一，也是社區工作的重要議題。例如：英國於1915年在格拉斯哥（Glasgow）地區，有上千名勞工因房租過高而發動抗爭，要求降低租金，並改善住宅，迫使政府訂定「出租與抵押權益法案」（Rent and Mortgage Interest Act）。又如：美國於1937年通過「住宅法案」（Housing Act），其目的在於清除鄰里的貧民窟（slum），為公共住宅奠定基礎。

反觀臺灣，行政院於2004年修訂「社會福利政策綱領」，首次將「社會住宅與社區營造」列入六大福利項目。2012年再度修訂「社會福利政策綱領」，又將「社會住宅」調整為「居住正義」，仍與社區營造一併考慮，其重要策略：(1)在社會住宅中，保留社區活動的空間。(2)在社會住宅座落的社區之中，提供交通等支持性服務。(3)災後重建，應兼顧社區與住宅之整體規劃（林勝義，2018：353）。

再者，2011年總統公布「住宅法」，並自2012年起實施，其中，第54條規定，任何人不得拒絕或妨礙住宅使用人為下列之行為：(1)從事必要之居住或公共空間無障礙修繕。(2)因協助身心障礙者之需要飼養導盲

犬、導聾犬及肢體輔助犬。(3)合法使用住宅之專有部分及非屬約定專用之共同部分空間。同時，第55條規定，有第54條規定之情事，住宅使用人得於事件發生之日起一年內，向地方主管機關提出申訴；主管機關處理前項之申訴，應邀集比率不得少於三分之一的社會或經濟弱勢代表、社會福利學者等參與。

據此可知，在福利政策上，維護社區弱勢居民的居住正義，或者在「住宅法」中，參與有關於妨礙無障礙居住環境修繕之申訴的處理，都與社區工作息息相關。可惜，臺灣並未如同英、美國家以具體的社區行動，落實住宅政策及法規，未來必須急起直追，迎頭趕上，積極推動住宅與社區工作。因為，徒法不足以自行，沒有社區行動，就沒有任何意義，也沒有居住正義。

三 都市社區工作

住宅與社區工作有關，也與都市發展有關，尤其都市更新（urban renew），經常涉及居民住宅的拆遷及安置，因而成為社區工作的一環。不過，都市社區工作關心是都市社區的住宅，不是全部住宅，與前述住宅社區工作有所不同。

英、美國家，很早就重視都市社區工作。例如：英國於1968年代開始推動「都市方案」（Urban Programme），以處理發展中國家人民移居英國都市社區的問題（Popple, 2015: 33）。又如：美國於1964年推動「示範都市方案」（Model Cities Program），由聯邦提供補助給都市機構，用以協助低收入鄰里改善住宅、環境及社會服務（Green & Haines, 2016: 37）

臺灣，遠在陳水扁擔任臺北市長期間，曾依據都市發展計畫，於1997年強制拆除第14、15號公園預定地的違章建築（位於南京東路與林森北路交叉口旁），引發居民強烈抗議。這個區域，原為日本人的墳地，稱為「三橋町」，後來日本戰敗，墳地荒廢，臺灣中南部北上打拼的勞工，還有撤退來臺的老兵，總計1,089戶，因為顛沛流離，暫時棲居於此，一住五十年，雜亂不堪。市政府選在大年初五，出其不意，強力拆除，因罔顧民情，點燃「反迫遷運動」，迫使市政府社會局動員社工人員，挨家挨戶，調查居民意願，以便安置。這是社工到都市社區的外展服務，也可視

為都市社區工作的雛型。

最近幾年，臺灣辦理都市更新案件增多，居民抗爭事件也相繼發生。例如：2013年，苗栗縣政府執行新竹科學園區竹南特定區域都市計畫，強制拆除竹南鎮大浦里民「張藥房」等多家房屋，導致張老闆自殺身亡，引發「大浦事件」，留下一句有名的口號：「政府拆大浦，人民拆政府」。後來，張家提起上訴，經法院判決政府還地重建，已於2019年6月7日入厝。又如：臺南市鐵路東移，強拆民宅，被稱為「臺南大浦事件」，目前還在強烈抗爭中。

可預見的未來，臺灣都市地區四、五十年以上的舊屋將加速老化，政府為維護居住安全及都市景觀，公辦都更必然增多，衝突在所難免，甚至有「釘子戶」拒絕配合，需要溝通，也許這是我們開發都市社區工作的一個契機。以下引介香港的經驗，略述都市社區工作的要點（香港城市大學應用社會科學系，2014：33，引自姚瀛志，2018：46-47）：

1. 提供可信資訊：設立一站式資訊及支援中心，為居民提供法律、估價、維修工程及政策措施等相關資訊，應配合有關專業人士支援。

2. 主動溝通模式：政府的資訊及支援中心應主動接觸及協助居民，為區內的弱勢社群提供支援服務。

3. 外展支援服務：政府的資訊及支援中心以走訪方式，深入區內協助社群。透過外展的服務，接觸主動性不足的居民，早點了解權益及需解決的問題。

簡言之，社區工作者在都市更新領域的角色是：在都市更新的規劃階段，協助調查居民意見；在住宅重建階段，協助解答居民疑難；遷入新社區階段，協助居民適應，進而使整個都市更新工作順利完成。

 ## 第三節　社區工作「問題」的化解

臺灣推動社區工作（社區發展）五十多年，曾出現過問題，也解決了許多問題，但是還有一些「老問題」，需要未來更加把勁，逐步化解。例如：

一 青少年社區參與

　　全體居民參與，是社區工作實施的原則之一。然而，臺灣隨著高齡社會（aged society）的來臨，社區事務或社區活動的參與者也逐漸老化，相對上，青少年的社區參與情況，顯然偏低。這種情況，對於社區的創新發展與世代傳承將有不利影響，甚至可能衍生社區衰退、後繼乏人的問題。

　　因此，許多社區發展協會無不想盡辦法，竭盡所能，鼓勵青少年參與。歸納這些鼓勵青少年社區參與的措施，約有下列五種方式（吳明儒，2019：3；許扮妃，2016：25；李聲吼，2015：1-3）：

1. 成立社區青少年志工團隊：在社區組織內部成立青少年志工團隊，以增加志工人力，使在地青少年有機會了解社區志願服務的意義及內涵，並參加送餐、整理社區環境、陪伴老人等服務。

2. 辦理社區青少年夏（冬）令營：配合學生寒暑假期間，在社區辦理夏令營、冬令營，鼓勵在地的大學及高中職青年運用所學專長，進行社區服務。

3. 提供青少年學生服務學習：配合國中、高中職「服務學習」（service learning）課程之需求（36小時志願服務），提供學生在社區進行服務學習，建立他們個人的服務歷程，作為升學推甄之用。

4. 歡迎青少年學生參訪社區：配合附近學校相關課程教學之需求，歡迎青少年學生到社區參觀、訪問，以增進他們對社區的認識及向心力。

5. 帶領年輕人投入社區工作：卓越社區的領導者帶領社區年輕人投入社區工作，甚至鼓勵在外工作的年輕子女返鄉，接手擔任社區發展協會理事長或社區幹部，為在地社區提供服務。

　　平心而論，上述措施只是一種鼓勵青少年社區參與的過程，而且各社區的需求不一，作法可能不同。未來，必須針對社區的實際需求，推出適合青少年參與的社區方案，吸引社區青少年主動參與，而且持續參與，才是釜底抽薪、澈底化解之道。

婦女參與社區領導

　　臺灣女性居民的社區參與，不僅在數量上，不如男性踴躍，而且在權力階層上，也遠低於男性。這種現象，恐怕有「男性長期主導社區」的問題，也不符合現代「性別平權」的思潮。

　　根據衛生福利部推動社區發展成果之統計資料，在2020年12月底，全國有6,918個社區發展協會，其會員人數與理監事人數的資料，可統計如表12-1：

表12-1　2020年全國社區發展協會成員人數統計表

	男性	女性	合計
會員	389,980人（51.18%）	473,966人（48.82%）	761,896人（100%）
理事長	5,337人（77.15%）	1,581人（22.85%）	6,918人（100%）
理事	55,542人（72.29%）	20,898人（27.71%）	75,440人（100%）
監事	18,644人（71.25%）	7.522人（28.75%）	26,166人（100%）

資料來源：依據衛生福利部官網2020年推動社區發展成果統計，整理而成。

　　由表12-1顯示，在2020年底，全國社區發展協會的會員結構，男性會員占全體會員人數的比率，略高於女性所占比率2.30%，但是理事長、理事（不含理事長）、監事等領導階層，男性人數都占該職務總人數70%以上，而女性人數所占比率都低於30%。可見，在社區領導階層，兩性之間的權力配置，差距相當懸殊，是一個不可忽視的問題。

　　未來，對於社區發展協會領導階層的結構，在性別比率上必須逐步改變，以提高女性參與社區重要政策決定及行政領導的機會。至於改變的途徑：

1. **女性社區培力**：透過社區培力，有計劃地栽培女性會員成為社區領導人才。

2. **性別意識覺醒**：透過社區教育或社區論壇，喚醒社區全體成員「性別平權」的意識，尊重並鼓勵女性參與社區領導工作。

3. **實施連任一次制**：在社區發展協會章程中，明定理事長、理事、監事之任期，連選得連任，但以一次為限。

4. 實施性別比例制：對於理事、監事的名額，實施性別比例制，單一性別不得少於理、監事名額的三分之一。

簡言之，社區成員尊重女性參與社區領導的權利及機會，在兩性共治之下，促使社區組織更加健全，更能彰顯社區工作的效益。

三　專業社區工作者的任用

社區工作是一種助人的專業，先進國家在社區工作領域，大都任用專業社區工作者，有效地推動社區工作。例如：1979年，英國首相柴契爾（Margart Thatcher）執政之後，大量擴充社區工作者的任用，依據1983年的調查，當時英國的社區工作者約有5,000人，比1970年代的1,000人，增加五倍之多（Popple, 2015: 45）。

臺北市曾於1970-1980年代，僱用社會工作人員，協助社區推動服務（羅秀華，2007：43），可惜好景不常，後來不了了之。目前，政府對於專業社區工作者的任用，雖較前進步，但問題仍多。這裡，我們整理2015-2019年全國社會福利工作人員之中的社區發展工作人員的統計資料，如表12-1：

表12-2　全國社會福利工作人員之中的社區發展工作人員數

年度	行政人員	社會工作人員	社會工作師	非社工專業人員	其他人員	合計
2015	418（72.3%）	49（8.4%）	16（2.7%）	10（1.7%）	89（15.3%）	578
2016	380（61.8%）	58（9.4%）	16（2.6%）	74（12.0%）	97（14.2%）	615
2017	458（73.6%）	42（6.8%）	22（3.5%）	10（1.6%）	90（14.5%）	622
2018	466（70.9%）	59（9.0%）	23（3.5%）	2（0.3%）	107（16.3%）	657
2019	483（73.5%）	57（8.7%）	21（3.2%）	6（0.9%）	90（13.7%）	657

資料來源：筆者根衛生福利部官網公布的社會福利工作人員數，整理而成。

由表12-1可看到2015-2019年之間，政府的社區發展工作人員之中，以行政人員的人數最多，約占70%，而社會工作人員與社會工作師兩種屬於專業的社區發展人員，合計人數約占10%，其餘是非社工專業人員或庶務人員。

再以2019年社區發展工作人員之中，屬於專業領域的社會工作人員與社會工作師合計78人，進一步了解其在各縣市的配置情況。在臺灣22縣市之中，只有7個縣市任用專業社工辦理社區發展工作達到5人以上，依序為：臺南市（9人）、花蓮縣（9人）、彰化縣（8人）、基隆市（7人）、臺南市（6人）、新竹市（6人）、新北市（5人），而掛「0」的縣市，則有：苗栗縣、臺東縣、嘉義市、連江縣。

另外，如果縣市政府自行辦理或委託民間團體（含大學、基金會）辦理社區育成或培力中心，每一中心約任用社會工作人員1至3人。至於社區發展協會方面，雖可運用政府補助方案，任用社會工作人員，但機會不多，數量亦少。大略估計，社區申請衛生福利部社區化旗艦社區計畫，一年約有3個社區可獲補助，各任用專案管理人（須具備報考社工師資格，且有三年以上社區實務經驗）1人；其他申請勞動部多元就業方案、聯合勸募專案，或者綜合各種補助方案，而任用社會工作人員的社區，全臺灣算起來，總數不會超過10人。

由此觀之，在政府部門，對於專業社區工作者的任用，總人數不到100人，比率偏低，而且在各縣市的配置，數量更少、落差也大，很難稱得上是：「專業專用」。在民間單位（含社區發展協會），可運用專業社區工作者的機會，寥寥無幾，通常只有少數「明星社區」有申請補助及用人的條件，然而方案結束，其所任用的專業社工就面臨「失業」問題。因為，社區工作就業市場不穩定，加上專業社工可能不了解基層社區的工作性質，也可能沒有意願到「村里級」的社區擔任臨時性的工作，所以社區即使申請到補助方案，也常有「找不到適當社工」的問題（見**批判性思考議題**12-2）。

那麼，如何化解專業社區工作人員任用上，「人數偏低」、「配置不均」、「找不到適當社工」等問題？未來，也許可從下列三方面著手：

1. **學校方面**：大學院校社工系所是專業社區工作者的主要來源，可惜

當今社區工作課程的設計及教學，未能回應實際需求。未來，應加強實務與實習。在實務上，酌增「社區資源開發及運用」、「人民團體實務」之類課程的教學；在實習上，社區不是機構，社區難有督導，可洽社會處局具社區經驗的社工提供外部督導。藉以提高專業社區工作者的教育素質及工作意願，進而增加任用機會。

2. 政府方面：社區發展是實務工作，不是行政工作。未來，政府任用社區發展工作人員，允宜逐步調高專業社工的比率。另外，部分縣市有公職社工師進到區公所擔任課員，運用社工專業協助基層培力與社區業務的推動，對於衛福部的（金卓越）選拔與（評審）委員的期待和提問，也扮演很重要的轉譯及溝通的橋梁，可見社工專業進入行政基層的價值和未來可能推動的方向（黃盈豪，2018：22）。未來，可在鄉鎮市區公所社會課，增加專業社區工作者的任用人數，就近輔導基層社區推動社區發展工作。

3. 社區方面：依據「社區發展工作綱要」第10條，社區發展協會得聘用社會工作人員若干人，推動社區各項業務。然而，以目前社區發展協會的組成及財務狀況，有能力聘用社會工作人員的社區，寥若晨星，屈指可數。未來，或許可透過聯合社區的機制，共同爭取福利社區化旗艦型計畫、多元就業方案、聯合勸募專案、長照2.0的C級巷弄長照站（長照柑仔店）之類經費補助，共同任用專業社工，協助辦理社區相關工作。

簡言之，在社會工作三大方法之中，社區工作長期被邊緣化，連帶影響專業社區工作者的培育及任用。未來，必須優先化解專業社區工作者任用的問題，以期進而運用專業人力與專業方法，協助社區化解青少年社區參與、女性參與社區領導及其他社區問題。

批判性思考議題12-2

社工投入社區工作的人數不多，這是一個嚴重的警訊。是否我們（社工系所教師）的教學與實務脫離，或是當今社會工作的保守封閉，已追不上社區豐富多元的開展與實踐，而當今因應社工師考試，壓縮了

社工學生前往社區單位實習的情況，更需要群起扭轉和反抗（黃盈豪，2012：54）。

1. **提問**：長期以來，社區工作被邊緣化，甚至被認為可有可無，社工投入社區工作的人數不多，是什麼原因使然？
2. **評估**：社工投入社區工作的人數不多，難道是學生、學校、政府、社區的共業，大學社工系所不用負責任嗎？
3. **斷言**：依你的看法，如何從優勢觀點扭轉社區工作的劣勢，讓學生願意投入社區工作？也讓政府與社區願意多任用社工？

 ## 第四節　社區工作「議題」的倡導

　　社區工作是一種持續變遷，不斷精進的過程。一旦社區所處的政治、經濟、社會、文化的脈絡有所改變，社區工作可能出現一些新的議題，進而形成社會大眾共同關注的公共議題，此時必須集思廣益，進行議題設定與行動提案，並透過社區居民的集體行動，促使提案被政府或相關單位接受及實施。未來，必須優先倡導的議題，包括：

一 社區發展法制化

　　臺灣現階段的社區發展工作，係依據「社區發展工作綱要」，並參照「人民團體法」的規定，成立社區發展協會，處理社區的會務、財務、業務，並接受主管機關的評鑑及輔導。

　　當前社區面臨的窘境是：人民團體的主管機關是內政部，而社區業務的主管機關是衛生福利部，形成中央的權責分立，地方的業務合一，常使得基層的社區發展協會左右為難，無所適從（林勝義，2016：5）。

　　而且，政府與社區依據「社區發展工作綱要」推動社區工作，也常遭到批評。例如：「社區發展工作綱要」屬於行政命令，其法律位階太低、缺乏約束力、未賦予社區自主性、理事長因人設事，經驗無法傳承。

　　因此，無論學術界或實務界曾多次倡議「社區發展法制化」，也促成

內政部於2004年研擬「社區營造條例」草案,計15個條文,並經行政院院會通過,送立法院審議,但是該屆立法院院會未能完成立法程序,依據隔屆不續審之原則,此一法案因而胎死腹中,徒勞無功。

相隔十年之後,2011年2月,內政部成立「社區發展法」草案的研擬小組,再度進行「社區發展法」之研訂工作,並於同年12月提出研究報告。根據此項研究報告所附「社區發展法」草案(賴兩陽、吳明儒,2012:129-135),其要點包括:

1. 立法目的:為鼓勵社區居民參與社區公共事務,落實社區民主自治精神。

2. 行政事項:主管機關在中央為衛生福利部,在直轄市為直轄市政府,在縣市為縣市政府。主管機關及目的事業主管機關應置專責人員辦理社區發展相關業務,其人數視實際業務需要定之。

3. 組成社區委員會:直轄市、縣市主管機關為辦理社區發展相關業務,應設置社區發展委員會。

4. 設立社區培力或育成中心:為開拓社區資源,培訓社區人才及提供諮詢輔導等業務,中央與地方主管機關應設立或獎勵民間設立社區培力與育成相關業務之中心。

5. 界定社區公共事務之範圍:包括:社區精神、特色及公共意識之發展;社區社會福利之保障、供給與輸送;社區土地、空間、景觀及環境之發展;社區產業之發展及復興等12項。

6. 規範社區發展協定之運作:由社區組織提案,報請政府核定。

目前,「社區發展法」草案尚未送到立法院審議。不過,有些規定已提前部署。例如:社區發展委員會,已有少數縣市設置;社區育成中心,也從2013年起在各縣市相繼成立及運作(中央除外)。

綜觀社區發展法制化的倡導及研議,已超過十五個年頭,我們殷切盼望,也拭目以待,臺灣未來能及早完成「社區發展法」的立法程序,讓社區發展委員會與社區育成中心之設立,有法源根據,而其他社區公共事務亦可依法行事。否則,政府美其名是「超前部署」,實質上是帶頭在立法之前「偷跑」,甚至從2013年就利用公彩盈餘分配款,補助「非法定」的社區育成中心,這是一種不良示範,此風不可長。難怪社區育成中心成立

之後，各行其是，無法可管。

二 社區工作倫理

　　臺灣是民主法治的國家，對於社區工作相關事務，什麼可以做？什麼不可以做，不但是法律問題，而且經常涉及倫理判斷的問題。

　　就倫理議題而言，社區工作是社會工作三大方法之一，必須遵守「社會工作倫理」的規範，殆無疑議。奈何，大家似乎「忘記」社區工作需要倫理，不但實務界罕見討論，學術界也殊少論述，未來必須加強倡導。

　　在性質上，社區工作是一種道德的活動（community work as moral activity），因爲社區工作是在協助社區成員自己去創造一種更美好（better）與更公平（fairer）的世界（Shevellar & Barringham, 2019: 62）。那麼，誰能決定那更美好、更公平的世界？有什麼方法可使社區更美好、更公平？

　　首當其衝，社區工作者在第一現場，他們必須回應如何協助社區決定那更美好與更公平的世界，然而他們所服務的社區，相當多樣而且複雜，不是單單由上而下（top-down）或由下而上（bottom-up）的二分法，就能判斷哪一種決定適當或不適當，而需要一種倫理架構（ethical framework），去引導他們的實務運作。這種倫理架構，包括四個層次（Shevellar & Barringham, 2019: 63-67）：

1. **專業的倫理**（professional ethics）：這是第一個倫理層次，由於社區實務工作者的背景，各式各樣，必須有一個基本倫理加以規範。社區實務工作者可能來自社會工作、社會福利、人群服務、都市規劃、藝術及文化、技術研究等不同領域。除了來自社會工作領域的實務工作者，具備社區工作者的專業資格之外，其他實務工作者可能缺乏社區工作的教育和訓練，但是簽約受僱於社區組織之後，在實務運作方面，必須共同遵守國家社會工作倫理守則的規範。

2. **組織的倫理**（organizational ethics）：這是第二個倫理層次，聚焦於倫理的行爲。通常，在組織對員工的工作描述（job descriptions）中，提示組織運作的規則，並透過訓練與督導加以強化。然而，工作描述寫得再好，支薪的社區工作者也抱著奉獻精神

與專業美夢，來到組織參與工作，卻發現組織對他們的實際要求，比工作描述的規定更加嚴苛。這種工作脈絡的現實，有異於人們初始的願景，是由於新公共管理的動力、市場取向的福利系統、審核文化（audit culture）的形塑而強化。在這種現實環境中，實務工作被僱主設計的議定書、政府的成果要求、效率測量的市場化所主導，而將專業倫理推得更遠，進入一種新的責信派典，成為「專業倫理的管理化」（the managerialisation of professional ethics）（Banks, 2013: 597, cited in Shevellar & Barringham, 2019: 65）。結果，組織對於社區工作者的努力，好像不是支持與輔導，反而有不信任的傾向。但是，「入鄉問俗，入境問禁」，社區工作者來到組織，總得遵照嚴苛的組織倫理。

3. 個人的倫理（personal ethics）：這是第三個倫理層次，社區工作者運用他們自己擁有的個人實務架構，引導他們工作的方法。社區工作者係透過他們的文化教養（cultural upbringing）、制度的社會化、生命歷程的個人經驗，知道什麼與相信什麼，進而形成一種個人的實務架構。這種架構，能使社區工作者對工作方法更有意識，更能安排工作順序並確保安全，更能管理他們涉及倫理兩難的判斷方法（Westoby & Ingamells, 2012: 385, cited in Shevellar & Barringham, 2019: 65）。這種個人架構的理念，也可促使社區工作者敏感覺察倫理的特徵，同理他人的感受、價值、渴望和看法，有能力發揮道德想像力，有能力反思行動的正確路線，有能力提出行動的理由，這是一種「專業的智慧」（professional wisdom）（Banks, 2013: 598, cited in Shevellar & Barringham, 2019: 65）。簡言之，在社區實務中，社區工作者可透過他個人的實務架構，以決定工作如何執行，並運用專業的智慧，判斷什麼工作可是「正確的」（right），以強化工作者的執行（Shevellar & Barringham, 2019: 66）。

4. 情境的倫理（situational ethics）：這是第四個倫理層次，聚焦於工作情境。社區工作者進入工作脈絡，可能有三種挑戰（Shevellar & Barringham, 2019: 66-67）：

(1) 工作本身的性質（the nature of the work itself）：社區工作者的工作，經常是多層次（multilayered）、雙重關係（dual relationships）、多元角色（multiple roles）。他們必須認清社區的複雜性和資產，將工作做好，但不能奢望只扮演專業者，因而有遭到倫理譴責的風險。

(2) 工作發生的場所（community work occurs in any range of setting）：社區工作可能發生於：會議室、咖啡廳、公園、街角、超市、某人的家，或其他社區設施。這些設施，可能沒有門窗、桌子、電話，也沒有督導在場。儘管工作已規劃，卻常超過預定時間，社會活動界線也常不清不楚。

(3) 工作方式的性質（the nature of the work means）：雖然，社區工作已有一定的實施程序，但工作者能運用的資源有限，常無法掌控工作的內容，或按優先順序處理。而且，社區成員不是職員，不能使用權威，也不能單純以生產線的形態回應其所面對的問題。顯然，在工作方式上，有許多變數，超過工作者的控制範圍。

簡言之，社區工作者面對上述三種挑戰，必須自己觀察情境的變化，彈性因應，以免違背倫理原則。

進一步綜合前面四個倫理層次的影響，社區工作者也必須比其他助人專業有更多的倫理挑戰，在協助社區自己決定什麼是更美好、更公平的世界，或者自己在工作上遭到倫理兩難困境，必須在一種較寬廣的經濟、政治、社會、文化的脈絡，做成最適當的決定。當然，這可能是一種理想，必要時，跟你的督導一起討論，相互打氣，相互鼓勵，這也是一種社區倫理。

三 社區防疫工作

在臺灣，社區防疫的工作，過去聚焦於「登革熱」。許多社區，尤其南部社區，對於登革熱的預防，已有豐富經驗，且能適時動員居民實施防疫工作。例如：(1)鼓勵居民共同維護社區環境衛生，(2)社區定期辦理預防登革熱宣導及演練，(3)社區志工定期清除積水、雜草、廢棄物，並教

導居民如何避免被「埃及斑蚊」、「白線蚊」叮咬。

　　不料，2020年在中國武漢爆發特殊傳染性肺炎（早期簡稱：武漢肺炎，目前通稱：新冠肺炎、COVID-19），隨後迅速擴散到全球各地，臺灣也遭到波及，更於2021年5月中旬，引發社區感染，造成人心惶惶，「隨人顧生命」。

　　對於病毒預防及疫情應變，不僅是衛生部門的責任，而且需要相關單位的配合，尤其是社區居民的協力合作。因此，衛生福利部為協助各直轄市、縣市政府有效結合社區內相關資源，落實防疫政策，特制定「因應嚴重特殊傳染性肺炎（COVID-19）社區防疫人力工作指引」，並於2020年3月13日頒布實施。

　　這個工作指引的主要目標，在於結合社區內相關資源，協助民眾發揮自我照顧（self-care）的能力，以維護社區的安全秩序與基本機能。其所動員的社區防疫人力，包括：村里辦公室、社區發展協會、衛生所、醫療診所、社區藥局、社會福利團體、公寓大廈管理委員會、學校、宗教團體、社團組織等。並且，依據2020年2月11日嚴重特殊傳染性肺炎醫療體系及社區防疫前置應變會議的決議，提出因應疫情可採行措施，計有11項。茲將其中有關社區發展協會可採行的防疫措施，歸納為下列五項：

1. 辦理社區防疫衛教及宣導：結合社區內之衛生所、診所、藥局、學校護理等社區醫療資源，透過社區相關活動，提供居民有關安全防護衛教，以及重要政策宣導。

2. 辦理防疫志工教育訓練：結合志工基礎訓練、特殊訓練等課程，加入防疫期間相關衛教課程，協助志工了解社區防疫的工作內容、角色扮演、注意事項、服務倫理、心理或壓力調適。

3. 提供社區防疫相關資訊：在防疫期間，提供社區民眾即時且清楚的社區防疫資訊，並澄清謠言、錯誤訊息及「假新聞」之傳播。

4. 協助居民做好防疫準備：鼓勵並協助社區居民接受醫療院所採檢、施打疫苗；提醒居民注意公共場所之防疫措施，例如：保持社交距離、勤洗手、戴口罩、酒精消毒。

5. 對於接受隔離者提供支持性服務：當社區內有確診病例接觸者接受隔離，或解除隔離進行自主健康管理者，動員社區防疫志工，提供

關懷、心理支持、休閒資源及其他必要服務。例如：送餐服務、民生必需品代購、廢棄物處理、重要事項代辦、家庭成員照料、停課學生之課業輔導等。當社區內有確診病例死亡時，可結合醫護或心理諮商等資源，協助悲傷處理。

簡言之，社區發展協會必須因應疫情變化，配合政府的防疫措施，提供社區防疫工作，以協助社區居民維護身心健康，維持日常生活機能。

說不定，新冠肺炎可能在普遍篩檢及施打疫苗之後，疫情逐漸趨於緩和。未來，也可能產生變種病毒，捲土重來，或者爆發其他嚴重急性傳染疾病。無論如何，社區都無法置身度外，而且必須積極投入防疫工作。即使，疫情結束，亦需社區領導者結合各方的參與，重建疫後的新社區。

回過頭來看，未來有關社區工作「對象」的拓展、「領域」的開發、「問題」的化解、「議題」的倡導，同樣需要社區領導人帶領社區居民，以集體行動促其改變，庶幾有成。

參考文獻

王秀燕（2018）。「洞悉在地問題與需求找到發展特色和願景」。107年度社區發展工作金卓越社區選拔報告（pp.9-12）。臺北：衛生福利部。

王秀燕（2019）。「以社區為基礎的在地服務，落實社區共照理念」。108年度金卓越社區選拔報告（pp.9-12）。臺北：衛生福利部。

甘炳光、梁祖彬、陳麗雲、林香生、胡文龍、馮國堅、黃文泰（編）（2016）。社區工作理論與實踐。香港：中文大學出版社。

李美珍、王燕琴（2016）。「跨越半世紀——社區發展5.0」。社區發展季刊，154，6-17。

李瑞金（2007）。「臺灣社區問題與建構和諧社區」。96年度社區發展工作績效評鑑報告。臺北：內政部。

李盈儒、李佳勵、王堯平、董昱（2016）。「梭爾，阿林斯基：吹響基變社區工作革命號角」。林萬億、鄭如君（編）。社會工作名人傳。臺北：五南圖書出版公司。

李增祿（2012）。社會工作概論（修正第七版）。高雄：巨流圖書出版有限公司。

李聲吼（2015）。「再接再厲，永續社區輔導」。104年度社區發展工作績效評鑑報告（pp.1-3）。臺北：內政部。

李聲吼（2018）。「社區工作的要素」。吳明儒、陳君儀、李聲吼、劉宏鈺、張玲如、邱琬瑜、黃俐婷（合著）（pp.4-5～4-27）。社區工作。臺中：華格那企業有限公司。

吳宗仁（2011）。「社區工作方法」。王文娟、王育瑜、吳宗仁、李易蓁、邱汝娜、南玉芬、張麗玉、許凱翔、陳秀靜、陳振盛、曾仁杰、曾竹寧、黃誌坤、萬心蕊、劉珠利、謝依君（合著）。社會工作概論（4-1～4-25）。臺中：華格邦企業公司。

林清文（2006）。認識社區營造。社區系列叢刊。臺北：內政部。

林將才、呂溪木、詹益彰、趙昌年、趙榮耀、林秋山、林時機、謝慶輝（2005）。推動社區總體營造工作之成效與檢討專案調查研究。臺北：監察院。

林勝義（2018）。社會政策與社會立法——兼論其社工任務（修正第八版）。臺北：五南圖書出版公司。

林萬億（編）（2020）。社區工作理論與實務工作手冊。臺北：雙葉書廊有限公司。

林讓均（2020/8/27）。「疫後重生的力量來自社區」。http//:www.gom.com.tw/artide/74335. 檢索日期：2020/10/10

柯一青（2020）。永續經營的社區營造策略。臺中：白象文化事業有限公司。

胡文龍（1997）、「與群眾初步接觸」。甘炳光、胡文龍、馮堅國、梁祖彬（編），社區工作技巧（pp.101-115）。香港：中文大學出版社。

洪德仁（2005）。「公益團體啟動社區產業的永續發展」，載於2005-2006年台灣優良社區產業論述專輯（pp.3-6）。

高永興（2015）。「從社會投資觀點探析社區產業發展」，臺灣社區工作與社區研究學刊，5(2)，97-136。

莊俐晰、黃源協（2016）。「社區發展對社區居民生活品質影響之研究——臺灣的實證研究分析」。社區發展季刊，154，148-164。

許世雨（2006）。「健康城市與健康社區的建構」。中國地方自治，59(8)，11-30。https://www.airitillbrary.com.（publication）.Al Deteiled Mesh. 檢索日期：2021/4/29。

許世雨（2008）。「第三部門推動社區產業之研究：五個案例之初步觀察」，TASPAA夥伴關係與永續發展國際研討會，臺中：東海大學行政管理學系、臺灣公共行政與公共事務系所聯合會主辦。

許坋妃（2016）。「看見在地健康、自主、互助的實踐」。102年度社區發展工作績效評鑑報告（pp.23-26）。臺北：衛生福利部。

許慈創（2015）。「環教素養好，永續福利業務佳」。104年度社區發展工作評鑑報告。臺北：衛生福利部。

張世雄（2006）。臺灣社區工作及其教育的趨向——兼談Keith Popple教授和社區工作的趨勢。http://www.community sw.ccw.edu.tw.檢索日期；2020/12/29。

張世雄（2011）。「當前我國社區發展工作之優勢與危機」。社福100專業滿載研討會手冊II（pp.69-74）。臺北：內政部。

張世雄（2018）。高齡社會中的社區照顧與社區政策：社區要怎樣照顧？台灣社區工作與社區研究學刊，8(3)，1-34。

張英陣（2002）。方案設計與評估。臺中：內政部（今衛生福利部）社會福利工作人員研習中心。

張鴻鈞（1974）。「張吳榆珍教授之生平」。張鴻鈞先生獎學金基金管理委員會（編）。張鴻鈞先生社會發展言論彙編（pp.268-286）。臺北：大光華印務部。

張鴻鈞（1974）。「社區發展的新動向」。張鴻鈞先生獎學金基金管理委員會

（編）。張鴻鈞先生社會發展言論彙編（pp.43-57）。臺北：大光華印務部。

梁硯（2019）。改變8700個低收入區川普帶來「新機遇」。新紀元，2019/4/19報
　　導。http://www.epochtimes.com. 檢索日期：2020/12/1。

陳宇嘉、南玉芬（2002）。「社區居民在社區工作中參與角色與任務」。東海大學社
　　工系師生論文發表會手冊（未出版）。

陳怡伃、李宜興、黃炤愷（2021）。「社區型組織如何回應新自由主義：組織韌性與
　　城鄉比較」。2021年臺灣社會福利學會年會暨國際學術研討會論文。嘉義：中正大
　　學社會福利系。https//reurl.cc/nn9R9D. 檢索日期：2021/5/26。

陳君儀（2018）。「社會工作的程序」。吳明儒、陳君儀、李聲吼、劉宏鈺、張玲
　　如、邱琬瑜、黃俐婷（合著），社區工作（pp.6-1-6-34）。臺中：華格那企業有限
　　公司。

陳毓璟、黃松元（2008）。台北市社區健康營造推動的現況與困難之研究。衛生教育
　　學報，19，179-211。

黃三源（2016）。「營造社區進化的凝聚力」。105年度社區發展工作績效評鑑報告
　　（pp.48-55）。臺北：衛生福利部。

黃世輝、王志華（2015）。「農村再生計畫執行的問題與效益分析」。科技學刊，
　　24(1)，35-50。

黃松林、趙善如、陳宇嘉、萬育維（2020）。社會工作方案設計與管理。臺北：華都
　　文化。

黃彥宜（2007）。「溫柔的權威：十九世紀湯恩比館的發展」。社區發展季刊，
　　119，387-401。

黃彥宜（2020）。「策略行動」。林萬億（編），社區工作：理論與實務工作手冊
　　（pp.147-164）。臺北：雙葉書廊。

黃盈豪（2012）。「追求更幸福更自主的共在」。101年度社區發展工作績效評鑑報
　　告（pp.52-54）。臺北：內政部。

黃盈豪（2017）。「提升資源整合組織激勵服務新責」。106年度社區發展工作績效
　　評鑑報告（pp.24-27）。臺北：衛生福利部。

黃盈豪（2018）。「開展社區多元文化及跨專業的合作」。107年度金卓越社區選拔
　　報告（pp.22-23）。臺北：衛生福利部。

黃盈豪（2020）。「部落工作」。林萬億（編），社區工作理論與實務工作手冊
　　（pp.329-357）。臺北：雙葉書廊。

黃肇新（2003）。重建啟示錄。臺北市：雅歌出版社。

黃肇新、陳鈺欣、邱靖媛、林珮瑜、張莉莉、徐源德（2004）。雄鋸一方；高雄市社區工作密笈。高雄：高雄市政府社會局。

黃肇新（2006）。「社區評鑑後看各級政府之社區發展角色」。95年度社區發展工作評鍵報告。臺北：內政部。

黃肇新、邱靖媛、朱宏漢（譯）（2009）。社區整備程度模式：成功轉變社區的指引，Plested, Edwards & Jumper-Thurman（著）。臺北：巨流。

黃肇新（2016）。「半世紀社區政策與國家發展」。社區發展季刊，154，165-170。

黃肇新（2020a）。「農村再生」。林萬億（編），社區工作理論與實務工作手冊（pp.256-259）。臺北：雙葉書廊有限公司。

黃肇新（2020b）。「認識社區分級」。基隆市政府社會處（編），精進社會福利服務訓練計畫手冊（一）（pp.37-54）。基隆：基隆市政府社會處。

黃煌雄、郭石吉、林時機（2001）。社區總體營造總體檢調查報告書。臺北：遠流出版事業股份有限公司。

黃源協（2004）。「社區工作何去何從：社區發展？社區營造？」。社區發展季刊，107，78-87。

黃源協（2014）。社會工作管理。臺北：雙葉書廊。

曾旭正（2007）。台灣的社區營造。新北：遠足文化事業有限公司。

曾旭正（2018a）。「從社區發展到社區營造」。中華民國社區營造學會（編），落地生根—台灣社區營造的理論與實踐（pp.5-18）。臺北：唐山出版社。

曾旭正（2018b）。「有了社區營造，為何還需要地方創生」？天下遠見，未來城市專欄，https://tutukcity.cw.comtw.article.檢索日期：2021/4/26。

陶蕃瀛（2012）。「變與不變」。101年度社區發展工作績效評鑑報告（pp.32-34）。臺北：內政部。

游建峰（2002）。發展社區產業，創造在地就業機會。珍珠里訊社區報，宜蘭：珍珠社區發展協會。

傅從喜（2012）。「臺灣農村地區老人社區照顧的發展與挑戰」。張正中（編）。社區工作理論與實務（pp.313-329）。臺北：中華救助總會。

廖淑娟、蕭至邦（2016）。「推動社區產業發展策略之探討——以霧峰區舊正社區為例」。社區發展季刊，（151），171-182。

趙坤郁、林茂安、鄭惠美、李明憲、蘇景輝、王本壯、胡淑貞、蕭淑珍、蘇新育、林真夙、歐良榮、林美麗、陳辭一、陳皓羽、林裕昌（2006）。社區健康營造工作手冊（2008年修正）。臺北：行政院衛生署國民健康局。

鄭夙芬（2018）。「感謝社區讓我看到臺灣最美的全人照顧模式」。101年度社區發展工作績效評鑑報告（pp.52-54）。臺北：衛生福利部。

鄭夙芬（2019）。「金卓越社區選拔——邁向我國社區發展工作的一大步」。108年度社區發展工作金卓越社區選拔報告（pp.37-42）。臺北：衛生福利部。

鄭怡世（2013）。「臺灣早期睦鄰運動」。http://www.doc.ncnu.edu.tw〉settlement〉index.php/201. 簡索日期：2020/12/1。

鄭怡世（2015）。成效導向的方案規劃與評估。臺北：巨流圖書公司。

劉鶴群（2014）。「持續紮根的臺灣社區發展模式」。103年度社區發展工作評鑑報告（pp.37-39）。臺北：衛生福利部。

蔡必焜（編）（2011）。推動農村再生手冊。南投：行政院農業委員會水土保持局。

盧思岳（2006）。「從社區產業看社區營造」。陳錦煌（編）。社區營造研習教材——心訣要義篇（pp.100-110）。臺北：內政部。

賴兩陽（2009）。社區工作與社會福利社區化。臺北：洪葉文化事業公司。

賴兩陽（2011）。「初生之犢不怕虎？一個花蓮新成立的社區培力與輔導歷程」。臺灣社區工作與社區研究學刊，3(3)，159-196。

賴兩陽、吳明儒（2012）。「社區發展法草案研訂重點及建議內容」。社區發展季刊，138，124-137。

賴兩陽（2016a）。「社區發展這些人那些事」。社區發展季刊，154，28-31。

賴兩陽（2016b）。聯合社區的理念、實踐及反思。臺北：洪葉文化公司。

賴兩陽（2017）。「社區發展的蛻變：社區工作專業化發展的趨勢與挑戰」。106年度社區發展及社區工作專業發展共識營大會手冊（pp.28-42）。臺北：十大傑出青年基金會。

簡宏哲、蕭至邦、陳茂祥（2016）。「發展專業訓練的社區工作者，推動有效的社區發展工作」。社區發展季刊，154，215-226。

顏新訓（2018）。探討彩繪對社區之影響——以布袋鎮好美里為例，南華大學文化創意專業管理學系碩士學位論文。

羅秀華（2012）。「將社會發展理念融入社會工作」，社區發展季刊，138，251-262。

羅國英、闕漢中、賴兩陽、張菁芬（2010）。社區實作教學設計概要——以東吳大學社工系「社區實作課群」為例。臺北：松慧文化出版社。

內政部社會司（2011）。莫拉克颱風災區生活重建中心100年度績效考核報告。臺中：臺灣兒童暨家庭扶助基金會。

Adams, R., Dominelli. L., & Payne, M. (1998). Social work: Themes, issues and critical debates. London, UK: Macmillan.

Alinsky, S. (1969). Reveille for radicals. New York: Vintage Press.

Bandura, A. (ed.). (1995). Self-efficacy in changing societies. Cambridge, UK: Cambridge University Press.

Bandura, A. (2000). Exercise of human agency through collective efficacy. Psychological Science, 9 (3), 75-78.

Barker, R. L. (2014). The social work dictionary (6th ed). Washington, DC: NASW Press.

Batty, E., Beatty, C., Foden, M., Lawless, P., Pearson, S. & Wilson, I. (2010). The New Deal for communities experience: A final assessment. London: Department for Community and Local Government.

Birkenmaier, J., Berg-Weger, M., & Dewees, M. D. (2014). The practice of generalist social work. New York: Routledge.

Blond, P. (2010). Red Tory: How Left and Right have broken Britain and how we can fix it. London: Faber.

Brueggemann, W. G. (2002). The practice of macro social work. (2nd ed.). Belmont, CA: Thomson Books/ Cole.

Brundtland, G. H. (1987). Our common future: Report of the World Commission on Environment and Development. New York: United Nations, General Assembly.

Burns, D. (2007). Systemic action research. Bristol: The Policy Press.

Carlton-LeNay, B., Edwards, R. L., & Reid, P. N. (1999). Preserving and strengthening small towns and rural communities. Washington, DC: NASW Press.

Castells, M. (1977).The urban question. London: Edward Amold.

Castells, M. (2012). Networks of outrage and hope: Social movements in the internet age. Cambridge: Polity Press.

Christenson, J. A. (1989). Themes in community development. in J. A. Christenson & J. Robinson (eds.), Community development in perspective (pp.26-34). Ames: Lowa State University Press.

CLG (Communities and Local Government) (2006). The community development challenge. London: Community and Local Government. in A. Gilchrist & M. Taylor (2016). The short guide to community development (pp.18-19). Bristol: The Policy Press.

Couto, R. A. (1999). Making democracy work better: Mediating structure, social capital and the democratic prospect. Chapel Hill: University of North Carolina Press.

Craig, G. (1989). Community work and the state. Community Development Journal, 24 (1), 3-8.

Craig, G. & Manthorpe, J. (2000). Fresh fields, rural social care: Research policy and practice agenda. New York: Joseph Rowntree Foundation.

Davenport, J. A. & Davenport, J. (2008). Rural practice. in T. Mizrahi & L. E. Davis (editors-in-chief), Encyclopedia of social work (vol.3,pp.536-541). Washington, DC: NASW Press.

DeFilippis, J. & Saegert, S. (eds). (2012).The community development reader (2nd ed.). New York: Routledge.

Forde, C. & Lynth, D. (2015). Social work and community development: A critical pratice perspective. UK: Palgrave.

Foucault, M, (1977). Discipline and punishment: The birth of the prison. Harmondsworld: Allen Lane.

Gamble, D. N. & Weil, M. (2010). Community practice skills: Local to global perspectives. New York: Columbia University Press.

Gamble, D. N. & Hoff, M. D. (2013). 'Sustainable community development.' in M.Weil (ed.). The handbook of community practice (pp.215-232) (2nd ed.). Washington DC: SAGE.

Gilchrist, A. & Taylor, M. (2016). The short guide to community development. Bristol: Policy Press.

Glickman, N, J. & Servon, L. J. (2012). More than bricks and stick: Five corporation capacity. In J. DeFilippis & S. Saegert (eds).The community development reader (pp.54-69) (2nd ed.). New York: Routledge.

Green, G. P. & Haines, A. (2016). Asset building and community development, CA: SAGE.

Green, G. P., Haines, A. & Halebskey, S. (2000). Building our future: A guide to community visioning. Madison: University of Wisconsin Extension Publication.

Hardcastle, D. A., & Powers, P. R. (with Wenocur,S.) (2004). Community practice: Theory and skills for social workers (2nd ed). New York: Oxford University Press.

Henderson, P. & Thomas, D. N. (2002). Skills in neighborhood work. (3rd ed.). London and New York: Routeledge.

Jones, D. (1983). Community of interest: A reprise. in D. N. Thomas (ed.). Community work in the eighties. London: National Institute of Social Work.

Kenny, S., Fanny, I., & Rahayu, S. (2013). 'Community development in Indonesia: Westernzation or doing it their way?', Community Development Journal, 48 (2), 289-297.

Kirst-Ashman, K. K. (2017). Introduction to social work & social welfare: Critical thinking perspectives (5th ed.).Boston, MA: Cengage Learning.

Lathouras, A. (2010) 'Developmental community work: A method.' in A Ingamells, A. Lathoura, R. Wiseman, P. Westoby, & F. Caniglia (eds).Community development practice: Stories, method and meaning. Australia: Common Ground Publishing Pty Led.

Ledwith. M. (2011). Community development: A critical approach. (2nd ed). Bristol: Policy Press

Ledwith, M. (2016). Community development in action: Putting Freire to practice. Great Britain, Hobbs, Suthampton.

Leighninger, L. (2008). 'The history of social work and social welfare' in K. M. Sowers & C. N. Dulmus (eds.). Comprehensive handbook of social work and social welfare vol.1: The profession of social work, New Jersey: John Wiley and Sons.

Lukes,S. (2005). Power: A radical view. (2nd ed). Basingstoke: Palgrave Macmillan.

Mackie, R. (1980). 'Contributions to the thought of Paulo Freire', in R. Mackie (ed.)Literacy and revolution: The pedagogy of Paulo Freire (93-119). London: Pluto Press.

Mayo, M. (1994). Community work. in C. Hanvey, & T. Philpot (eds), Practice social work. London: Routeldge.

Mayo, M. (1998). 'Community work.' in Adams, R., Dominelli, L., & Payne, M. (1998). Social work: Themes, issues and critical debates (pp.160-172). London, UK: Macmillan.

Meil, M. (2013) (ed.), The handbook of community practice. Thousand Oaks. CA: SAGE.

Midgley, J. (2010). The theory and practice of developmental social work. in J. Midgley & A. Conley (eds.).Social work and social development: theories and skills for developmental social work (pp. 3-30). Oxford: Oxford University Press.

Mondros, J. B. & Wilson, S. M. (1994). Organizing for power and empowerment. New York: Columbia University Press.

Mulroy, E. A. (2008). 'Community need assessment.' in T. Mizrh, & L.E. Davis (eds.). Encyclopedia of social work (20th ed.) (pp.385-387). Silver Springa, MD: NASW Press.

Natting, F. E., Kettner, P. M. & McMurtry, S. L. (2008). Social work macro practice. (3rd eds). Boston: Allyn and Bason.

Nussbaum, M. (2011). Greating capabilities: The human development approach. Cambridge, MA: Belknap Press.

Ohmer, M. L., Sobek, J. L., Teixeira, S. N., Wallace, J. M., & Shapiro, V. B. (2013). 'Community-based research.' in M. Weil., M. Reish, & M. L. Ohmer (eds). The handbook of community practice. (pp.791-807). (2nd ed). Washington DC: SAGE.

Pain, R., Barke, M., Fuller, D., Gough, J., MacFarlans, R. & Mowl, G. (2001). Introducing social geographies. London: Amold.

Pease, B. (2002), Rethinking empowerment: A postmodern reappraisal foe emancipator practice. British Journal of social work, 32, 135-147.

Popple, K. (2015). Analysing community work: Its theory and practice. (2nd ed.). Berkshire: Open University Press.

Reed, B. (2005). 'Theorizing in community practice: Essential tooks for building community, promoting social justice, and implementing social change.' in M. Weil (ed.). The handbook of community practice (pp.84-172). Thousand Oaks, CA: SAGE.

Robbins, S. P., Chatterjee, P., & Canda, E. R. (2012). Comtemporary human behavior theory. (3rd ed.). Boston: Allyn & Bacon.

Robertson, D. (1985). The penguin dictionary of politics. London: Penguin.

Rothman, J. & Tropman, J. (1987). 'Models of community organization and macro practice perspectives: There mixing and plasing.' in F. Cox., J. Erich., J. Rothman & J. Troman (eds.). Strategies of community organization. (4th ed., pp.3-26). Itasca, IL: P. E. Peacock.

Rimmer, J. (1980). Troubles shared: The story of a stttlement, 1899-1979. Birmingham: Phlogiston.

Seabrook, J. (1984). The idea of neighborhood: What local policies should be about. London: Ploto Press.

Sen, A. (2001). Development as freedom. Oxford: Oxford University Press.

Shevellar, L. & Barringham, N. (2019). Negotiating role and boundaries: Ethical challenges in community work. in S. Bank & P. Westoby (eds). Ethics, equity and community development (pp.59-82). Chicago: University of Chicago Press.

Smal, G., Tuson, G., Cooper, M., Wardle, M, & Crosbie, D. (1998). Community social work: A paradigm for change. London: NASW.

Solomon, B. B. (1976). Black empowerment. New York: Columbia University Press.

Somerville, P. (2016). Understanding community: Politics, policy and practice (2nd ed.).

Bristol: Policy Press.

Stepney, P. & Evans, D. (2000). 'Community social work: Towards an integrative model of practice.' in P. Stepney & D., Ford (eds.). Social work models, methods and theories: A framework for practice. Lyme Regis: Russell House.

Stepney, P. & Popple, K. (2008). Social work and the community: A critical context for practice. New York: Palgrave Macmillan.

Streeter, C. (2008). Community: Practice intervention. in T. Mizrahi & L. E. Davis (eds), Encyclopedia of social work (pp.1: 555-368). Washington, DC and New York : NASW Press and Oxford University Press.

Tschirhart, M. & Bielefeld, W. (2012). Managing nonprofit organization. San Francisco: John Wiley & Sons.

Twelvetrees, A. C. (2008). Community work. (4th ed). New York: Palgrave.

Wambeam, R. A. (2015). The community needs assessment workbook. Chicago, IL: Lyceum Book.Inc.

Weil, M. (2013). The handbook of community practice. (2nd ed). Thousand Oaks, CA: SAGE Publications.

Weil, M. & Ohmer, M. L. (2013).' Applying practice theories in community work.' in M. Weil (ed). The handbook of community practice (pp.123-165). Washington DC: SAGE.

Wheeler, S. M. (2012). 'Sustainability in community development.' in J. DeFilippis & S. Saegert (ed.). The community development reader (2nd ed.) (pp.175-183). New York and London: Routledge.

國家圖書館出版品預行編目資料

社區工作導論：批判性思考／林勝義著. －－
初版. －－臺北市：五南圖書出版股份有限
公司，2021.09
　　面；　公分
　　ISBN 978-626-317-104-6（平裝）

1.社區工作

547.4　　　　　　　　　　110013556

1JOU

社區工作導論──批判性思考

作　　　者 ─ 林勝義(136)

發 行 人 ─ 楊榮川

總 經 理 ─ 楊士清

總 編 輯 ─ 楊秀麗

副總編輯 ─ 陳念祖

責任編輯 ─ 李敏華

封面設計 ─ 姚孝慈

出 版 者 ─ 五南圖書出版股份有限公司

地　　　址：106台北市大安區和平東路二段339號4樓

電　　　話：(02)2705-5066　　傳　　　真：(02)2706-6100

網　　　址：https://www.wunan.com.tw

電子郵件：wunan@wunan.com.tw

劃撥帳號：01068953

戶　　　名：五南圖書出版股份有限公司

法律顧問　林勝安律師事務所　林勝安律師

出版日期　2021年9月初版一刷

定　　　價　新臺幣330元

經典永恆・名著常在

五十週年的獻禮 —— 經典名著文庫

五南，五十年了，半個世紀，人生旅程的一大半，走過來了。

思索著，邁向百年的未來歷程，能為知識界、文化學術界作些什麼？

在速食文化的生態下，有什麼值得讓人雋永品味的？

歷代經典・當今名著，經過時間的洗禮，千錘百鍊，流傳至今，光芒耀人；

不僅使我們能領悟前人的智慧，同時也增深加廣我們思考的深度與視野。

我們決心投入巨資，有計畫的系統梳選，成立「經典名著文庫」，

希望收入古今中外思想性的、充滿睿智與獨見的經典、名著。

這是一項理想性的、永續性的巨大出版工程。

不在意讀者的眾寡，只考慮它的學術價值，力求完整展現先哲思想的軌跡；

為知識界開啟一片智慧之窗，營造一座百花綻放的世界文明公園，

任君遨遊、取菁吸蜜、嘉惠學子！